感谢云南大学服务云南行动计划"精准扶贫下的云南扶贫对策及中国扶贫问题研究"课题的支持

扶贫学论纲

杨临宏 等◎著

中国社会科学出版社

图书在版编目（CIP）数据

扶贫学论纲／杨临宏等著．—北京：中国社会科学出版社，2019.6

ISBN 978-7-5203-4560-6

Ⅰ.①扶…　Ⅱ.①杨…　Ⅲ.①扶贫—中国　Ⅳ.①F126

中国版本图书馆 CIP 数据核字（2019）第 115409 号

出 版 人	赵剑英
责任编辑	张　林
特约编辑	宋英杰
责任校对	冯英爽
责任印制	戴　宽

出　　版	中国社会科学出版社
社　　址	北京鼓楼西大街甲 158 号
邮　　编	100720
网　　址	http://www.csspw.cn
发 行 部	010-84083685
门 市 部	010-84029450
经　　销	新华书店及其他书店
印　　刷	北京明恒达印务有限公司
装　　订	廊坊市广阳区广增装订厂
版　　次	2019 年 6 月第 1 版
印　　次	2019 年 6 月第 1 次印刷
开　　本	710×1000　1/16
印　　张	18
插　　页	2
字　　数	228 千字
定　　价	78.00 元

凡购买中国社会科学出版社图书，如有质量问题请与本社营销中心联系调换
电话：010-84083683
版权所有　侵权必究

目　　录

第一章　扶贫概述 ………………………………………… (1)

　第一节　贫困 …………………………………………… (1)

　　一　贫困的概念 ……………………………………… (2)

　　二　贫困的标准 ……………………………………… (3)

　　三　贫困的分类 ……………………………………… (5)

　第二节　扶贫 …………………………………………… (6)

　　一　扶贫的概念 ……………………………………… (7)

　　二　扶贫的特征和类型 ……………………………… (8)

　第三节　扶贫学 ………………………………………… (10)

　　一　扶贫学的概念 …………………………………… (10)

　　二　扶贫学的内容构成 ……………………………… (11)

　　三　扶贫学的研究方法 ……………………………… (12)

第二章　国内外扶贫理论概述 …………………………… (15)

　第一节　国外扶贫理论概述 …………………………… (15)

　　一　国外贫困理论概述 ……………………………… (15)

　　二　国外反贫困理论概述 …………………………… (25)

　第二节　国内扶贫理论概述 …………………………… (42)

　　一　中国特色扶贫开发理论 ………………………… (43)

  二 我国扶贫理论研究述评 …………………………………（59）

第三章 扶贫的历史沿革 ………………………………………（68）
第一节 国外反贫困的历史经验 ……………………………（68）
  一 国外反贫困的主要经验 …………………………………（68）
  二 国外反贫困经验对我国的借鉴和启示 …………………（75）
第二节 我国扶贫开发的历程和成绩 ………………………（82）
  一 我国扶贫开发的历程及阶段划分 ………………………（82）
  二 我国扶贫开发取得的成绩 ………………………………（95）

第四章 贫困的识别与测度 …………………………………（98）
第一节 贫困的识别 …………………………………………（98）
  一 贫困识别与度量的理论基础 ……………………………（98）
  二 贫困线划定方法 …………………………………………（102）
  三 我国的农村贫困线 ………………………………………（112）
第二节 贫困的测度 …………………………………………（114）
  一 几个基础性指标 …………………………………………（115）
  二 Sen 贫困指数 ……………………………………………（117）
  三 FGT 贫困指数 ……………………………………………（119）
  四 人类贫困指数 ……………………………………………（120）
  五 多维贫困指数 ……………………………………………（122）

第五章 中国扶贫模式研究 …………………………………（127）
  一 中国扶贫模式相关概念 …………………………………（128）
  二 按扶贫对扶贫对象产生影响方式分类 …………………（139）
  三 按扶贫主体参与程度分类 ………………………………（155）
  四 按扶贫瞄准单元类型分类 ………………………………（169）

五　按扶贫主体对扶贫对象支持形式……………………(181)

第六章　精准扶贫……………………………………………(195)
　第一节　精准扶贫概述……………………………………(195)
　　一　精准扶贫贵在"精准"………………………………(195)
　　二　精准扶贫的概念……………………………………(197)
　　三　精准扶贫内容分析…………………………………(202)
　第二节　精准扶贫的对象…………………………………(204)
　　一　精准扶贫对象的瞄准………………………………(204)
　　二　精准扶贫对象的管理………………………………(207)
　第三节　精准扶贫的责任人………………………………(210)
　　一　精准扶贫工作机制…………………………………(210)
　　二　精准选配工作队员…………………………………(211)
　　三　加强乡镇和村级领导班子建设……………………(212)
　　四　完善社会扶贫帮扶形式……………………………(213)
　　五　严格执行扶贫开发逐级督查问责…………………(213)
　第四节　精准扶贫的方式…………………………………(214)
　　一　特色产业助发展,产业脱贫奔小康…………………(214)
　　二　推进教育扶贫,阻断素质化贫困……………………(216)
　　三　推进健康扶贫工程,医疗帮扶惠民生………………(217)
　　四　易地搬迁,奔向幸福…………………………………(219)
　　五　因地制宜,生态扶贫…………………………………(220)
　　六　社会保障兜底扶贫…………………………………(221)

第七章　贫困治理评估……………………………………(224)
　第一节　贫困治理的事前评估……………………………(225)
　　一　事前评估的理论基础………………………………(225)

二　事前评估的技术方法……………………………………（230）
第二节　贫困治理的执行评估………………………………（234）
　　一　执行评估的理论基础……………………………………（235）
　　二　贫困监测的一般方法……………………………………（237）
第三节　贫困治理的事后评估………………………………（239）
　　一　事后评估的基础理论……………………………………（239）
　　二　事后评估的技术方法……………………………………（242）

第八章　贫困退出机制……………………………………（247）

第一节　贫困退出机制概述…………………………………（247）
　　一　贫困退出机制的基本含义………………………………（247）
　　二　建立贫困退出机制的意义………………………………（250）
第二节　贫困退出的标准……………………………………（251）
　　一　贫困人口退出标准………………………………………（251）
　　二　贫困村退出标准…………………………………………（254）
　　三　贫困县退出标准…………………………………………（256）
第三节　贫困退出的程序……………………………………（258）
　　一　贫困人口退出程序………………………………………（258）
　　二　贫困村退出程序…………………………………………（261）
　　三　贫困县退出程序…………………………………………（264）
第四节　贫困退出机制的运行保障…………………………（267）
　　一　动力机制…………………………………………………（267）
　　二　考核机制…………………………………………………（269）
　　三　监管机制…………………………………………………（271）

参考文献……………………………………………………（274）

后　记………………………………………………………（279）

第一章

扶贫概述

第一节 贫困

贫困问题是 21 世纪人类共同面临的威胁。亚当·斯密在《国富论》中强调:"有大部分成员陷于贫困悲惨状态的社会,绝不能说是繁荣幸福的社会。"[①] 贫困给人类的生存和发展带来饥饿等,甚至会有大规模的灾难,严重制约人类发展和社会进步。

十八大以来,习近平总书记提出了"精准扶贫"的战略思想。五年来,在中国共产党的领导下,我国扶贫取得举世瞩目的成就,六千多万贫困人口稳定脱贫,人民群众的生活水平在不断改善、幸福指数节节攀升。在 2017 年 10 月 18 日召开的党的十九大上,习近平总书记把扶贫提高到新的战略高度,对扶贫攻坚作出了新思想、新目标和新征程的重要指示,同时,也代表党和国家作出了让贫困人口和贫困地区同全国一道进入全面小康社会的庄严承诺。

什么是贫困?人们可能会脱口而出,不就是缺衣少食嘛。但是,什么叫做缺衣少食,标准是什么?范围又是什么呢?

---

① 亚当·斯密:《国富论》,商务印书馆 2007 年版,第 44 页。

一　贫困的概念

中国古汉语中"贫""穷""困"的释义主要是指财货匮乏的境况。在汉语中,《说文解字》将"贫"定义为"财分少也"。《广韵·真韵》有曰:"贫,乏也,少也。"关于"穷",《广雅·释诂四》释:"穷,贫也。"《新华字典》定义"贫"为"收入少,生活困难","困"为"陷在艰难痛苦或无法摆脱的环境中"。《英国大百科全书》中"贫困"的定义为,一个人缺乏一定量的或社会可接受的物质财富或货币的状态。从上述看来,"贫"与"穷"含义都是指缺乏财物。

诺贝尔经济学奖获得者阿马蒂亚·森(Amartya Sen)认为:贫困真正的含义是贫困人口创造收入能力和机会的贫困,意味着贫困人口缺少获取和享有正常生活的能力。英国的汤森得(Townsend)在《英国的贫困:关于家庭经济来源和生活标准的调查》(*Poverty in the Kingdom: A Survey of the Household Resource and Living Standard*)一书中写道:"所有居民中那些缺乏食物、很少参加社会活动和缺少最低生活条件的资源的个人、家庭和群体就是所谓贫困的。"英国的奥本海默(Oppenheim)在《贫困真相》(*Poverty: the Facts*)一书中则这样认为:"贫困是指物质上的、社会上的和情感上的匮乏。它意味着在食物、保暖和衣着方面的开支要少于平均水平。"美国的雷诺兹(Reynolds)在《微观经济学》一书中说:"贫困问题,在美国有许多家庭,没有足够的收入可以使之有起码的生活水平"。欧共体在1989年《向贫困开战的共同体特别行动计划的中期报告》中给贫困下的定义为:"贫困应该被理解为个人和家庭群体的资源如此有限,以致他们被排除在他们所在的成员国可以接受的最低限度的生活方式之外。"世界银行在《1990年世界发展报告》中将贫困界定为"缺少达到最低生活水平的能力"。

在国内，童星和林闽钢在《我国农村贫困标准线研究》一文中是这样定义贫困的："贫困是经济、社会、文化落后的总称，是由低收入造成的缺乏生活必需的基本物质和服务以及没有发展的机会和手段这样一种生活状况。"①《中国贫困和反贫困理论》一书中提出："贫困是人的一种生存状态，这种生存状态中，人由于不能合法地获得基本物质生活条件和参与基本的社会活动的机会，以至不能维持一种个人生理和社会文化可以接受的生活水平。"②《中国城市贫困问题研究》一书中也给贫困下了定义："在特定社会背景下，社会部分成员由于缺乏必要的资源而在一定程度上被剥夺了正常获得生活资料和参与经济和社会活动的权利，并使他们的生活持续地低于该社会的常规生活标准。"③

如此看来，贫困其实是一个既复杂又简单的现象。说它复杂，是因为到现在为止，还没有确定的有关贫困的概念及其衡量标准，贫困话题仍然在争论，而且似乎越来越复杂化。但从另一方面来看，贫困现象又很简单，因为你无论在定义上进行怎样的争论，贫困都以一种朴素而客观的方式存在着。

综合以上观点和研究，贫困实际上包括两层意思。第一，贫困是由于物质的、文化的和社会的资源的匮乏，从而使生活水平低于社会可以接受的最低标准。第二，贫困是缺乏权利、能力和机会。所以，贫困指的是由于缺乏物质的、文化的和社会的资源而处于一种社会不可接受的最低生活水平或生存状态，以及由于缺乏必要的权利、能力和机会而不能摆脱这种最低生活水平或生存状态。

二 贫困的标准

贫困首先是一种社会生活中的经济现象，贫困相对于富足。扶

---

① 童星、林闽钢：《我国农村贫困标准线研究》，《中国社会科学》1994年第3期。
② 康晓光：《中国贫困与反贫困理论》，广西人民出版社1995年版，第28—29页。
③ 关信平：《中国城市贫困问题研究》，湖南人民出版社1999年版，第72页。

贫贵在知贫，评定是否贫困，有一个人为划定的标准，这就是贫困线。

贫困线，是在一定的时间、空间和社会发展阶段的条件下，维持人们的基本生存所必须消费的物品和服务的最低费用，贫困线又叫贫困标准。

1985年，中国将人均年纯收入200元确定为贫困线，2009年这一标准为1196元，24年来增长约5倍；而在此期间，中国GDP由7780亿元增至33万亿元，增长42倍。

2011年11月29日，中央扶贫开发工作会议在北京召开，中央决定将农民人均纯收入2300元作为新的国家扶贫标准，这个标准比2009年提高了92%[①]，比2010年提高了80%[②]。按照当日人民币市场汇价1美元兑6.3587元人民币计算，中国新的国家扶贫标准大致相当于每日1美元。按此标准，全国贫困人口数量和覆盖面也由2010年的2688万人扩大至1.28亿人，占农村总人口的13.4%，占全国总人口的近十分之一[③]。我国2016年贫困线约为3000元，2015年为2800元。世界银行2015年10月初宣布，按照购买力平价计算，将国际贫困线标准从此前的每人每天生活支出1.25美元上调至1.9美元。[④] 此次大幅上调意味着全球贫困人口数量大量增加。

我国贫困标准的制定和调整可分为三个阶段，第一阶段可以基本解决温饱，《国家八七攻坚扶贫计划》战略目标基本实现；第二

[①] 人民网，2011年11月30日，http://opinion.people.com.cn/GB/159301/16443296.html。
[②] 人民网，2011年12月22日，http://www.people.cn/GB/32306/33232/16684456.html。
[③] 央视网，2012年10月18日，http://jingji.cntv.cn/2012/10/18/ARTI1350519547073654.shtml。
[④] 新华网，2015年12月16日，http://www.xinhuanet.com/gongyi/2015-12/16/c_128535730.htm。

阶段可以兼顾非食品需求,《中国农村扶贫开发纲要（2001—2010年)》确定目标基本实现；第三阶段可以兼顾适度发展,向"两不愁、三保障"的预定目标稳步推进。①

三 贫困的分类

我们可以说,贫困首先是一种物质生活的状态,但贫困又绝非是一种简单的物质生活状态。贫困同时是一种社会结构现象。根据不同的划分标准,贫困可以分为不同的类型。如绝对贫困和相对贫困,狭义贫困和广义贫困,生存型贫困、温饱型贫困和发展型贫困,普遍性贫困和制度性贫困等等。

从不同的角度或根据不同的标准,可以把贫困划分为不同的类型。

首先,根据贫困的成因,可以分为普遍型贫困、制度型贫困、区域型贫困和阶层型贫困。普遍型贫困是由于经济和社会的发展水平低下而形成的贫困。制度型贫困是由于社会经济、政治、文化制度所决定的生活资源在不同社区、区域、社会群体和个人之间的不平等分配,所造成的某些社区、区域、社会群体、个人处于贫困状态。区域型贫困是由于自然条件的恶劣和社会发展水平低下所出现的一种贫困现象。阶层型贫困则是指某些个人、家庭或社会群体由于身体素质比较差、文化程度比较低、家庭劳动力少、缺乏生产资料和社会关系等原因而导致的贫困。

其次,根据贫困的内涵,可以分为广义的贫困和狭义的贫困。狭义的贫困是指在一定的社会生产方式下,不能满足最基本的生存需要,生命的延续受到威胁。这主要是从满足人的生理需要的意义上来讲的,缺乏维持生理需要的最低生活标准就是贫困。广义的贫

---

① 国家行政学院编写组编著：《中国精准脱贫攻坚十讲》,人民出版社2016年版,第66—68页。

困则不仅包括不能满足最基本的生存需要，还包括社会的、文化的、环境的等因素，比如文化教育状况、医疗卫生状况、生活环境状况和人口预期寿命。广义的贫困大大扩展了狭义的贫困的内涵。世界银行在《2000/2001年世界发展报告》中对贫困的理解就是广义的。报告认为，贫困除了物质上的匮乏、低水平的教育和健康外，还包括风险和面临风险时的脆弱性，以及不能表达自身的需求和缺乏影响力。

最后，可以把贫困区分为绝对贫困和相对贫困。绝对贫困又叫生存贫困，指缺乏维持生存的必需品，已无法维持最基本的生存需求。相对贫困也叫相对低收入型贫困，是指虽然解决了温饱问题，但互相之间可能存在着明显的收入差异，低收入的个人、家庭、地区相对于全社会而言，处于贫困状态。①

第二节　扶贫

自1949年中华人民共和国成立，中国作为最大的发展中国家，从始至终没有停止过和贫困作斗争。中国的减贫历程，也完全可以被看作是中国经济发展、实现工业化和现代化战略的过程。20世纪80年代中期以来，中国政府开始大规模地开展扶贫开发，先后制定实施《国家八七扶贫攻坚计划》（1994—2000年）、《中国农村扶贫开发纲要（2001—2010年）》、《中国农村扶贫开发纲要（2011—2020年）》等扶贫规划。改革开放以来，中国扶贫开发事业全面推进，居民生存和温饱问题基本解决，实现了"迄今人类历史上最快速度的大规模减贫"，按照2010年价格农民年人均纯收入2300元扶贫标准，农村贫困人口从1978年的7.7亿人减少到2015

---

① 青连斌：《贫困的概念与类型》，《学习时报》2017年10月17日。

年的 5575 万人，减少了 92.8%。[1]

一 扶贫的概念

扶贫又被叫做"反贫困"和"贫困治理"。

人类在不断同贫困斗争的过程中，对反贫困的表述主要有三种：减少贫困、减缓贫困和消除贫困。减少贫困强调减少贫困人口的数量；减缓贫困强调反贫困的重点在于减缓贫困的程度；消除贫困则强调反贫困的目的是最终消除贫困，也是反贫困的最终目标。中国在反贫困过程中，习惯于用"扶贫"来表示具体行为过程。

最早关于贫困与反贫困的概念来自马尔萨斯"抑制人口增长"理论，它产生于 18 世纪末英国资本主义迅速发展、劳动人民日益贫困化时期，由于所处社会历史时代的制约，以及马尔萨斯的资产阶级本质立场，其反贫困理论试图通过"消灭贫困者来消灭贫困"[2]，所以恩格斯称马尔萨斯的理论"是现存最冷酷无情、最野蛮的理论"。二战后，反贫困研究的指向发生了很大的变化，开始逐渐从西方发达资本主义国家的反贫困转向发展中国家的反贫困问题。

新中国成立时，毛泽东同志提出，中央政府"将领导全国人民克服一切困难，进行大规模的经济建设和文化建设，扫除旧中国所留下来的贫困和愚昧，逐步地改善人民的物质生活和提高人民的文化生活"，制定了"高速发展重工业来带动农业和轻工业发展"的反贫困发展计划。[3]

进入新的阶段，扶贫开发机遇与挑战并存。一方面，国家经济

---

[1] 《中国扶贫开发报告（2016）》，社会科学文献出版社 2016 年版，第 5—6 页。
[2] 厄内斯特·玛丽姆邦达（Ernest-MarieMbonda）：《贫困是对人权的侵犯：论脱贫的权利》，秦喜清译，《国际社会科学》2005 年第 2 期。
[3] 阿班·毛力提汗：《中国共产党反贫困理论与实践》，《毛泽东邓小平理论研究》2006 年第 11 期。

社会总体发展水平不高，区域发展不平衡问题日渐突出，制约贫困地区发展的深层次矛盾依然存在。扶贫对象规模大，贫困地区特别是连片特困地区发展相对滞后，同时，返贫现象时有发生。另一方面，随着工业化、信息化、城镇化、市场化、国际化的不断深入，扶贫开发面临着新的机遇和挑战。

根据新形势、新任务的要求，《扶贫开发纲要》对我国未来十年农村扶贫开发进行了战略部署。一是作出了一个重大判断。到2010年，农村居民生存和温饱问题已经基本解决，扶贫开发从以解决温饱为主要任务的阶段转入巩固温饱成果，加快脱贫致富，改善生态环境，提高发展能力，缩小发展差距的新阶段。二是更加明确了工作目标。"两不愁、三保障"既包括了生存的需要，又包括了部分发展的需要，符合新阶段扶贫工作的基本特征。三是采取了更科学的工作方针。坚持开发式扶贫方针、实行扶贫开发和农村最低生活保障制度有效衔接。明确了扶贫促进发展、低保维持生存的工作定位。四是构建了更完善的工作格局。第一次明确了专项扶贫、行业扶贫、社会扶贫三位一体的工作格局。五是更清晰地界定了工作对象。分四个层次，即扶贫对象、连片特困地区、重点县和贫困村。六是制定了更加有力的政策保障。提高扶贫标准，加大投入力度，把连片特困地区作为主战场，中央财政扶贫资金新增部分主要用于连片特困地区。要求完善有利于贫困地区、扶贫对象的扶贫战略和政策体系。同时，从财税支持、投资倾斜、金融服务、产业扶持、土地使用、生态建设、人才保障和重点群体等八个方面提出了原则要求，还要求加快扶贫立法。

二 扶贫的特征和类型

贫困的分类多种多样，因此，消除贫困的努力也应该是多样化的。比如说对于我国这样一个幅员辽阔，各方面都差异很大的国家而言，很难找到一种普适的扶贫方法。

改革开放以来，通过系统性制度变革来进行有效扶贫是中国反贫困的一个基本特征，它整体性强，对所有贫困群体都有覆盖，是一种普惠型的扶贫模式。

能力增进型扶贫是有明显特色的扶贫类型。这类扶贫模式的核心在于提高贫困人群的可行能力，尤其是人力资本投资。近年来针对农村贫困人群融资能力不足的情况，商业类小额信贷机构和非营利组织大力推广无抵押无担保的微型信贷产品，使贫困人群能够通过信贷增强自我扶贫的能力。

救济型扶贫或输血式扶贫是比较常用的扶贫方式。对于那些先天缺乏型的贫困群体，造血式扶贫（如小额信贷、人力资本投资）的作用是非常有限的，而只能采用输血式扶贫，运用公共财政力量或社会公益力量对先天缺乏型贫困群体进行社会救助，民政部门和非营利组织在其中扮演最重要的角色。

针对族群型贫困，其应对策略应该是系统型的扶贫模式。对于那些生产方式比较落后的少数民族地区，系统性的文化建设、改进生产方式（尤其是摒弃那些对于自然生态环境有破坏性的生产方式）等措施，对于民族地区反贫困极为重要。对于那些生态环境极为恶劣的地区，应该进行系统性的环境保护政策、整体迁移和异地安置政策等；对于那些基础设施极为落后的少数民族社区，应采取大推进型扶贫战略，大规模改善其基础设施。

值得一提的是，在中国当前的贫困问题中，民族地区贫困已经成为尖锐的问题，区域性的族群贫困是未来影响地区经济发展和社会稳定的重要因素。解决区域性的族群型贫困需要综合性的系统思路，需要扶贫主体的多元化和扶贫模式的多元化。在很多民族地区比较成功的扶贫实践中，往往将救济式扶贫、以金融扶贫为主的能力增进式扶贫，以及以整村推进战略和异地迁移战略为主的普惠型大推进式扶贫等扶贫模式搭配使用。这些模式的综合使用，不仅可以为一个民族区域大面积地整体脱贫奠定良好的基础，而且可以在很大程度上提高扶贫工作的瞄准程度与扶贫效率。在这些与民族地区反贫困有关的行动中，政府的角色是非常关键的，但这并不能排斥民间非营利组织和市场组织的重要性，尤其在能力增进型扶贫中，非营利组织和市场都扮演了重要角色，如在社区发展基金和商业性信贷中，非营利组织和市场化机构起到关键的作用。这些机构通过创新性的机制设计激发了潜藏在贫困人群中的内在创造力和自组织能力，从而把贫困人口也纳入反贫困主体当中来，这是支撑当今扶贫工作的重要理念之一。

第三节　扶贫学

贫困与反贫困是人类的一个世界性的难题，也是未来中国整个现代化建设进程中的一个长期而艰巨的历史重任，是摆在党和政府面前的一项日益严峻而紧迫的挑战。改革开放以来，特别是20世纪80年代中期，我们国家开始有计划、有组织、大规模扶贫开发以来，我国的扶贫开发事业取得了举世瞩目的伟大成就。扶贫开发为促进经济发展、政治稳定、民族团结、边疆巩固和社会和谐发挥了重要作用，也为全球的减贫事业作出了重大贡献。

一　扶贫学的概念

首先，由于贫困涉及经济、社会、历史、文化、心理和生理等各个领域知识，具有不同背景的人往往从不同的角度认识贫困，对贫困也会有不同的理解，在不同的历史时期和不同的地域，贫困也具有不同的意蕴。

同时，扶贫也涉及不同的专业领域，具有不同专业背景的研究者都可以从自身专业出发，研究相关的扶贫问题，但是这样的研究会显得单薄，理论支撑不够完整，应用也无法切合实际。

目前，在国内外学术研究和政策实践中扶贫的概念在消除贫困的过程，减轻、缓和贫困的手段，从落实政府扶贫项目等层面被运用。综上，贫困和反贫困作为因各种因素的制约而导致的生存与发展需要未能得到满足的一种存在状态，实质反映的是一个巨大的发展问题。因此，扶贫的实质就必须树立"全面发展"的理论指导思想，才能从纷繁复杂的贫困问题中抓住本质和核心，才能更好地解决问题，最终实现消除贫困的目标。

所以，扶贫学顾名思义应该是研究扶贫问题的一门学科，应该具体被定义为以人的一种低于社会一般水平的生存状态为直接研究对象的学科。研究范围应该包括自然科学和人文社会科学。

二 扶贫学的内容构成

首先，扶贫学的内容，是随着社会生活的发展和人们对于反贫困现象的认识深化而不断发展的，就目前来看，扶贫学涉及的内容相当广泛，按照不同的原则，可以对这些内容作不同的构成分类：

（1）按照扶贫学的功能来划分，可以把扶贫学分为理论研究和应用研究两类，理论研究的作用在于为人们全面、深入认识贫困以及反贫困及其发展规律提供理论、观点、原则和方法，并且为扶贫学的应用研究提供理论基础和原则，它主要包括扶贫学原理、反贫困哲学、贫困及反贫困史和当代反贫困研究方法论以及一些扶贫学与其他社会科学交叉而产生的扶贫理论学科，如扶贫经济学、扶贫心理学、扶贫社会学等；应用研究的作用主要是指导和规范实际扶贫活动，它包括扶贫制度的历史和现状、扶贫领导和决策研究、扶贫管理学、公共政策分析等等。

（2）按照扶贫学研究的角度和层次来划分，可以把扶贫学划分为宏观扶贫学和微观扶贫学，宏观扶贫学主要包括扶贫社会学、扶贫地理学、扶贫人类学、扶贫生态学、扶贫政治学、扶贫思想研究、扶贫发展研究等等。微观扶贫学以个体为研究对象，主要包括扶贫心理学、扶贫角色理论、扶贫人格研究等等。

（3）按照扶贫学研究对象的状况来划分，可以把扶贫学分为静态研究和动态研究。静态研究主要指对政府和制度的研究，包括对国家、政党、政府、社会团体、制度的研究。动态研究主要指对扶贫行为、扶贫过程及社会发展变化的研究。

三 扶贫学的研究方法

研究方法，是人们在科学研究中认识和把握研究对象的原则、步骤、程序和角度，是人们主观见之于客观的基本方式和法则。就此来说，它或是指揭示事物本质的基本方面及其相互关系的哲学原则和思维方式，或是指研究问题的基本角度和出发点，或是指从事研究的技术手段。这些不同含义，代表了人类思维的不同层次和研究方法的内在结构。

在扶贫学研究方法中，需要有丰富多样的专业背景支撑，例如政治学研究方法具有科学性，民族学和社会学具有实践性的特点等。在此前提下，扶贫学应该分析和吸收其他学科的研究方法，旨在开展多方面、多层次和多途径的研究。

（一）历史研究法：历史研究方法的特征在于注重史料的搜集，注重历史的描述，同时，由于它采用先验的价值设定来研究历史，注重历史中的价值分析和实现，并且其研究价值问题并不能摆脱研究者的价值立场，因而被归入传统研究方法。历史研究法虽然古老，但确是富有生命力的科学研究方法。

（二）田野调查法：应用客观的态度和科学的方法，对某种社会现象在确定的范围内进行实地考察，并搜集大量资料以统计分析，从而探讨社会现象。通过参与观察，与被调查对象共同生活一段时间，从中观察、了解和认识他们的社会与文化，理想状态是调查者在被调查地居住两年以上，观察深入，透过现象看本质，并精通被调查者的语言，这样才有利于对被调查者文化的深入研究和解释。

（三）访谈法：通过与被调查者直接交谈，来探索被调查者的心理状态的研究方法。访谈有两种类型，一是结构型访谈，即问卷访谈。这种访谈又分两类，一是回答问题的方式，即田野作业者根据调查大纲，对每个受访人差不多问同样的问题，请受访者回答问题。二是选择式，即田野作业者把所要了解问题的若干种不同答案列在表格上，由受访人自由选择。前一种方式人类学研究者使用较多，后者社会学和心理学研究者使用较多。另一种是无结构型访谈，即非问卷访谈，事先没有预定表格，没有调查大纲。田野作业者和受访人就某些问题自由交谈。无论是何种形式的访谈，一是要注意深度，二是要讲究技巧。

（四）问卷调查法：用书面形式间接搜集研究材料的一种调查手段。通过向调查者发出简明扼要的征询单（表），请示填写对有关问题的意见和建议来间接获得材料和信息的一种方法。最后作定量和定性的研究分析，归纳出调查结论。

上述这些研究方法丰富了扶贫学的研究对象，扩展了扶贫学的研究范围，细化和深化了对于特定现象的认识，提供了把握和分析现象的多种角度、途径和模式，并且促进了多种学科的融合，提供了分析问题的基本框架。

但是这些方法也存在着缺陷，就其分析途径来看，无论是从社会学、经济学还是从心理学借用的分析途径，往往夸大某个研究角度或分析途径对于研究的普遍意义，这就使它们带有很大片面性。同时，这些方法虽然以某种反贫困现象作为分析的逻辑起点，但是却缺乏对该现象本身性质和形成原因的分析，这就使得它们具有很大的表面性。

第二章

国内外扶贫理论概述

第一节 国外扶贫理论概述

一 国外贫困理论概述

贫困现象由来已久,但作为一种特定的社会经济现象为人们所重视,且纳入理论研究的领域,其历史并不是很长。资本主义工业革命之后,贫困作为一种复杂的社会经济现象,开始进入人们研究的视野,由于贫困现象本身所具有的复杂性和不确定性,学界对其界定和研究也存在着多维性,涉及经济学、社会学、政治学、人类学等学科研究领域,尤以经济学和社会学研究成果为最,给我们留下了丰富的理论成果。

(一) 经济学领域的贫困理论

1. 庇古与福利经济学的贫困理论

在西方经济学界,英国经济学家阿瑟·C. 庇古(Arthur Cecil Pigou)最早打破了古典经济学在分配问题上无为而治的传统。面对庞大的社会财富和严重的大众贫困,他开始关注社会经济平等这一问题,并进行了比较系统的阐释。1920年出版的《福利经济学》是西方经济学研究中影响较大的著作之一,标志着福利经济学完整理论体系的建立。在本书中,庇古第一次将平等和效率同时纳入了经济分析的视野。在他看来,争取效率就是要合理配置资源,增加国民收入；而争取平等则是将富人的一部分收入转移给穷人，实现收入的均等化；只有二者兼顾，才能增进整个社会的福利。庇古认为，根据杰里米·边沁（Jeremy Bentham）的人们追求个人利益的功利主义原则，每个人的经济福利构成个人福利的总和，社会福利就是全社会成员个人福利的总和，社会福利的增加，意味着社会上绝大多数人的效用得到满足，而社会福利的最大化也就是社会上大多数人的最大满足；转移富人的一部分货币收入给穷人，将增加效用，从而增加一国的经济福利。实际收入的边际效用是递减的，收入大则边际效用小，收入小则边际效用大。所以把富人的收入转移给穷人，富人损失的福利小于穷人增加的福利，净福利为正，全社会福利就增加了。就此，庇古提出了衡量社会经济福利的两条标准：一是国民收入愈大，福利愈大；二是收入分配愈均等，福利愈大。

20世纪30年代以后新福利经济学主要代表人物有勒纳（A. P. Lerner）、卡尔多（Nicholas Kaldor）、希克斯（John R. Hicks）、伯格森（Abram Bergson）、萨缪尔森（Paul A. Samuelson）等人。这些新福利经济学家对庇古的旧福利经济学理论进行了修正和补充，运用"序数效用论""帕累托最适度""补偿原理""社会福利函数"等分析工具来说明政府应当保证个人的自由选择，通过个人福利的最大化来增进整个社会的福利，以此实现社会福利的最大化。

新福利经济学意识到并主张各种商品（物）作为效用（使用价值），它们之间是没有共同之处的，因而也无法进行比较，体现出解释经济问题的现实主义转向。但是，新旧福利经济学在根本上并没有本质的区别，它们均建立在效用价值论的基础之上。尤其是，新福利经济学提出的一部分人福利增加，不至于引起其他人福利减少的观点也是空谈和不现实的。此外，新福利经济学提出的

"价值免谈"（Value free）的观点，即主张把社会伦理、道德观念等价值判断排除在福利经济学的考察范围之外，比起旧福利经济学来，在某些方面反而倒退了。

2. 阿瑟·奥肯与"漏桶原理"

福利经济学的开创者庇古面对庞大的社会财富和严重的大众贫困，第一次将平等和效率同时纳入了经济分析的视野，在庇古看来，争取效率就是要合理配置资源，增加国民收入；而争取平等则是将富人的一部分收入转移给穷人，实现收入的均等化；只有二者兼顾，才能增进整个社会的福利。他所描述的富足而又和谐的社会无疑令人向往，但问题在于平等和效率在现实中往往是矛盾的。对于这个问题，美国经济学家阿瑟·奥肯（ArthurM. Okun）曾作过非常精辟的论述，这就是著名的"漏桶实验"，这也是主流经济学有关贫困问题的经典理论阐释。

阿瑟·奥肯以一个"漏桶实验"证明，假如再分配税收的桶上有个漏洞，那么从富人那里转移给穷人的收入，就不会百分之百地落入穷人手中。假定有这样一个社会，富人和穷人分灶吃饭，富人那里人少粥多，吃不完，白白浪费，而穷人那里人多粥少，根本吃不饱。于是政府决定，从富人的锅里打一桶粥分给穷人，以减少不平等现象。奥肯认为，政府的这种愿望是好的，但不幸的是，政府所使用的那个桶，下面有个洞，是个"漏桶"，在把粥送到穷人那里的过程中路上就漏掉了不少。简单说，政府如果用税收的办法，从富人那里转移一部分收入给穷人，穷人实际得到的，比富人失去的要少一些，比如富人的收入减少了1000元，穷人可能只得到了600元，其余的400元就不翼而飞了。为什么会有这种现象？因为在平等名义下的再分配就伤害了效率的经济目标，追求平等损害了效率，从而减少了国民收入。奥肯有一句名言："当我们拿起刀来，试图将国民收入这块蛋糕在穷人和富人之间做平均分配时，整个蛋糕却忽然变小了。"这里所说的蛋糕变小,实际上就是效率的损失,原因主要有两个:一是税收削弱了富人投资的积极性;二是税收影响了劳动的积极性。不仅影响富人,而且影响穷人。这样,由于在国民收入的分配与再分配过程中,可供分配的国民收入总量减少了,结果就必然与政府的那只再分配税收的桶发生了"泄漏"一样,使富人失去得多,而穷人得到的少,二者都可能受到伤害。比如一个失业工人,由于得到了一份月薪并不算高的工作,而失去了政府所有的补贴,他自然也就对找工作不热心了。这样,由于在收入分配的过程中,可供分配的国民收入总量减少了,结果就必然与政府的桶发生了"泄漏"一样,使得富人失去的多,而穷人得到的少。在这里效率与平等之间存在着很难避免的冲突,而奥肯认为,协调冲突的办法是尽量对二者采取折中的方案,既促进平等,又力求效率损失最小。比如缩小补贴范围、降低补贴标准,以控制再分配对穷人寻找工作积极性的影响;调低所得税率,提高消费率,就可以减小收入转移对富人的损害;重要的是发展公共教育,给予穷人受教育机会,以增强他们脱贫的能力等等。

3. "贫困恶性循环"及"低水平均衡陷阱"理论

1953年,美国哥伦比亚大学罗格纳·纳克斯(Ragnar Narkse)《不发达国家的资本形成》一书系统阐述了发展中国家的贫困问题,提出"贫困恶性循环"理论。认为,发展中国家长期存在的贫困是由若干个相互联系和相互作用的"恶性循环系列"造成的,其中"贫困恶性循环"居于主导地位,而资本不足则是产生贫困恶性循环的中心环节。纳克斯认为,发展中国家在宏观经济中存在着供给和需求两个恶性循环。从资本供给看,发展中国家人均收入水平低,绝大部分收入用于消费支出,储蓄水平低致使资本形成不足,由此生产规模难以扩大,生产效率难以提高,从而导致人均收入低下,由此形成"低收入—低储蓄能力—低资本形成—低生产效率—

低产出—低收入"的恶性循环；从资本需求看，又形成一个"低收入—低购买力—投资不足—低资本形成—低生产率—低产出—低收入"的恶性循环。供给和需求两个相互循环作用，造成发展中国家在封闭条件下难以突破的贫困陷阱。

1956 年美国经济学家纳尔逊（R. R. Nelson）发表了《不发达国家的一种低水平均衡陷阱理论》一文，进一步解释纳克斯的"贫困恶循环"理论。纳尔逊从人均资本、人口和国民收入三种要素增长与人均关系的角度出发，分析贫困的自我循环的机制和过程：由于发展中国家的经济发展水平低，人均收入普遍处于维持生存或接近于维持生命的低水平均衡状态。只要人均收入保持在这个临界水平以下，超过国民收入增长率的人口增长率总会将经济拉回到"低水平均衡陷阱"。在这个陷阱中，任何超过最低水平的人均国民收入的增长都将被人口增长所抵消，如果其他条件不变，这种均衡将稳定。发展中国家必须进行大规模的资本投资，使投资和产出的增长超过人口增长，才可望冲出"低水平均衡陷阱"。

4. "平衡增长"与"不平衡增长"理论

20 世纪 40 年代初，罗森斯坦·罗丹（Paul Rosenstein-Rodan）受东欧工业托拉斯的委托，研究东欧和东南欧经济落后地区在战后推进工业化的问题。1943 年以"东欧和东南欧的工业化问题"为题，发表了研究成果，其中提出了以"大推进"为核心的"平衡增长"理论。该理论认为，发展中国家为了在"贫困恶性循环"的链条上打开缺口，必须大力发展工业，实现工业化。特别是要实施全面增长的投资计划，采取"大推进"的战略，使各行业平衡发展，尤其是要对相互补充的产业部门同时进行投资，通过扩大市场容量和造成投资诱导机制来获得"外部经济效应"。因为，这种投资能够创造出互为需求、互为市场的生产和消费的双向扩张效应，以克服需求不足的问题。同时，这种全面投资可以通过分工协作，减少不必要的费用，降低生产成本，增加利润，为提高储蓄和再投资创造条件。这样有助于克服在资本供给方面的障碍，从资本的供给与需求两个方面打破"贫困的恶性循环"。然而，发展中国家的资本短缺和资本形成效率低下是既成的事实，由此也表现出发展中国家的经济落后与生活贫困以及资源的稀缺，在这样的条件下推行全面的、大规模的"平衡增长"战略，显然不符合发展中国家的实际情况，因而"平衡增长"理论也受到了来自各方面的批评。

美国经济学家赫希曼（Albert. O. Hirschman）在1958年出版的《经济发展战略》一书中，提出了对"平衡增长"理论的批评。赫希曼认为，发展中国家并不具备"大推进"所需要的资本、企业家和其他资源，也就是说平衡增长对于发展中国家是不现实的、不可能的。实际上，国民经济各部门的资本——产出比率和利润率是不同的，对国民经济的结构调整功能和引导效应是有差别的。经济发展是循着由主导部门的发展带动其他部门的发展方式推进的。因此，应把资源投放到主导产业上，这样投资可以通过"联系效应"而带动其他部门的投资和发展，最终使发展中国家摆脱经济落后贫穷的状态。"非均衡增长"理论指出，经济发展是一个动态过程，是一系列不平衡发展的连锁反应。在经济发展的初级阶段，"极化效应"占主导地位，因此区域差异会逐渐扩大，但长期来看，"涓滴效应"将缩小区域差距。研究指出，在经济发展的高级阶段，引起不平衡增长可能性的正是过去不平衡增长经历。"不平衡增长"理论认为，投资不足是造成贫困的原因之一。在资本不足情况下，应投资到那些创造力强、利润高、"联动效应"大的主导产业。通过"联动效应"投资可以传递到其他部门，诱发其他部门的投资。诸多发展中国家都以此理论为基础制定经济发展战略。

（二）社会学领域的贫困理论

由于贫困不仅是一个经济现象，也是一个复杂的社会现象。早在资本主义工业化初期，社会学家们就意识到贫困及不平等问题与社会分层密切相关。在现代工业社会，生产力的迅速发展使得社会物质财富大量增加，使人们的收入、福利水平均得到提升，教育和健康状况也大为改善，但是，这一切并不意味着贫困趋于减少和消除。在一些工业国家，贫困人口位于职业、权力和财产结构的底层，受到社会歧视，在就业、居住、就医、接受教育等方面受到不公平的待遇。同时贫富差距又往往伴随着犯罪率的上升，引发一系列的社会冲突。因而，长期以来，现代工业社会的贫困问题一直是社会学研究和辩论的一个焦点。

1. 贫困"个人因素论"

"个人因素论"把贫困的原因归结为穷人的个人特性，认为穷人应对自己的贫穷负责。该理论认为，机会人人均等，一个人若处于贫困境地，其原因在于贫困者自己身上，其责任也应由自己承担。早期的社会学家，像斯宾塞（Herbert Spencer）等人，就认为穷人或者有性格缺陷，或者有生理缺陷。按照这种观点解释贫困，穷人之所以贫穷，要么是由于他们懒惰、不节俭、不努力工作或者与遗传因素相关的低智商所致；要么是由于他们不良的道德品行以及其他陋习，如赌博、吸毒、酗酒、违法犯罪等一系列行为所致。"个人因素论"在欧美社会对人们认识贫困有一定影响。它的思想基础是个人主义的价值观念。个人主义的核心思想是，个人比社会群体更重要，个人应对自己的行为和福利负责。在个人主义价值观比较流行的欧美社会，存在着对穷人的负面看法，认为"不努力""低智能"是贫困的主要原因，甚至部分穷人自己也这样看。

显然，"个人因素论"的理论逻辑存在漏洞，经受不起实证分析的检验，因而也受到诸多批评。现代社会学和其他社会科学的当代研究趋于否定"智能低下制造贫困"的观点。相当多的实证研究证明，在影响职业地位获得或向上流动的众多社会因素中，智商只是较弱的一项，还有其他社会因素对职业阶梯结构中的地位能作出更大的解释力；并且"低智力论"的另一个问题使其因果关系的颠倒，对社会流动和地位获得的大量研究发现，在许多情况下，恰恰是贫困导致了低智商，而不是低智商制造了贫穷。当然，个人因素论的分析方法并不是完全不能运用到贫困研究中来，在研究贫困原因时，当代社会中贫困者个人的就业观念、人力资本积累、家庭负担系数以及个人道德品质对人们陷入贫困是有一定影响，但这个影响要在特定的社会环境中来认识，换言之这不是贫困人口与生俱来的。

2."贫困文化论"

"贫困文化"作为社会学术语，由社会学和人类学家奥斯卡·刘易斯（Oscar Lewis）在其1959年出版的《五个家庭：关于贫困文化的墨西哥人实证研究》中首次使用。而后，"贫困文化"的概念被广泛使用到贫困研究中来，形成了对持久性贫困的一种理论解释。"贫困文化"是一种"亚文化形态"，仅为社会上一部分人赞同或持有。一些社会学研究者认为，虽然贫困主要表现为一种经济状态，但它同时也是一种自我维持的文化体系。他们试图从文化的角度论证穷人的特征，即穷人面临着特殊生存问题，因而有特定的生活方式；在此基础上，在贫困群体中产生了共同的价值观念和行为方式，这就是"贫困亚文化现象"。这种贫困文化一经形成，它便会对周围的人（特别是后代）发生影响，从而代际传递，贫困本身便在这种亚文化的氛围中维持繁衍，即使初始的贫困条件发生变化，新的机会来临，穷人也不能调整自己，摆脱贫困。

也有社会学家和其他社会科学者对"贫困文化论"持批评的态度，针对其理论结构本身或从实证研究中找到反驳的论据。批评认为，贫困文化的理论假定有问题，即贫困文化有别于主流文化及其价值观，但在现代工业社会，不同的社会群体的文化观念和行为方式是有差异的,偏离主流并不是穷人所特有,用"贫困文化"来解释贫穷就显得不可靠。尽管穷人的行为方式有其特殊性,但并不一定表明穷人的价值观与其他人有本质区别,许多实证研究已经表明,许多贫困家庭在经历了一段时期的贫穷之后告别了贫困生活,而一些原本不贫困的家庭或许由于某些原因陷入贫困。

虽然"贫困文化论"受到种种挑战,但这一理论模式仍有一定的现实解释力。最近,一些社会学家发现,确有一小部分穷人如同贫困文化论所描述和论证的那样,有独特的价值观、生活方式和人格问题,而恰恰是这部分穷人构成了持久贫困人口的大部分,被称为"贫困的硬核"或"真正的劣势群体"。

3."贫困处境论"

许多社会学研究者质问:如果穷人的某些独特的人格特征和行为方式不仅仅是源于"贫困文化",那么又如何解释呢?就此,"贫困处境论"提供了另一种阐释路径:穷人所持有的价值观和行为方式只不过是他们对所处的社会经济环境的反映。事实上,很多穷人并不是不愿意接受主流社会的生活方式、价值观念和文化形态,而是他们为生活窘境所迫,这样的环境,使得他们不得不奉行某些特殊的处世态度和行为准则。主张"贫困环境论"的学者认为,穷人内在的价值观是多方面的,一旦环境改善了,穷人就会把握和利用机会,努力摆脱贫困。这就是说,穷人的个人特质不是他们向上流动的障碍。可见,"贫困环境论"与"贫困文化论"观点是相互对立的。"贫困处境论"认为穷人的内在条件与富人并无重大差别,关键在于他们的处境不同,因此,主张把治理贫困的重点放在改造贫困的社会经济条件上。"贫困环境论"的代表人物查理斯·A. 瓦伦丁(C. Verlinde)认为贫困文化分为三方面:一是贫困状况,即诸如失业、无技术、低教育等总体指标;二是行为模式,如自暴自弃、不思进取等;三是价值观念,如宿命论、反社会倾向等。他认为,第一点为环境因素,它决定了后两点,当环境改善后,其他方面自然会随之改变。处境论的观点开始触及与贫穷相联系的宏观经济政治因素,但这种观点着重反驳"贫困文化论"观点,而没有提出一个以社会环境和经济体制为出发点的解释贫困的理论体系。

4. "贫困结构论"

"贫困结构论"认为,理解和解释贫困现象,最重要的不是讨论穷人的个人特征,而是揭示社会的相关经济政治因素。就此对贫困的解释形成了许多观点,以下从职业结构、劳动力市场结构与产业结构、制度结构等方面简要说明:(1)职业结构。现代社会人们大多是以职业收入为生计的,职业收入的高低在很大程度上影响着人们的贫困或者富裕,因而职业结构与贫困现象最为相关。一般而言,贫困居民在职业流动和职业选择中处于劣势地位。他们一方面由于缺少知识和技能而位于职业结构的底层,从事低技能、低报酬的工作,很多穷人的工资水平低于贫困线;另一方面,处于职业结构低层的工薪劳动者在经济危机或萧条之际最容易失业,从而丧失经济来源,陷入贫困;(2)劳动力市场结构与产业结构。在市场经济和工业社会条件下,劳动力市场和产业均存在二元分割的结构。首先,就劳动力市场而言:收入高、福利优越、职业声望颇佳的高级劳动力市场,往往被中产者或富裕者占有,而穷人大都受雇于收入低、福利差、职业声望欠佳的初级劳动力市场。因此,贫困人口的职业,特别是受歧视的外来移民、少数民族劳动人口的就业领域,受到这种二元劳动力市场分割很大的影响。其次,产业结构也存在二元分化。在核心或主导产业就业的人员,工作稳定并且收入高,而外围产业的工资低,且工作不稳定。穷人因受教育程度、健康状况、机遇和制度条件等方面的制约极有可能进入外围产业就业;(3)制度结构。穷人不仅处在职业结构的底层,也处在财产结构和权力结构的底层,结构论认为这要归因为占主导地位的社会制度。在任何社会总是有贫有富,一定的制度规定了谁做穷人谁做富人。如在工业社会中,制度确定了资本所有者、企业占主导地位。穷人没有资本,他们也往往在没有工会组织的企业中工作。穷人缺乏自己的政治代表,难以保护自己的权益。总之,贫困应被视作社会结构、社会制度的一部分,结构论者声称如果原有的社会结构和制度不发生根本性的变迁,那么在这种社会条件下存在的贫困现象也就不会改变。

二 国外反贫困理论概述

人类社会发展的历史,就是一部反贫困的历史,因此消除贫困也是世界各国努力的目标和人类共同的历史使命。目前,在国内外学术研究和政策实践中"反贫困"(Anti-poverty)概念在"poverty reduction"(减少贫困,强调反贫困的过程性)、"poverty alleviation"(减轻、缓和贫困的手段)、"support poverty"(扶持贫困,简称扶贫,主要是从政策实践的角度研究和落实政府或民间的反贫计划与项目)及"Poverty eradication"(根除、消灭贫困)等层面被运用。与"纯理性地将贫困作为一种现象去界定、说明"的一般贫困理论不同,反贫困理论是"探讨贫困产生的原因以及消除贫困途径的理论"[1],从时间顺序上,历史上产生过以下几种具有重大影响且具有典型代表性的反贫困理论。

(一)马尔萨斯:"抑制人口增长"的反贫困理论

在西方,18世纪末19世纪初英国的经济学家和人口学家马尔萨斯(Thomas Robert Malthus)真正将贫困作为特定的社会经济现象进行分析并从反贫困视角纳入理论研究领域。马尔萨斯的反贫困

---

[1] 赵茂林:《马克思主义反贫困理论的发展及其对中国反贫困实践的指导意义》,《沧桑》2005年第4期。

理论源于他对贫困产生原因的认识与分析。1789年他在《人口原理》一书中，提出了著名的"人口剩余致贫论"。认为，社会人口按几何数列增加，而生活资料因土地有限而只能按算术数列增加，因人口增长速度快于食物供应的增长速度，随时间推移，最后因食物不足导致人口过剩，必然导致贫困、恶习等出现，① 这是支配人类命运永恒的和自然的人口规律。而人口的过度增长是受人口规律支配的，是不以人的意志转移的必然，人口过剩实际上无法避免，大多数人注定要在贫困和饥饿的边缘上生活。故贫困的主要责任在贫困者本身，同社会制度、财产的不平等分配和政府的形式没有关系。相反，由于私有制是因不可避免的"人口自然规律"支配而产生的，所以，资本主义私有制不仅不是贫困和罪恶的根源，相反地，它是实现人口增长同生活资料之间平衡的最有效和最好的制度，也是永恒存在的社会制度。进而指出，要解救工人、消除贫困的唯一办法不是革命，不是实行平等的社会制度，而在于直接"抑制人口增长"。并具体提出了解决人口问题的"两类抑制办法"，以达到人口增长与食物供应间的平衡。一是"道德抑制"，即用节育、晚婚等方法减少人口的增加，以保持人口的增长和生活资料的增长相一致；二是"积极抑制"，即通过提高人口死亡率来减少人口数量，如通过战争、饥荒、疾病以及瘟疫等办法达到抑制人口增长和消灭现存多余人的目的。

　　基于这样的理论分析，在实践中他竭力反对当时英国政府实行的济贫法和济贫制度。认为济贫院给贫民提供工作会增加在业工人的失业，而济贫院的救济只会使过剩的贫困人口继续存在、不断繁殖，结果是"供养贫民以创造贫民"。因此，他建议政府取消对贫民的救济，宣扬贫民产生的原因源于他自身贫困，救济的手段在他

---

① 马尔萨斯：《人口原理》，朱涣等译，商务印书馆1992年版，第6—17页。

自己而不在于别人，济贫法不能从根本上解决贫困问题，反而使其更加严重。通过他的鼓吹和宣传，其理论和主张对当时英国政府反贫困的决策产生了直接的影响，使政府对于贫困、失业的责任逐步让位于政府对贫困者的压制，从而奠定了1843年英国政府颁布的《济贫法修正案》中对贫困者惩戒的基调。新法不仅废除了对体格健全者的救济，而且采用了更加严厉的管理济贫院行为的法则，并规定依靠救济的人必须接受三个非常苛刻的条件：一是丧失个人荣誉（接受救济被社会视为污点）；二是丧失个人自由（必须禁闭在贫民习艺所里劳动）；三是丧失政治自由（丧失公民权尤其是选举权）。[①]

马尔萨斯关于贫困与反贫困的理论阐述产生于18世纪末英国资本主义迅速发展、劳动人民日益贫困化时期。由于所处社会历史时代的制约，以及马尔萨斯的资产阶级本质立场，马尔萨斯的"抑制人口增长"的反贫困理论存在着很多片面乃至极端错误和反人类的观点。不仅明显忽略了技术进步和社会生产力发展的巨大作用，而且撇开具体的社会生产方式，"只考虑到实际中存在着什么东西，而不考虑谁在控制着这些东西。只关注食物相对于人口的比率是十分幼稚的，这一幼稚的方法在过去几个世纪中一直起着混淆是非的作用，并且扭曲了以往的反饥荒政策"。[②]特别是他从人类作为生物的属性出发，制造了一个抽象的、永恒的"人口自然规律"，公然宣扬资本主义私有制是由"人口自然规律"所决定的、是永恒不变的。把由资本主义生产方式所造成的广泛的贫困、失业现象说成是自然规律作用的结果，并积极鼓吹通过战争、瘟疫、饥荒、贫困等残忍手段减少人口来达到实现消除贫困的目的。其试图通过"消灭

[①] 陈银娥：《社会福利》，中国人民大学出版社2004年版，第13页。
[②] 阿马蒂亚·森：《贫困与饥荒——论权利与剥夺》，商务印书馆2004年版，第14—15页。

贫困者来消灭贫困"的反贫困理论,"所采取的办法不是消灭贫困,而是消灭穷人本身。穷人不被视为不公正的腐败的社会秩序的受害者,而被看作社会混乱的腐蚀者和罪人。事实上,社会秩序和富人的尊严受到贫困的威胁,这就是为什么社会必须抛弃穷人的原因"①。所以恩格斯称马尔萨斯的理论"是现存最冷酷无情、最野蛮的理论,一个摧毁了爱人如己和世界公民等所有美好词汇的、绝望的系统"。②

当然,任何理论的产生都有其特定的历史背景和时代意义,作为人口学的理论先驱,尽管由于生活时代和阶级的局限,马尔萨斯关于贫困的认识以及反贫困的路径设计明显片面甚至是极端错误,但辩证地来看,也有其合理的因素和一定的积极意义。马尔萨斯在西方工业革命蓬勃发展时期,关注到社会中广泛存在的贫困问题,并试图从对社会经济的表面现象认识中阐述贫困产生的原因及其解决和消除贫困的路径,不仅吸引了更多的人来关注社会贫困问题,而且也为后来反贫困的理论研究开了先河。此外,马尔萨斯提醒人们在解决贫困问题中要高度关注人口问题,强调"人口增长应该与生活资料的增长相协调"的观点,以及提出利用晚婚、节育等社会和道德措施来抑制人口增长的办法与当今世界的反贫困工作仍然是息息相关的。

(二)马克思主义的反贫困理论

在反贫困的理论研究中,对马尔萨斯观点最高调的反对声音首先来自马克思和恩格斯。作为科学社会主义的奠基者、马克思主义的创始人,他们自19世纪中叶开始就对工业革命后资本主义社会出现的贫困问题展开了深入分析。最早从制度层次上对资本主义制

---

① 厄内斯特·玛丽姆邦达:《贫困是对人权的侵犯:论脱贫的权利》,秦喜清译,《国际社会科学》2005年第2期。

② 转引自朱霞梅《反贫困的理论与实践研究——基于人的发展视角》,博士学位论文,复旦大学,2010年。

度下贫困产生的原因以及反贫困的道路等理论问题进行科学系统的研究，为世界的反贫困理论研究作出了巨大的贡献，在世界反贫困理论中占有非常重要的地位。

与马尔萨斯立足社会经济与人口的表象研究贫困问题形成鲜明对比，马克思主义的贫困研究是立足于资本主义生产的本质。资本主义生产的本质就是生产剩余价值，就是资本吮吸雇佣工人的剩余劳动。恩格斯指出："工人阶级处境悲惨的原因不应当到这些小的欺压现象中去寻找，而应当到资本主义制度本身中去寻找。"[1] 在这个制度下无产阶级丧失了生产资料所有权而一无所有，要去获得生存资料就不得不出卖劳动力，为资产阶级占有剩余价值而劳动。所以在资本主义经济中，"劳动为富人生产了奇迹般的东西，但是为工人生产了赤贫。劳动创造了宫殿，但是给工人创造了贫民窟"。[2] 而且由于"在私有制的统治下，积累就是资本在少数人手中的积聚"[3]，"资本增长得越迅速，工人阶级的就业手段即生活资料就相对地缩减的越厉害"。不管工人的报酬高低如何，工人的状况必然随着资本的积累而日趋恶化。资本积累的增长给无产阶级带来的不是社会福音，而是贫困积累的厄运，资本积累的后果必然是"在一极是财富的积累，同时在对立的一极，即是生产资本本身的阶级方面，是贫穷、劳动折磨、无知、粗野、道德堕落和受奴役的积累"[4]。面对着资本主义制度下的贫困厄运，马克思主义创始人明确指出，在资本主义制度下，企图把改变无产阶级的贫困地位寄希望于资本主义生产的高度发展，那只是天真的幻想。既然"现今的一切贫困灾难，完全是由此不适合于时间条件的社会制度造成的"，就必须从制度本身寻找答案。无产阶级摆脱贫困的唯一出路，只有

---

[1] 《马克思恩格斯选集》（第4卷），人民出版社1965年版，第274页。
[2] 《马克思恩格斯选集》（第42卷），人民出版社1979年版，第93页。
[3] 同上书，第67页。
[4] 《马克思恩格斯选集》（第4卷），人民出版社1965年版，第364页。

"剥夺者",通过暴力革命在政治上推翻资产阶级统治,"用建立新社会制度的办法来彻底铲除这一切贫困"①,从而彻底铲除无产阶级贫困和劳动折磨的根源。

马克思和恩格斯倾注毕生精力,全面分析了整个无产阶级各个方面的贫困状况,从资本主义社会制度及生产关系的角度揭示出资本主义制度下无产阶级贫困化的根源,并指出了摆脱和消除贫困的道路和目标。其意义不仅在于突破了之前的经济、技术分析的狭隘性,科学预见了无产阶级贫困化的历史趋势,最早为反贫困提供一个阶级和制度分析的路径,更重要的是马克思从贫困者立场出发,为穷人呐喊,成为关注"人类本身"的理论先驱,把消除资本主义社会贫困和人的解放这两个重大的社会目标结合起来,不仅为后来人类反贫困主题注入了社会性和人文性的全新思想,更为未来人类社会的反贫困指明了方向。但同时我们也必须看到,马克思的反贫困理论也有自身的局限性。马克思、恩格斯着重从资本主义所有制和资本积累的一般规律上探讨贫困的根源,考察的主要对象是纯粹的早期资本主义国家的贫困现象,对落后的非资本主义国家和后来的发展中国家的贫困问题却涉猎得很少。社会主义贫困问题与资本主义贫困问题存在显著的差异,已不可能全面套用马克思主义的反贫困理论来分析和解释当今社会主义的贫困问题。但不管如何,其理论对认识世界范围的贫困问题乃至最终消除贫困具有重要的实践指导意义。

(三)"收入再分配"反贫困理论

"收入再分配"反贫困理论的产生是特定历史下的产物,有着深刻的社会思想和时代背景。

首先,社会现实使人们对传统贫困价值观的态度与认识发生了

---

① 《马克思恩格斯选集》(第4卷),人民出版社1965年版,第364页。

改变。19世纪的工业革命使欧美国家先后迈入工业社会，但随着生产力的发展和社会财富的急剧增加，广大的工人阶级不但没有因此提高生活水平，反而更加贫困。贫困化的加剧促使人们重新认识贫困问题：（1）费边社会主义认为，贫穷不仅是个人的事，更是社会的事。政府有责任和义务按社会的需要实行某种程度的财富转移，援助患病的人、老年人、儿童和失业者，以确保每个人获得保障。[①] 费边主义构筑以解决贫困问题为核心的福利理论，在引导社会思潮由个人主义向集体主义转变中作出了巨大贡献；（2）新自由主义兴起，认为工人贫困不是因为他们懒惰，而是经济结构本身存在问题。同时指出，经济发展不一定能同时为富人和穷人都带来好处，因此，必须强化政府的作用，通过立法来实行再分配[②]；（3）德国新历史学派提出"福利国家"思想，认为国家除了维护国家安全和社会秩序之外，还有一个"文化和福利的目的"。强调要发挥国家的行政职能作用，通过税负政策实行财富再分配，并通过各种法令和建立国有企业等措施来实行自上而下的改良，为整个社会谋利益，负起"文明和福利"的职责[③]。

其次，"福利经济学"的兴起为"收入再分配"理论提供了直接的理论基础。20世纪20年代"福利经济学"理论获得了很大发展，其主要代表人物英国经济学家庇古在《福利经济学》中指出"在很大程度上，影响经济福利的是：第一，国民收入的多少；第二，国民收入在社会成员中的分配情况"。[④] 进而在此基础上提出了增进普遍福利的路径，一是通过增加国民收入来增进普通福利；二

[①] 丁建定：《社会福利思想》，华中科技大学出版社2005年版，第182—186页。

[②] 王加丰：《西方国家建立社会保障制度的两点经验》，《解放日报》2008年3月第18期，第8版。

[③] 童星：《社会转型与社会保障》，中国劳动社会保障出版社2007年版，第117—119页。

[④] Arthur C. Pigou. The Economics of Welfare, Fourth Edition. Macmillan & Co. London, 1932, p. 1.

是通过国民收入的再分配来增进普遍福利。认为在不减少国民收入总量的前提下，通过税收把收入从相对富裕的人转移给相对贫穷的人，可以增进整个社会的福利，并对如何具体实现收入再分配提出了自愿转移和强制转移的政策建议。对于向穷人转移收入，他认为也可通过两条途径：一种是直接转移，例如举办一些社会保险或社会服务设施；另一种是间接转移，例如对穷人生活必需品提供补贴，为失业工人提供培训，向穷人孩子提供教育机会等。① 因此许多学者认为"福利经济学"理论确立了社会保障制度的公平化原则，是西方福利国家的理论基础之一。福利经济学首次将穷人的福利问题与国家干预收入分配问题结合起来，主张通过国家干预收入分配来增加穷人社会福利的这一思想，成为"收入反贫困理论"的直接来源和理论依据。

19世纪七八十年代，日益加剧的贫困问题使得社会矛盾和阶级矛盾空前尖锐。1873年世界性经济危机的爆发，使得广大工人为争取权益的斗争更加激烈，对各国资产阶级统治基础形成了猛烈的冲击。② 面对马克思主义倡导的社会主义思想的广泛传播与各国工人运动的高涨，资产阶级为了维护和巩固其统治地位，除了利用手中的政权加强镇压外，为了保证自身的利益，资产阶级不得不考虑通过收入再分配来缓解社会普遍的贫困问题，并从德国建立社会保险开始最终相继建立了现代意义上的社会保障制度。现代意义上的社会保障制度是以国家或政府为主体，依据法律规定，通过国民收入再分配，对公民在暂时或永久丧失劳动能力以及由于各种原因生活发生困难时给予物质帮助，保障其基本生活的制度。尽管就社会保障制度而言，其本身肩负维护社会稳定、促进经济发展以及劳动者保护和政治力量平衡在内的多重使命，但毫无疑问，反贫困是其

---

① 庇古：《福利经济学》，金摘译，华夏出版社2007年版，第534—572页。
② 吕学静：《社会保障国际比较》，首都经济贸易大学出版社2007年版，第3页。

中的一项重要的功能,成为现代国家反贫困的重要制度和手段。目前全球已有170多个国家和地区建立了社会保障制度。①

"收入再分配理论"的核心在于通过国民收入的再分配,使社会财富在富人和穷人之间、在职者与失业者之间、健康者与病残者之间、富裕地区和贫困地区之间合理地适当转移。与初次分配有所不同,初次分配着重的是效率,由于"市场失灵",扶助弱者被视作弥补市场缺陷,因此再分配则强调注重公平。社会保障在反贫困中发挥了巨大的作用,不仅保障了穷人的基本生活,有利于消除绝对意义上的贫困,而且维护了社会的公平,促进了社会的文明进步。但同时,我们也应看到,社会保障从一开始产生就与广大工人阶级的斗争分不开,维护阶级统治和社会稳定的考虑大于保护穷人的利益。所以,尽管今天的发达国家很富裕,但贫困问题依然比较严重,因为社会保障目的本身不是在于促进人们的全面发展,所以,其在维持了穷人生存需要的同时,也维持了贫困本身的存在和代际传递,使之成为一个永远无法消除的现象。另外,通过再分配的方式解决贫困问题,必然也涉及社会财富的创造问题。"福利国家"的危机表明,创造财富和分享财富是一样重要的,否则是不可能从根本上消除贫困的。

(四)"涓滴效应"反贫困理论

第二次世界大战后,反贫困研究的指向发生了很大的变化,开始逐渐从西方发达资本主义国家的反贫困转向发展中国家的反贫困问题。许多西方经济学家特别是发展经济学家为减缓发展中国家的贫困开出了不同的"药方"。但总的来说,在战后相当长一段时期内,曾经在指导广大发展中国家的反贫困实践中居于主导地位的理论主要是"涓滴效应"(Trickle down-effect)反贫困理论。

---

① 吕学静:《社会保障国际比较》,首都经济贸易大学出版社2007年版,第327页。

该理论的产生及其盛行有其特定的历史背景：从理论上来说，应归功于发展经济学家的理论研究推动，而从社会现实而言，与当时许多发展中国家具有发展经济的强烈愿望息息相关。"涓滴"，就是很少的意思，"涓滴效应"又称作"渗漏效应"或"滴漏效应"。最早由美国著名发展经济学家赫希曼（A. O. Hirshman）在《不发达国家中的投资政策与"二元性"》一文中提出。他认为增长极对区域经济发展将会产生不利和有利的影响，分别为"极化效应"和"涓滴效应"。在经济发展初期阶段，有利于发达地区经济增长的极化效应居主导地位，会扩大区域经济发展差异。而从长期来看，发达地区对不发达地区带来的投资和就业等发展机会的"涓滴效应"将缩小区域经济发展差异。后来这一研究也由区域经济领域延伸至贫困领域，即"在经济发展过程中并不给予贫困阶层、弱势群体或贫困地区特别的优待，而是由优先发展起来的群体或地区通过消费、就业等方面惠及贫困阶层或地区，带动其发展和富裕"。虽然"涓滴效应"也承认，在经济增长的过程中，穷人只是间接地从中获得较小份额的收益，但随着经济不断增长，收益从上而下如水之"涓滴"不断渗透，形成水涨船高的局面，从而自动改善收入分配状况，贫困发生率也将不断减少，最终实现减缓乃至消除贫困的目的，实现共同富裕。

具体而言，"涓滴效应"理论主要包含三层意思：第一，要改变落后现状，经济增长是一个国家发展进程中最重要的因素，特别是对落后的发展中国家而言。第二，增长与公平的"不相容性"。认为增长与公平在一定时期内具有不相容性，要想把经济增长放在优先地位，就得先接受收入分配两极分化的社会不公现实，否则，就会影响积累和经济增长潜力。如冈纳·缪尔达尔就认为，"这些极端贫困的国家尚不足以从社会公正方面思考并付出平等改革的代价。要想达到经济发展，必须牺牲掉社会公正"①。第三，贫困会在经济的增长中自行减缓和消除。只要经济增长了，有了足够的经济繁荣，不需要进行社会政策干预，经济发展的好处就会通过市场机制"滴漏"到贫困阶层身上，进而解决贫困问题。

"涓滴效应"理论关于"市场经济的发展能够自动缓解和消除贫困"的观点，实质反映的是反贫困中的市场机制与政府行为的关系。由于贫困的首要表现是物质和收入的匮乏，因此，经济增长是减少收入贫困的强大动力，毕竟没有增长就难以聚集减贫的实力。"但是经济增长与收入贫困减少之间的联系远非自动形成的"②，减贫程度也不完全依赖于经济增长，"经济增长对贫困的影响程度取决于由经济增长所带来的额外收入是否为穷人所享有。如果经济增长能使最贫困人口所获得的收入份额增加，贫困人口收入的提高就会快于平均收入的提高，减贫幅度就大；如果经济增长使最贫困人口所获得的收入份额减少，贫困人口收入的增长就会滞后于平均收入的增长，贫困人口的贫困程度就会愈发深重"③。所以这里必然涉及社会财富分配问题，政府若不干预收入分配，任由市场经济下"涓滴效应"自发作用，只能导致富者更富、贫者更贫，从而使得整个社会的贫富差距进一步拉大。因为经济发展并没有造成利益自动地"向下涓滴"的机制，相反，发展过程典型地导致了有利于中产阶级和富人们的"向上涓滴"效应。正如有学者所指出的："在60年代期间，许多人认为，经济增长是一个国家发展进程中最重要的因素，并进而认为，经济增长既是必需的，也足以解决包括就业与贫困等社会问题在内的其他问题。……到70年代末期人们才

---

① 冈纳·缪尔达尔：《世界贫困的挑战——世界反贫困大纲》，北京经济学院出版社1991年版，第45页。
② 世界银行：《2003年人类发展报告》，中国财政经济出版社2003年版，第39页。
③ 叶普万：《贫困问题的国际阐释》，《延安大学学报》（社会科学版）2003年第1期。

发现，高增长率可以与就业形势恶化及贫困并存。"① 另外，从可持续发展的角度看，大多数增长引起环境的退化进而导致健康状况恶化和劳动生产率的降低等，长期来说也不利于经济的持续增长，进而使贫困程度进一步加深。实践证明，减缓贫困仅靠经济增长是不够的，只有通过社会政策的调节和制度的安排，促使"有利于穷人的增长"发生时②，才能实现减缓贫困的目的。

（五）"赋权"反贫困理论

"涓滴效应"反贫困理论的实践表明，如果经济增长不能为穷人分享，不仅不能消除和减轻社会贫困，反而会增加贫困的积累和加剧社会贫富两极分化。而穷人之所以未能享受到经济增长的好处，主要源于社会的不平等。不平等不仅存在于收入分配上，也存在于社会权利及能力和机会上。研究表明，减轻贫困的程度与初始不平等密切相关，一般初始不平等程度很低的国家所带来的减贫效果是不平等程度很高国家的约 2 倍。③ 所以，贫困对增长的敏感性很大程度上取决于贫困人口能否获得分享增长的权利和机会。④ 而这些显然是通过强调市场经济下经济增长的自然滴漏从而减少贫困的涓滴反贫困理论所未能预见和考虑到的。在此背景下，赋权理论开始进入反贫困研究者的视野，并随着贫困问题研究的进一步深入而被越来越多国家的研究者和国际组织所认可和推广。

赋权理论译自英文的"empowerment theory"，也有的将"empowerment"译为增权、增能、培力等，主要是指"赋予权利、使有能力"。作为一种理论，其研究始于 20 世纪 60 年代，自 80 年代

---

① Louis Emmerij. Fl desarrollo economicoy social en los umbrales del siglo XXI, p. 5. BID Washington, D. C, 1998.

② 普里威·赫尔：《发展与减贫经济学——超越华盛顿共识的战略》，刘攀译，西南财经大学出版社 2006 年版，第 9 页。

③ 世界银行：《2000/2001 年世界发展报告》，中国财政经济出版社 2001 年版，第 56 页。

④ 叶普万：《贫困问题的国际阐释》，《延安大学学报》（社会科学版）2003 年第 1 期。

以后迅速进入兴盛发展时期。赋权理论最初发起于社会工作和女性主义运动研究领域，后因以该理论为指导的实践模式表现出明显的可行性和建设性，研究的对象逐渐扩大至尽可能多的失权个人或群体。赋权理论正是在这样的背景下延伸至反贫困问题研究领域，加之这一时期"涓滴效应"反贫困理论在实践中的负面效应日益显现，加速了人们对新的反贫困理论的探求，于是在70年代后期，便有国际组织在扶贫和发展项目中吸取该理论。

在反贫困研究中，赋权真正成为一种反贫困理论，最主要的还是与阿马蒂亚·森（Amartya Sen）关于"贫困的实质源于权利的贫困"这一研究发现有关，而森也因为在权利贫困研究中的杰出贡献而获得诺贝尔经济学奖。森在其1981年出版的《贫困与饥荒》一书中，通过对饥荒的系统分析发现，在实际生活中一些最严重的饥荒发生，"只是因为他们未能获得充分食物权利的结果，并不直接涉及到物质的食物供给问题"，[①] 即"一个人支配粮食的能力或他支配任何一种他希望获得或拥有东西的能力，都取决于他在社会中的所有权和使用权的权利关系，"[②] 即使粮食生产不发生变化，权利关系的变化也有可能引发严重的贫困和饥荒。因此他指出，无论是经济繁荣时期，还是经济衰退时期，饥荒都可能发生。如果经济繁荣表现为社会不平等的扩大，则繁荣过程自身就有可能成为饥荒的诱因，要理解饥荒和贫困，就应当把它们放在权利体系中来加以分析，权利关系决定着一个人是否有权利得到足够的食物以避免饥饿。虽然这一权利体系分析方法具体地应用于饥荒分析，但同样"可以更一般地应用于贫困分析"。[③]

森以权利这一独特的视角对贫困产生原因所作的开创性研究，

---

① 阿马蒂亚·森：《贫困与饥荒——论权利与剥夺》，王宇等译，商务印书馆2004年版，第14页。
② 同上书，第40页。
③ 同上书，第6页。

成为贫困理论发展的一个里程碑。不仅揭示了贫困和饥荒发生的原因，同样也适用于对"涓滴效应"反贫困理论指导下的贫困现象不减反增的解释。在经济增长的同时，由于缺乏相应的权利，人们不仅享受不到经济增长的好处，反而可能因贫富差距扩大和社会普遍贫困制约经济的发展而成为贫困进一步加剧的诱因。在经济增长的过程中，如果只关注增长，而不考虑谁控制和拥有这些增长，是无法实现减贫目标的，这一点很快为越来越多的研究者和国际组织接受。世界银行在其发展报告中更是明确指出，"贫困不仅仅指收入低微和人力发展不足，它还包括人对外部冲击的脆弱性，包括缺少发言权、权利和被社会排除在外"。①

由于贫困的根源在于权利的匮乏，所以森指出，要解决贫困，"我们要做的事情不是保证食物供给，而是保护食物权利"②，但鉴于"权利关系又决定于法律、经济、政治等的社会特性"③，所以面对贫困者在社会中存在的权利贫困现象，要实现保护他们的权利目的，只能通过对相应的制度安排，建立一套政治和社会体制，赋权以保障贫困者享有基本的政治与公民自由、获得基本生活需要和教育、医疗卫生等权利。由此可见，超越经济层面而从权利层面上向穷人"赋权"构成了赋权反贫困理论的核心。其最显著的特征是：通过对获得资源和参与决策发展活动的权力再分配，为贫困群体提供最基本的参与和决策权力，从而真正受益。所以赋权不仅是一个理念，也是一个战略。在这个意义上，世界银行在《2000/2001年世界发展报告》中提出了一项通过创造机会、促进赋权、增加安全保障三个途径实现消除贫困战略的总体战略框④，世界银

---

① 世界银行：《2000/2001年世界发展报告》，中国财政经济出版社2001年版，第1页。
② 阿马蒂亚·森：《贫困与饥荒——论权利与剥夺》，王宇等译，商务印书馆2004年版，第161页。
③ 同上书，第198页。
④ 世界银行：《2000/2001年世界发展报告》，中国财政经济出版社2001年版，第6—7页。

行把促进赋权视为三大扶贫战略之一。但在实践中要实现赋权反贫困战略,平等参与是为贫困人群赋权的重要途径,即赋予贫困人口参与发展、摆脱贫困的机会和权利。这里的参与既是发展的手段,更是发展的目的。赋权的实质并不在于制定一项项具体的经济、政治、社会和文化权利,而在于赋予贫困人群与其他个人、群体同等地参与经济、政治、社会和文化发展并享有成果的权利。

赋权反贫困理论在实践中的可取之处主要在于:一方面,它通过贫困人口的参与和意见表达,为政府和其他外部力量了解贫困人口的需求并提供有针对性的服务提供了有效机制;另一方面,它通过赋予贫困人口平等参与的机会和权利,有助于增强贫困人口在扶贫项目的主人翁意识,发挥他们的主动性和创造性。赋权反贫困理论是探讨和解决"增长型贫困""繁荣型贫困"的一种理论,其价值取向在于通过赋权,引导贫困者个人或群体采取乐观的态度,积极参与决策和通过行动来改变自己的不利处境,提升自己的权利,从而使整个社会的权力结构更趋公正。然而,外部可以通过制度安排实现赋权,但这只是创造了一个平等的机会,最终并不能自动实现赋权的目标,只有当穷人有能力通过行动来缓解具体的社会经济、政治状况时,赋权才得以实施。换句话说,如果一个人不具备相应的能力或素质,即使通过赋权享有平等的机会和权利,也不一定就能实现消除贫困的目的,依然不能解决因社会经济发展不足以及个人健康、能力等原因导致的贫困问题。所以,依赖这一反贫困理论及其战略实践也不可能实现从根本上消除贫困的目标。

(六)"人力资本"反贫困理论

"人力资本"理论最早由西奥多·W. 舒尔茨(Thodore W. Schults)在20世纪60年代提出。他突破了传统理论中资本只是物质资本的束缚,将资本划分为"人力资本"和"物质资本",开辟了人类关于人的生产能力分析的新思路,并很快从经济学领域被引入社会领域中的贫困问题研究中。该理论认为贫穷的国家和个人之所以落后贫困，其根本原因不在于物质资本的短缺，而在于人力资本的匮乏，是缺乏健康、专业知识和技能、劳动力自由流动、教育等高质量人力资本投资的结果。但作为一种反贫困理论来讲，其最终形成是和随后贫困问题本身研究所取得的新进展分不开的。在贫困本身的研究中，继"权利贫困"之后，以森为代表的研究者和国际组织提出了"能力贫困"说。其核心意义是，必须考察个人在实现自我价值功能方面的实际能力，因为只有能力才能保证机会的平等，没有能力，机会的平等是一句空话，也就是说"真正的机会平等必须通过能力的平等"才能实现。[①] 所以，解决贫困和失业的根本之道是提高个人的能力。而贫困者能力的缺失又大多源于他们的人力资本的缺乏。"贫困人口的人力资本不足，使得他们没有足够的'能力'去追逐生存和发展的机会，进而被社会排斥，处于社会的最底层，过着贫困的生活。"[②] 因此，对贫困人口进行人力资本投资，提升他们的可行能力就成为推进反贫困战略的理性选择。

显然，在人力资本反贫困理论的视角下，贫困的产生主要是由于人力资本的严重短缺，不足以产生维持生存和促进发展所需要的内在动力和能力。因此改进穷人福利的关键，减少收入不平等，缩减、消除贫困的有效路径就是通过提高穷人的人力资本来增强其能力。也就是说，重点应该加强贫困人群的人力资本投资，以此改善贫困人口的健康状况、提高其教育水平和劳动技能，促进贫困人口进入劳动力市场，促进就业，增加收入等实现消除贫困的目的。如世界银行指出，发展中国家在制定减贫战略时应"大力提高公共企业的资金营运效率，在不影响安全的情况下减少军费，以及减少一

---

① 阿马蒂亚·森：《以自由看待发展》，任于真译，中国人民大学出版社2002年版，第85—103页。

② 张友琴等：《人力资本投资的反贫困机理与途径》，《中共福建省委党校学报》2008年第11期。

些需要高投入而不太紧急的项目投资，使更多的资金能够用于像小学教育、基本卫生保健这样的项目上"。① 目前人力资本投资反贫困路径作为一项重要的反贫困战略已成为越来越多的国家，特别是发展中国家摆脱贫困状态的重要选择。

人力资本反贫困理论把人力资本投资视为反贫困的主要路径，就是将贫穷者本身作为最重要的资本进行培植和投资，充分发挥人力资源在经济增长和收入能力增加方面的核心作用，从而在微观和宏观两个层面上形成反贫困的良性循环与可持续发展，为贫困人口从单纯国民财富的"消费者""接收者"向"创造者"和"生产者"的转变提供了一个新的视野。这一点正是人力资本反贫困理论对传统反贫困理论的重要突破之处。当前，西方国家面对反贫困中存在"福利依赖"现象所采取的"积极福利"政策主张正是这一理论在反贫困实践中的运用。同时，通过投资穷人的医疗保健、职业培训和教育等途径来提高他们的健康、技能、知识和能力，不仅有利于增强贫困或低收入群体的市场竞争力和抵抗风险的能力，从而摆脱经济上的贫困，给贫困者带来更多的闲暇时间、生活享受和其他诸如安全感、方向感、自信心等精神上的无形收益，而且健康和知识文化素质的提升，也有利于充分发挥穷人的主体意识和主观能动性，促进他们追求生存之外的更高层次的发展需求，在提高穷人生活质量的同时，更促进了人的自由和全面发展。②

当然，人力资本理论在对贫困问题的解释和应用上有强大的解释能力的同时，自身也有诸多的局限：（1）该理论只考虑到了劳动力的微观供给情况，却没有考虑到社会的宏观需求以及制度等因素对收入分配的影响。实际上，人力资本高、能力强并不一定就代表

---

① 世界银行：《1998年世界发展报告》，中国财政经济出版社1980年版，第36页。
② 朱霞梅：《反贫困的理论与实践研究》，博士学位论文，复旦大学，2010年，第69—70页。

都有机会,更不代表就一定能获得高收入。(2)人力资本强调主观的个人能力,却忽略了客观的机会,如充分就业、平等的权利等,而这些必须要由政府和社会提供。只有综合考虑主观的能力与客观的机会,才能从根本上减少贫困。(3)人力资本反贫困理论并不能完全取代以消费支持为主要特征的社会救助方式的反贫困功能。因为不管怎样,总会有一部分没有劳动能力的孤老残幼或者因遭遇灾害、事故、疾病等风险需要依赖社会救助维持生存或度过危机的人员。

综上所述,对于贫困问题的关注和研究显示了人类社会对社会公正和文明进步的要求,同时也是人关注自身发展的重要体现。上述各反贫困理论的产生,可以说是不同时期人们关于反贫困研究的集大成,不仅代表了所处时代人们对于贫困问题的最新认识和理解,更为推动世界反贫困的实践,以及促进贫困研究在已有基础上的进一步深入发展发挥了巨大的作用。成功的实践离不开先进理论的指导,对于历史上不同时期产生的具有代表性的反贫困理论进行回顾、梳理与分析,不仅对更好、更深入地理解贫困和推动反贫困理论的进一步发展具有重要的理论意义,同时对指导当下中国的反贫困实践也具有重要的现实指导意义。

第二节 国内扶贫理论概述

与国外发达国家相比,我国有关扶贫的研究起步较晚,因而很多研究主要是集中在介绍国外现有相关理论及其对策运用上,整个研究特别是理论研究方面还很不足。随着我国反贫困和扶贫事业实践的进一步发展,扶贫理论研究的滞后已越来越成为制约反贫困工作开展的瓶颈,确立符合我国国情的扶贫理论已成为当下中国反贫困的现实需要。

一 中国特色扶贫开发理论

通过对中国扶贫开发历程的论述,我们发现中国当前所面临的贫困问题,既有和其他国家一样的共性问题,同时作为处于初级阶段的社会主义人口大国,也有自己特殊的个性问题。因此,我们只有在立足中国国情,遵循中国实际,放眼长远的基础上来探索具有中国特色的反贫困指导理论,并围绕这一理论开展具体的反贫困实践活动,才能消除贫困,取得扶贫事业的最终胜利。中国的反贫困和扶贫事业伴随着思想解放的进程,"不仅表现在贫困人口减少和贫困地区加快发展上,更重要的是成功地探索了一条符合中国国情的扶贫开发道路,成为中国特色社会主义理论体系的组成部分"。

(一) 共同富裕与扶贫理论发展

1. 共同富裕是社会主义的本质和目的

"共同富裕"一词由毛泽东同志最早提出。社会主义制度建立后,毛泽东认为"要巩固工农联盟,我们就得领导农民走社会主义道路。使农民群众共同富裕起来,穷的要富裕,所有的农民都要富裕"。[①] 在特定的历史背景下,毛泽东同志当时所提出的"共同富裕"主要是从巩固社会主义制度出发,而不是从社会主义的本质角度来提。后来由于错误的指导思想,以及"左"的思想的干扰破坏,中国社会生产力的发展缓慢,甚至发生了停滞和倒退,人民生活水平长期没有提高,不仅没有实现共同富裕,反而出现了普遍贫穷的状况。

邓小平曾指出:社会主义制度建立几十年后,中国仍存在着大规模贫困的主要原因在于对社会主义本质认识不清,对"什么是社会主义,怎样建设社会主义"缺乏正确认识,他指出"社会主义的

---

① 《毛泽东选集》(第5卷),人民出版社1977年版,第196页。

首要任务是发展生产力,使社会物质财富不断增长,人民生活一天天好起来,为进入共产主义创造物质条件。不能有穷的共产主义,同样也不能有穷的社会主义"①,"贫穷不是社会主义,社会主义要消灭贫穷"②,"社会主义的特点不是穷而是富,但这种富是人民共同富裕"③。1992年邓小平同志在南方谈话中对社会主义的本质又作了新概括,即"社会主义的本质是解放生产力发展生产力,消灭剥削,消除两极分化,最终达到共同富裕"④。这一概括从生产力、生产关系以及发展目的方面对社会主义的本质作了明确界定,为社会主义的发展指明了正确的方向,更加清楚地强调了坚持社会主义就必须坚持共同富裕的原则,把社会主义和共同富裕紧密地联系在一起。其中,共同富裕的物质前提是"解放生产力,发展生产力",制度要求是"消灭剥削,消除两极分化",基本路径是"先富带动后富,最终走向共同富裕"。但"部分先富说到底只是手段、是途径,而非目的"⑤,所以不能停留在部分富裕阶段,让部分人富而另一部分人穷。先富起来的地区和个人,帮助和带动发展慢的地区和个人,最终达到共同富裕。

2. 消除贫困是中国特色社会主义谋求共同富裕的目标追求

新中国成立时,毛泽东同志就明确了我党反贫困的伟大奋斗目标。他提出,中央政府"将领导全国人民克服一切困难,进行大规模的经济建设和文化建设,扫除旧中国所留下来的贫困和愚昧,逐步地改善人民的物质生活和提高人民的文化生活",制定了"高速发展重工业来带动农业和轻工业发展"的反贫困发展计划。社会主义制度的确立为消除贫困扫除了制度性的障碍,加之土地改革以及

---

① 《邓小平文选》(第3卷),人民出版社1993年版,第171页。
② 同上书,第255页。
③ 同上书,第265页。
④ 同上书,第373页。
⑤ 李炳炎:《共同富裕经济学》,经济科学出版社2006年版,第96页。

一些基本社会保障措施的推行，全国绝大多数贫困人口的温饱问题基本上获得解决，摆脱了旧社会的饥荒和普遍贫穷的局面，取得了历史性的突破。但建立社会主义制度只是消灭了剥削的基础，消灭了导致无产阶级贫困的制度根源，"为反贫困提供了一种全新的发展模式，为我们超越发达国家的历程提供了制度支持和保障"①，但绝不意味着社会主义制度可以消灭贫困本身。"改变社会制度，变革生产关系是反贫困的一个必要条件，但绝不是反贫困的全部内容。"②

面对全国的高贫困率，党的十一届三中全会决定把党和国家的工作重心转移到经济建设上来，提出把发展社会生产力作为党和国家的根本任务。"中国要解决十亿人的贫困问题，十亿人的发展问题"③，要发展就必须改革。"改革也是为了扫除发展社会生产力的障碍，使中国摆脱贫穷落后的状态"④，为此提出了"三步走"的发展目标和步骤，要使中国在21世纪中叶达到中等发达国家的水平，"把建设现代化作为解决中国贫困问题的根本途径，提出改革开放政策是中国反贫困的重要环节，这就表明，反贫困必然是以发展市场经济为基础的社会经济改革"⑤。中国的改革是从贫困发生面积大、贫困程度严重的农村开始并率先取得突破的。为了加大扶贫力度，中央成立了专门的扶贫开发机构，制定专门政策，并对以前的救济式扶贫进行改革，确立了开发式扶贫方针和战略，并前所未有地把反贫困作为一项主要内容正式列入国民经济发展计划，在全

---

① 管新华：《新世纪中国的弱势群体与社会主义的共同富裕——中共三代领导人反贫困基本思路比较》，《南京师大学报》（社会科学版）2003年第1期。
② 阿班·毛力提汗：《中国共产党反贫困理论与实践》，《毛泽东邓小平理论研究》2006年第11期。
③ 《邓小平文选》（第3卷），人民出版社1993年版，第229页。
④ 同上书，第135页。
⑤ 管新华：《新世纪中国的弱势群体与社会主义的共同富裕——中共三代领导人反贫困基本思路比较》，《南京师大学报》（社会科学版）2003年第1期。

国范围内开展了有计划、有组织和大规模的开发式扶贫，贫困人口大幅度减少。世纪之交中央政府启动"西部大开发"战略，这既是从改革、发展、稳定的大局考虑，把东西扶贫协作推向一个新的阶段，与此同时，针对那些自然环境恶劣、扶贫难度大的贫困地区，实施了《国家八七扶贫攻坚计划》，动员全社会的力量解决贫困人口的温饱问题。针对城市下岗失业引起的贫困问题，进一步深化经济、政治体制改革，推进现代企业制度的建立，实施再就业工程，建立最低生活保障制度等，这些都是党和政府为了缓解和消除贫困、最终实现共同富裕而采取的战略措施。进入21世纪以来，我国改革进入攻坚阶段，社会转型时期长期积累的深层次矛盾开始显现，中国的贫困问题也出现了新特点，党中央提出了科学发展观、构建和谐社会的方略，提出了以人为本、立党为公、执政为民等崭新的治国理念，为解决新时期贫困问题提供了强大的思想武器和行之有效的思路和途径。以党的十七大为标志，中国的反贫困事业进入了一个新的阶段：即从以解决绝对贫困问题为主向以解决相对贫困问题为主转变，主要目标和基本职能从以解决农村贫困人口温饱问题为主向以缩小社会成员之间收入差距为主转变。

（二）消除贫困与和谐社会构建理念

构建社会主义和谐社会是中国共产党从全面建设小康社会、开创中国特色社会主义事业新局面出发提出的一项重大任务，"我们所要建设的社会主义和谐社会，应该是民主法治、公平正义、诚信友爱、充满活力、安定有序、人与自然和谐相处的社会"[①]。然而，我国社会发展面临许多与贫困相关的严峻问题，当前贫困人口规模大、贫困程度深、新贫困人口日渐增多、贫富差距日趋加大等。这些突出的贫困问题，不仅与我国以人为本、构建公平正义的社会主

---

① 胡锦涛：《在中共中央举办的省部级主要领导干部提高构建社会主义和谐社会能力专题研讨班开幕式上的讲话》，《人民日报》2005年2月第20期第1版。

义和谐社会的目标和宗旨不符,而且是威胁社会稳定和安全的潜在的隐患。

1. 只有消除贫困,才能更好地保障民主权利,推进民主法治的发展

社会主义和谐社会是民主法治的社会。在现代社会,"权利是表达人们利益和需要的最基本、最具体的方法和手段。因而权利受保障的程度既是衡量一个政治体系文明程度的基本标志,也是衡量一个社会和谐的基本标志"[①]。在我国现有政治制度下,贫困人口不仅利益表达的渠道少、参与政治机会少,而且由于素质低,导致参与能力不足和主动参与的热情不高,这些因素累积和相互作用,形成了贫困人口的权利贫困,而反过来,权利的贫困又会加剧和引起新的贫困。不管从贫困人口的政治参与渠道,还是其自身权利意识或参政议政能力,都只有在反贫困战略的推进中,通过不断地建立健全贫困群体的政治利益表达和整合机制,保障最低生活标准,增强贫困人口自我管理意识和参政议政能力,才能调动人民群众各方面的积极性、主动性和创造性,积极参政,从而不断推进民主法治和谐社会的建设。

2. 只有消除贫困,才能保障公平公正,为实现社会的公平正义创造条件

在现实生活中,对于身处贫困之中的人们来说,无论在工作机会、财产收入、学历技能、医疗健康状况等各方面都处于一种非常窘迫的生活状态中。他们不仅因物质生活的贫困导致生活陷入内在的冲突与紧张之中,而且往往缺乏较强的社会关系网络,容易为社会中的其他人所轻视甚至排斥,从而形成一种在社会关系上、心理上、文化上、道德上和政治参与上的长期被隔绝,极少有在经济生

---

① 上海市政治学会:《和谐社会与政治发展》,上海人民出版社2005年版,第263页。

活中的平等参与权和话语权,更是远离决策权,因而难以对和自身利益攸关的社会政策制定产生直接的影响。在这个意义上而言,社会不公平本身就是导致贫困的一个重要原因。公平正义的社会理应是社会各方面的利益关系得到妥善协调,人民内部矛盾和其他社会矛盾得到正确处理,社会公平和正义得到切实维护和实现。只有消除社会中存在的贫困,尤其是不公平导致的贫困,才能在促进社会公平公正的基础上,为实现公平正义的和谐社会奠定基础

3. 只有消除贫困,摆脱物质的控制,才能为实现诚信友爱的和谐社会奠定基础

社会主义和谐社会是诚信友爱的社会。马克思指出:"社会关系实际上决定着一个人能够发展到什么程度。"① 当贫困大量存在,当生存成为压倒一切的需要时,人们必然会不择手段地满足生存的需要,并以物质利益而不是善恶为标准来判断自己的行为价值,导致社会中"拜金主义"泛滥、人与人之间关系淡漠、公平诚信缺失、正义友爱弱化、道德滑坡等问题。对此,马克思曾非常明确地指出贫困与道德堕落之间的必然联系:在资本积累的过程中,工人的状况必然随着资本的积累而日趋恶化,在一极是财富的积累,同时另一极即把自己的产品作为资本来生产的阶级方面是贫困、劳动折磨、受奴役、无知、粗野和道德堕落的积累。道德作为人类特有的精神生活,深深植根于社会经济条件中,"一切以往的道德归根到底是当时的社会经济状况的产物"②。道德的基本内容就是调整人们的利益关系、个人利益与整体利益的关系,而道德的最低限度应该是维持一种利益关系,这种利益关系能保证人的最起码的生存。一旦人处于生存难以为继的边缘,他们的一切关注点、一切资源都是围绕着活下去来调动,他的道德资源便趋于工具化。因此,在现

---

① 《马克思恩格斯全集》(第3卷),人民出版社1956年版,第295页。
② 同上书,第134页。

实生活中，生存需要始终是现实生活中人们的第一诉求，唯有能够活下去，才能谈得上人的社会生活的全面展开，人与人之间的诚信友爱这样更高道德上的需求才会被关注和满足。如果不能消除贫困，跨越在贫富两端的人就不可能平等友爱、融洽相处，诚信友爱的和谐社会就不可能实现。

4. 只有消除贫困，才能促进发展，激发社会的活力

社会主义和谐社会是充满发展活力的社会，这是社会进步与发展的现实力量和动力源泉，是现代社会的重要标志。"没有活力的社会、没有活力的和谐是不完美和毫无价值的。社会活力来源于社会成员、社会组织和社会机制的有效作用。表现为政治活力、经济活力、文化活力和人的发展的活力等等。"[①] 通过反贫困，特别是通过教育、科技培训等形式不断提升贫困人口自身的素质和能力有利于激发人的发展活力。另外，在反贫困中通过社会保障的建设，加大财政转移，有助于通过提高穷人的消费支出拉动内需，增强国民经济发展的活力。总之，只有加大反贫困的力度，才能使更多人的发展活力和经济发展的活力得以释放，促进和谐社会的形成和发展。

5. 只有消除贫困，才能维护社会的和谐稳定，创造安定有序的社会环境

社会主义和谐社会是安定有序的社会。安定有序主要指：社会组织机制健全，社会管理完善，社会秩序良好，人民群众安居乐业，社会保持安定团结。安定有序的社会主义和谐社会中的"安定"是指社会发展的稳定、社会关系中的和睦相处和人们的心理平和。和谐社会应该是人与人之间、群体与群体之间、社会阶层与社会阶层之间，以及人与社会之间和谐相处，真正做到人人平等、和

---

① 肖勤福：《社会主义和谐社会的基本特征》，《中国青年报》2005年第28期，第B4版面。

而不同、互惠互利。贫困的大量存在，往往也是在动乱时代，即所谓的"饥寒起盗心"。贫困者所处的状况，使其容易对社会产生排斥、否定甚至仇视的情绪。当贫困者意识到贫困是由于社会的不平等导致时，贫困人群会普遍出现不满情绪，集体越轨行为增多，以各种方式反抗社会。特别是贫富差距扩大造成的社会两极分化与对立，使各阶层矛盾尖锐，对于社会稳定更是产生威胁。如果不能在消除社会绝对贫困的同时，逐步缩小社会成员之间的贫富差距，那么这种"相对剥夺感"也容易使人倾向暴力，最后殃及的不会仅仅是贫困线以下的一方，而是会造成整个社会的危机状况。所以，贫困作为一种社会现象，既和穷人相关，也和富人相关。"一个社会的消费者中穷人太多、富人太富，迟早要出问题。"① 在一个贫困人口众多的环境下，要实现社会的安定有序是不可能的，只有消除社会中的贫困，人民安居乐业，和睦相处，才能为和谐社会的建设提供稳定的社会环境，社会与人的发展才成为可能。

6. 只有消除贫困，实现资源的合理开发利用，才能实现人与自然和谐相处

人既是自然和社会的主体，又受制于自然和社会。一方面，长期以来，由于贫困的存在，很多贫困地区为了获取必要的生存资料，不择手段、不计后果地攫取自然资源，加剧了对生态系统的压力。违背自然法则，严重破坏人与环境的平衡，受到了自然界的无情报复，如环境污染、资源枯竭、气候变化、生态失衡等。另一方面，因为贫困，在缺少能力的情况下，自然资源难以得到最优或最合理的利用，导致环境恶化以致枯竭。资源的不合理开发利用和生态环境的恶化是造成贫困的重要原因之一，而环境的恶化又会加剧他们进一步的贫困化，形成了"贫困—资源浪费与滥用—难以逆转

---

① 西奥多·舒尔茨：《穷人经济学——诺贝尔经济学奖获奖者演说文集》，上海人民出版社1998年版，第88页。

的环境恶化—进一步贫困化"这样一种互为强化的恶性循环，表现为绝大多数贫困人口居住在自然条件恶劣、自然资源贫乏、生态环境脆弱且受到严重破坏的地区。据统计，全世界的贫困人群中大约有一半人居住在环境容易遭受破坏的农村地区。对于我国现存的农村贫困人口来说，生态脆弱与贫困有很大的相关性。不利的生态环境、不可持续的发展方式与贫困常常相伴存在，贫困就是人与资源环境之间的一种失败关系，"贫穷会使穷人为了生存而恶化环境"。只有加大反贫困进程，不断减少直至消除贫困，才能促进人与自然的和谐。不解决好贫困问题，人与自然环境的恶性循环关系必将使建设和谐社会的目标无法实现。

（三）反贫困与科学发展观指导思想

科学发展观是坚持以人为本，全面、协调、可持续的发展观，"科学发展观，第一要义是发展，核心是以人为本，基本要求是全面协调可持续，根本方法是统筹兼顾。"科学发展观是我们党对社会主义现代化建设规律认识的进一步深化，是中国全面建成小康社会、构建社会主义和谐社会的总的指导思想。坚持用科学发展观的思想来审视和思考中国的反贫困工作，不仅有助于我们从理论认识的高度上更深入地认识和理解反贫困的目的这一根本问题，为我们的反贫困工作指明前进的方向和重点，而且有助于我们制定正确的反贫困战略，从而找到解决贫困问题的有效途径。

1. 贯彻落实科学发展观，树立"以人为本"的反贫困理论指导思想

科学发展观的本质和核心是以人为本。坚持以人为本，就是要以实现人的全面发展为目标，从人民群众根本利益出发谋发展、促发展，不断满足人民群众日益增长的物质文化需要，切实保障人民群众的经济、政治和文化权益，让发展的成果惠及全体人民，真正做到"发展为了人民、发展依靠人民、发展成果由人民共享"。坚

持以人为本，要求我们在发展中不能只见物不见人，只追求物质生产力的发展速度而不顾及或较少顾及人的生存条件、生活质量和人的素质改善，而是要一切以改善人的生存条件，提高人的物质生活、政治生活和精神生活的质量，推进人的全面发展为转移。科学发展观的创立，不仅在实践上有重大意义，而且在理论上有重大价值，它极大地丰富和发展了马克思主义发展观。

贫困作为因各种因素的制约而导致人的生存与发展需要未能得到满足的一种存在状态，其实质反映的是人的发展问题。因此，在我国反贫困中贯彻落实科学发展观，就必须树立"以人为本"的反贫困理论指导思想，才能从纷繁复杂的贫困问题中抓住本质和核心，才能更好地解决贫困与人的发展问题，最终实现消除贫困的目标、实现人的全面发展的目的。需要注意的是：第一，人是反贫困的主体。贫困是人的贫困，因此反贫困必须围绕人来展开，而不是围绕物来展开。但是现实中，物质却被视为人类的目的，而把人类本身视为一种依附物，从而出现一种"异化"的贫困现象。因此，必须确立人在反贫困中的主体地位，方可解决反贫困的最终目的这一根本性的定位问题。第二，人是反贫困的动力。现实中的人是社会生产的实践者，是先进生产力的承担者。只有人的创造性的实践活动，才能不断解决社会的基本矛盾，从而推动经济社会的发展，为消除贫困奠定基础和创造必要的条件。而解决贫困问题归根结底是满足人的生存与发展需求，是发展人的能力、实现人的价值，调动人的积极性、主动性和创造性的问题。只有树立以人为本位的理念，才能最大限度地在发展人的基础上为反贫困形成一种可持续的推动力量，才能充分激发人的主动性、积极性和创造性，形成巨大的发展创造力和前进推动力。否则，反贫困就成了无源之水、无本之木而无法实现。第三，要求人人共享、普遍受益。面对我国这样一个地域辽阔、多民族并存、生产力落后和地区经济发展不平衡的基本国情,"生产力的发展不可能自发解决收入分配不公,不可能解决贫困问题"①。只有坚持社会主义制度,走共同富裕的道路,才能消灭贫困。因此,社会主义制度下的反贫困不仅要解决基本的温饱,而且必须使社会发展的成果为每一个社会成员所共享。社会中的每一个人只有具有同样的尊严、同样的基本权利,才能从社会发展中普遍受益,生活质量不断提高。否则,必然会出现一个等级、特权的社会,这个社会将充斥着剥夺和压迫,少数人将以践踏大多数社会成员的尊严、损害大多数人的利益为其自身存在的前提。

总之,我国扶贫事业要确立"以人为本"的反贫困理念,这对于我国当前及今后的反贫困工作具有重大的意义。只有确立"以人为本"的反贫困理论指导,才能"把人类的生存价值作为终极关怀纳入其中,才能合理地解决人与自然、人与社会、人与人的关系问题"②。具体到反贫困的战略和政策制定中,不仅要从单纯地追求物的供给和满足转向促进人的发展,同时要创造机会和环境充分调动人的积极性、主动性和创造性,依靠人(包括贫困人群)自身来推进社会经济、政治等事业的发展,为反贫困奠定物质和精神等方面的基础,更要坚持人人共享和普遍受益的原则,才能使每一个成员不断提高生活质量,不断地获得发展。只有同时重视这些方面,才能推进社会主义反贫困事业又好又快地发展。

2. 贯彻落实科学发展观,推进"以人为本"反贫困实践的新发展

科学发展观是新时期指导反贫困工作开展的重要指导思想。在反贫困中贯彻落实科学发展观,既要牢固树立"以人为本"的反贫困理念,同时也要大力推进反贫困实践全面、可持续发展。

---

① 冉昌光:《科学发展观与共同富裕》,《毛泽东思想研究》2004 年第 5 期。
② 徐春:《人的发展论》,中国人民公安大学出版社 2007 年版,第 313 页。

贫困是社会经济、政治、文化等方面的发展不平衡导致的。目前，我国的经济发展速度比较快，总量也很大，但是有一部分人因权利丧失或被剥夺而不能分享到社会经济发展的成果，甚至为此付出更高的成本而陷入贫困之中。我国许多地区的贫困，不仅是物质生活水平低，经济落后，而且是科学教育、医疗卫生落后，人口素质低，民主政治参与意识不强。因此，反贫困不能只反其一而不及其他，必须从推动贫困地区经济发展、教育医疗等社会公共品发展以及民主政治和个人的发展等方面全面反贫困，才能取得良好的效果。否则，即便是解决了物质上的贫困，也是暂时的，一旦外界的供给停止，又会重现陷入贫困之中。近年来我国在农村反贫困中出现的大量返贫现象，就是长期只重视物质扶贫而不重视教育、医疗等关涉人的能力提升和精神等方面扶贫的必然结果。

反贫困的最终目标是实现人的全面发展，而要实现这一目的，就必须通过帮助贫困者在经济收入、政治权利、文化教育、卫生等方面步入一个良性循环的发展过程。这种发展必须是可持续的，否则反贫困的目的就无法达到。扶贫既要解决贫困人口短期的温饱问题，也要解决贫困人口未来的发展问题；既要保障外界的供给，也要强调自我发展能力的培养；既要提供必要生活必需品，也要提供各种发展的机会。把短期脱贫和长远发展、物质满足和人的发展、经济增长和生态循环等结合起来，才能使反贫困工作在可持续的环境中不断地发展，直至在消除贫困的目标上最终实现人的全面发展。

总之，在新的历史时期，消除贫困不仅是经济问题，也是社会问题和政治问题，关乎贫困群众的生存，关系到社会安定与社会和谐，关系到社会和人的发展。而社会主义特色的反贫困理论表明，坚持"以人为本"是社会主义中国反贫困的本质要求。这一指导思想和理念必然要求我们在反贫困的实践中进行相应的价值目标定位和相应的战略和政策调整，不仅要缓解贫困，而且要消除贫困；不仅要着眼于经济效率，也要着眼于社会公平；不仅维护人的社会权利，更要促进人的全面发展。

（四）全面建成小康社会与精准扶贫思想

改革开放之初，邓小平首先用小康社会来诠释中国式现代化，明确提出到20世纪末"在中国建立一个小康社会"的奋斗目标。① 这个目标，在20世纪末如期实现，人民生活水平总体达到小康水平。在此基础上，中国共产党十六大提出本世纪头20年全面建设惠及十几亿人口的更高的小康社会奋斗目标。《中共中央关于制定国民经济和社会发展第十三个五年规划的建议》（以下简称《建议》）在十六大以来确定的全面建成小康社会目标要求基础上，根据新形势新情况，提出了"十三五"期间全面建成小康社会新的目标要求。"十三五"期间，是我国全面建成小康社会决胜阶段，"十三五"期间脱贫攻坚目标是，到2020年稳定实现农村贫困人口"两不愁，三保障"，即不愁吃，不愁穿，农村贫困人口义务教育、基本医疗、住房安全有保障；同时实现贫困地区农民人均可支配收入增长幅度高于全国平均水平、基本公共服务主要领域指标接近全国平均水平。

全面建成小康社会决胜阶段的重点是补短板，着力解决好发展不平衡问题。全面建成小康社会，强调的不仅是"小康"，而且更重要的也是更难做到的是"全面"。"小康"讲的是发展水平，"全面"讲的是发展的平衡性、协调性、可持续性。全面小康，指的是覆盖的领域要全面，是五位一体全面进步。农村贫困人口脱贫是最突出的短板。虽然全面小康不是人人同样的小康，但如果现有的7000多万农村贫困人口生活水平没有明显提高，全面小康也不能让

---

① 这是习近平在中共十八届五中全会第二次全体会议上讲话的一部分。

人信服。所以《建议》把农村贫困人口脱贫作为全面建成小康社会的基本标志，强调实施精准扶贫、精准脱贫，以更大的决心、更精准思路、更有力措施，采取超常举措，实施脱贫攻坚工程，确保我国现行标准下农村贫困人口实现脱贫、贫困县全部摘帽，解决区域性整体贫困。

系统和完整的"精准扶贫"思想由新一届中央政府领导人提出。2015年11月27日，习近平在中央扶贫工作会议上作了"坚持精准扶贫、精准脱贫，坚决打赢脱贫攻坚战"的讲话，指出新中国成立以来，中国共产党带领人民走出了一条中国特色扶贫开发道路，使7亿多农村人口成功脱贫，为全面建成小康社会打下了坚实基础。我国成为全世界减贫人口最多的国家，也是世界上率先完成联合国千年发展目标的国家。中国的扶贫成就，足以载入人类社会发展史册，也足以向世界证明中国共产党领导和中国特色社会主义制度的优越性。[①]

然而，扶贫开发是长期的历史任务，我国仍处于并将长期处于社会主义初级阶段，扶贫对象规模大，相对贫困问题突出，返贫现象时有发生，集中连片特困地区发展相对滞后，脱贫攻坚形势和任务依然十分严峻。

长期以来，我国扶贫工作中一直存在贫困人口底数识别不准确、具体情况不明、责任落实不到位、扶贫合力未形成、资金投入不足、扶贫资金使用不合理、贫困群体主动参与性不高和分类指导脱贫亟待加强等问题。"谁是真正的贫困户""贫困原因是什么""怎么采取有效的措施进行帮扶""帮扶效果怎样""脱贫之后如何退出"等一系列问题影响和制约着扶贫开发工作的深入开展，使一些真正的贫困人口没有得到有效帮扶。就其原因主要在于扶贫对象

---

① 《习近平谈治国理政》（第2卷），外文出版社2017年版，第84页。

的精准性不足，因贫施救、因贫施策的科学性不够。

习近平总书记高度重视扶贫开发工作，多次深入贫困地区调研，就扶贫开发工作作了一系列重要讲话，提出了精准扶贫、科学扶贫、内源扶贫、扶贫体制机制改革创新等重大理论和实践问题，形成了新时期扶贫开发思想。习近平总书记指出，当前脱贫攻坚面临一些多年未解决的深层次矛盾和问题，也面临不少新情况和新挑战。脱贫攻坚已经到了啃硬骨头、攻坚拔寨的冲刺阶段，所面对的都是贫中之贫、困中之困，采用常规思路和方法，按部就班推进难以完成任务，必须以更大的决心、更明确的思路、更精准的举措、超常规的力度，众志成城实现脱贫攻坚目标。

坚持精准扶贫、精准脱贫重在提高脱贫攻坚成效。其中，关键是要找对路子、构建机制体制，在精准施策上出实招、在精准推进上下功夫，在精准落地上见实效。要解决好"扶持谁"的问题，确保把真正的贫困人口弄清楚，把贫困人口、贫困程度、贫困原因等搞清楚，以便做到因户施策、因人施策。要解决好"谁来扶"的问题，加快形成中央统筹、省（自治区、直辖市）负总责、市（地）县抓落实的扶贫开发工作机制，做到分工明确、责任清晰、任务到人、考核到位。要解决好"怎么扶"的问题，按照贫困地区和贫困人口的具体情况，实施"五个一批"工程。一是发展生产脱贫一批，引导和支持所有有劳动能力的人依靠自己的双手开创美好明天，立足当地资源，实现就地脱贫。二是异地搬迁脱贫一批，贫困人口很难实现就地脱贫的要实施异地搬迁，按规划、分年度、有计划组织实施，确保搬得出、稳得住、能致富。三是生态补偿脱贫一批，加大贫困地区生态保护修复力度，增加重点生态功能区转移支付，扩大政策实施范围，让有劳动能力的贫困人口就地转成护林员等生态保护人员。四是发展教育脱贫一批，治贫先治愚，扶贫先扶智，国家教育经费要向贫困地区倾斜、向基础教育倾斜、向职业教育倾斜，帮助贫困地区改善办学条件，对农村贫困家庭幼儿特别是留守儿童给予特殊关爱。五是社会保障兜底一批，对贫困人口中完全或部分丧失劳动能力的人，由社会保障来兜底，统筹协调农村扶贫标准和农村低保标准，加大其他形式的社会救助力度。

精准扶贫是扶贫工作科学性的体现。扶贫开发贵在精准，重在精准，制胜之道也在精准。精准扶贫的要义，就是"对症下药，药到病除"。习近平总书记提出："我们注意抓六个精准，即扶持对象精准、项目安排精准、资金使用精准、措施到户精准、因村派人精准、脱贫成效精准，确保各项政策好处落实到扶贫对象身上。"为确保完成任务，习近平提出精准扶贫的基本原则并指出：扶贫开发贵在精准，必须解决好扶持谁、谁来扶、怎么扶的问题，做到扶真贫、真扶贫、真脱贫，切实提高扶贫成果可持续性，让贫困人口有更多的获得感。此外，习近平还对实施精准扶贫方略、健全精准扶贫工作机制做出了更多具体安排。

一是要抓好精准识别、建档立卡这个关键环节，为打赢脱贫攻坚战打好基础，为推进城乡发展一体化，逐步实现基本公共服务均等化创造条件。二是要按照扶持对象精准、项目安排精准、资金使用精准、措施到户精准、因村派人精准、脱贫成效精准的要求，使建档立卡贫困人口中有5000万人左右通过产业扶持、转移就业、易地搬迁、教育支持、医疗救助等措施实现脱贫，其余完全或部分丧失劳动能力的贫困人口实行社保政策兜底脱贫。并对建档立卡贫困村、贫困户和贫困人口定期进行全面核查，建立精准扶贫台账，实行有进有出的动态管理。根据致贫原因和脱贫需求，对贫困人口实行分类扶持。三是要建立贫困户脱贫认定机制，对已经脱贫的农户，在一定时期内让其继续享受扶贫相关政策，避免出现边脱贫边返贫的现象，切实做到应扶则扶。抓紧制定严格、规范、透明的国家扶贫开发工作重点县退出标准、程序、核查办法。四是要加强对扶贫工作绩效的社会监督，开展贫困地区群众扶贫满意度调查，建立对扶贫政策落实情况和扶贫成效的第三方评估机制。评价精准扶贫成效，既要看减贫数量，更要看脱贫质量，不提不切实际的指标，对弄虚作假搞"数字脱贫"的，要严肃追究责任。精准扶贫关键是要真正锁定扶贫对象，目的就是要"精准滴灌"，将扶贫落实到户到人。其主要内容是通过为扶贫对象建档立卡和实施信息化管理，以做到对扶贫对象的精准识别，深入分析扶贫对象的致贫原因，明确落实帮扶主体的责任、逐村逐户采取有针对性的扶持措施，确保达到稳步脱贫的目标。

二 我国扶贫理论研究述评

贫困不仅是人类社会发展的现实问题，也是学术研究的重要主题。如前所述，和西方国家相比，我国学术界有关贫困与反贫困的研究起步较晚，国内学界自 20 世纪 80 年代开始才陆续开始关注国内贫困问题研究[①]，主要涉及经济学、社会学、人类学、管理学等学科研究领域，而且不同学科有其独特的视角和贡献。一般而言，经济学多注重从资源配置、经济发展水平与区域发展等方面来研究；人类学多从民族、生态环境等方面来切入；管理学则倾向于政策取向，研究反贫困的实践问题，这类研究占现有研究成果的绝大多数；社会学则多从理论层面研究贫困与反贫困等问题。随着国家新一轮扶贫开发战略的推进，学界反贫困理论及实践研究成果也渐趋丰硕，不断探索和建构着新阶段反贫困与扶贫开发事业的理论基础。

就贫困与反贫困理论而言，康晓光（1995）针对中国特定的国

---

① 1986 年，山西忻州市召开了国内第一次以贫困为主题的学术会议——"全国贫困与发展研讨会"，中国学术理论界自此正式开始贫困问题的研究。见贾兰《我国反贫困理论中有关扶贫项目运作研究述评》，《理论探讨》2003 年第 4 期。

情，综合运用当代经济学、社会学和系统科学的最新成果，创立了分析中国的贫困问题和制定反贫困战略的理论框架。在《中国的贫困与反贫困理论》这本书中首次提出中国的贫困问题具有三大特征：制度性、区域性和阶层性。而且在分析贫困成因和总结近10年来我国反贫困的经验和教训之后，首次提出20世纪90年代中国必须从道义性扶贫向制度性扶贫转变，从扶持贫困地区向扶持贫困人口转变的观点。谭诗斌近年出版的《现代贫困学导论》（2013）是贫困与反贫困理论研究方面的力作。他以现代社会中部分社会成员（个人或家庭）的微观贫困现象及其规律为研究对象，在吸收众多理论和应用研究成果的基础上，从人本和社会分配正义底线平等视角，系统讨论了基于资源、机会、能力和权利等多维度的现代贫困概念的性质及其含义，贫困线和贫困指数，贫困成因理论与陷阱机制，贫困的外部性与扶贫伦理原则，减贫战略、公共政策和治理结构等，探索性地勾勒了一般意义上的现代贫困学基础理论应用体系框架。此外，樊怀玉等对不同学科背景下的贫困概念进行的梳理（2002）也是其中比较重要的研究成果之一。

另有部分学者关注：（1）贫困相关概念的探讨：如贫困测定方法（林闽钢，1994；李实，1996）、相对贫困与绝对贫困（李永友、沈坤荣，2007）及目标瞄准机制（郭佩霞，2007）的研究等。（2）中国贫困类型和模式的划分：王曙光（2011）从系统性制度设计的视角，基于贫困的性质与根源进行深入分析，对中国的贫困重新作出类型划分，并在此基础上提出反贫困的系统性制度框架[①]，而林卡、范晓光（2011）则考察了中国贫困类型的变迁过程，并进而分析了贫困群体的特征和国家反贫困战略的变化[②]。（3）贫困的

---

① 王曙光：《中国的贫困与反贫困》，《农村经济》2011年第3期。
② 林卡、范晓光：《贫困和反贫困——对中国贫困类型变迁及反贫困政策的研究》，《社会科学战线》2006年第1期。

成因分析：朱乾宇认为贫困的主要根源是人力资本投资的不足（2005），而林卡则认为社会排斥是造成贫困群体边缘化（2006）的重要因素。吴海鹰（2005）指出摒弃原有生产方式的同时替代产业没有发展会导致贫困的产生；李茂林（2010）指出优质土地资源匮乏，产出率低以及气象条件恶劣，自然灾害频发是贫困发生的重要原因；韩林芝等（2010）则认为，农村义务教育、基础设施与财政支农政策是中国农村贫困的主要影响因子。（4）反贫困阶段划分：中国农村反贫困模式的演进呈现出内在规律性，陈标平、胡传明（2009），刘清荣、李志敏（2011）等分别对其进行了不同的阶段划分[①]。此外，魏遥（2007）、廖富洲（2011）等学者则从较为宏观的角度综合考察中国反贫困的特点，并对反贫困理论和政策进行反思[②]。

2011年12月，中共中央、国务院印发了《中国农村扶贫开发纲要（2011—2020）》为我国新时期的扶贫开发工作指明了方向，也标志着我国的扶贫开发工作进入了一个新的时期。与此同时，国内学界有关贫困与反贫困的理论实践研究的成果也如雨后春笋般大量涌现，学者们在研究和比较西方反贫困理论基础上，提出了新的、综合性的分析框架。从个体和社会结构出发的社会学研究为反

[①] 参见陈标平、胡传明《建国60年中国农村反贫困模式演进与基本经验》，《求实》2009年第7期；刘清荣、李志敏《中国共产党的反贫困历程及经验启示》，《老区建设》2011年第7期。例如陈标平等认为中国的扶贫应当分为"单一性救济式扶贫阶段""区域性救济式扶贫阶段""全国性经济开发式扶贫阶段""参与性综合开发式扶贫阶段"和"多元性可持续发展式扶贫阶段"，又将中国农村反贫困的主要经验可概括为"一条主线""两个基本保障""四个奋斗目标"的"多位一体化"经验模式；而刘清荣、李志敏则认为中国共产党的反贫困历经制度变革推动反贫困（1921—1949）、救济式反贫困（1949—1978）、体制改革推动反贫困（1978—1986）、开发式反贫困（1986—1994）、攻坚式反贫困（1994—2000）、构建大扶贫格局推动反贫困（2000至今）六个阶段。

[②] 参见魏遥《20世纪90年代以来我国农村反贫困的理论反思与政策选择》，《生产力研究》2007年第7期；廖富洲《中国特色反贫困的基本特点及完善思路》，《学习论坛》2011年第2期。

贫困理论研究提供了新的视角和方法，不断探索和铺垫着新时期反贫困及扶贫事业的理论基石，积极为新一轮扶贫攻坚战作贡献。

综观近年来的研究成果，有关贫困与反贫困理论的扶贫理论研究成果主要包含以下研究视角：

1. 经济增长视角的扶贫理论研究。贫困是经济学关注的主要问题之一。总体而言，国内经济学领域有关贫困与反贫困理论的研究主要着眼于对西方反贫困理论的推介、总结和比较，或结合中国反贫困实践进行理论的检验、分析和整合。其中陈昕（2010）认为主流经济学、福利经济学、发展经济学是反贫困理论的主要来源[①]；林雪霏（2014）评述反贫困理论，并介绍了美国经济学家赫希曼的"涓滴效应"理论，并基于国内反贫困场域的多维理论视角，指出中国仅贫困本土化研究中应强调国家治理参与的新理论视角；[②] 王志章、王晓蒙（2011），文雁兵（2015）关注"包容性增长"及减贫策略的研究，进一步提出包容性增长对中国贫困缓解存在地区偏向和结构偏向的特点[③]；"多元发展理论"强调非单一经济学视角的反贫困理论，吕方则将多元发展理论引入连片特困地区的研究，试图实现贫困治理理论的创新[④]。

2. 个体视角的扶贫理论研究。个体视角认为个人不适当或缺乏生产性行为是致贫根源，强调通过人力资本投资提升劳动力商品化水平[⑤]。个体视角的反贫困理论包括阐释贫困的代际传递理论、

[①] 陈昕：《反贫困理论与政策研究综述》，《价值工程》2010年第28期。

[②] 林雪霏：《我国场域内的反贫困逻辑：基于多维理论视角》，《重庆社会科学》2014年第9期。

[③] 参见王志章、王晓蒙《包容性增长：背景、概念与印度经验》，《南亚研究》2011年第4期；文雁兵《包容性增长减贫策略研究》，《经济学家》2015年第4期。

[④] 吕方：《发展的想象力：迈向连片特困地区贫困治理的理论创新》，《中共四川省委省级机关党校学报》2012年第3期。

[⑤] 李雪萍、王蒙：《多维贫困"行动——结构"分析框架下的生计脆弱——基于武陵山区的实证调查与理论分析》，《华中师范大学学报》（人文社会科学版）2014年第5期。

生命周期理论、能力贫困理论、主观贫困理论,以及旨在促进个体摆脱贫困的人力资本理论、社会资本理论、生计资本理论、社区主导发展理论等。这些理论也是当前国内贫困研究及扶贫实践中流行的理论,对各类组织机构实施扶贫行动产生了深刻的影响。此外,"社会资本"概念在20世纪80年代出现以后,在世界银行发展实践推动下,逐渐与反贫困相联系,并形成了社会资本的减贫范式。周文等在研究中比较了资本范式、制度范式及关系范式三种不同范式,并基于社会资本关系性质提出质疑,即社会资本的排他性可能会削弱其在反贫困中的作用,通过社会资本的形成过程实现减贫是令人失望和不现实的[①]。周晔馨等也从静态和动态层面论述了社会资本的不同作用,指出社会资本能否减轻中国的贫困问题具有一定的条件性[②]。

3. 社会制度文化视角的扶贫理论研究。自贫困被纳入学术研究,社会制度和社会文化就被认为是贫困形成的机制。基于制度、文化视角的反贫困研究,拓宽了人们对贫困的认知,也形成了贫困研究的社会结构范式。[③] 制度贫困理论、贫困文化理论、权利贫困理论、全面贫困理论、社会风险管理理论、社会质量理论等都是基于这一视角的反贫困理论。国内学者基于这一视角的研究,主要是探讨贫困的生成机制、内涵等,并为建立具体扶贫模式提供理论框架。国内许多学者都将制度作为解释贫困的一个因素,认为贫困不仅仅是经济现象,还是根源于经济、社会、文化的综合现象,是一种自我维持的文化体系。国内学者从经验和概念上进行讨论,指出

---

① 周文、李晓红:《社会资本对反贫困的影响研究:多元范式的形成与发展》,《教学与研究》2012年第1期。
② 周晔馨、叶静怡:《社会资本在减轻农村贫困中的作用:文献述评与研究展望》,《南方经济》2014年第7期。
③ 黄承伟、刘欣:《"十二五"时期我国反贫困理论研究述评》,《云南民族大学学报》2016年第3期。

贫困文化与中国传统文化、农耕文化具有密切关系。贫困文化是指"贫困阶层所具有的一种独特生活方式"①，因此，反贫困关键在于改变贫困人口的价值观及生活方式②。方清云总结了国内贫困文化定义的三种代表性观点，即分别将贫困文化视为现代社会的亚文化现象、贫困阶层的生活方式以及一种促使经济贫困的文化。这一理论也启发中国进行文化扶贫时重视贫困文化整合功能、贫困文化的代际传递机制等③。

4. 组织视角的扶贫理论研究。20世纪90年代以来，治理理论逐渐成为学术界讨论的一个热点，并广泛运用于政治学、社会学、管理学等领域。伴随"贫困治理"概念的流行，治理理论也成为当前国内反贫困研究的重要理论。卢艳霞（2012）认为治理理论认同社会组织参与政府治理，回应了公民需求，形成了合作治理的社会治理模式，为社会组织参与反贫困提供了理论依据④。杨志军则从内涵和外延方面讨论了多中心治理理论，强调治理主体、治理权威的多元化和多样性⑤。冯朝睿（2014）、陈忠言（2014，2015）讨论由政府、社会、非营利组织、贫困者积极参与的以及政府、社会协同反贫困多方联动的多中心协同治理体系，并以整体性治理下的跨部门协同为主题，分析了中国农村扶贫中的跨部门协同模式⑥。

---

① 方清云：《贫困文化理论对文化扶贫的启示及对策建议》，《广西民族研究》2012年第4期。
② 胡联、孙水生、王娜、倪国华：《贫困的形成机理：一个分析框架探索》，《经济问题探索》2012年第2期。
③ 方清云：《贫困文化理论对文化扶贫的启示及对策建议》，《广西民族研究》2012年第4期。
④ 卢艳霞：《社会组织参与农村扶贫研究》，硕士学位论文，中南大学，2012年。
⑤ 杨志军：《内涵挖掘与外延拓展：多中心协同治理模式研究》，《甘肃行政学院学报》2012年第4期。
⑥ 参见冯朝睿《连片特困地区多中心协同反贫困治理的初步构想》，《云南社会科学》2014年第4期。陈忠言《中国农村开发式扶贫机制解析——以沪滇合作为例》，《经济问题探索》2015年第2期。陈忠言《中国农村扶贫中的跨部门协同机制分析》，《宁夏社会科学》2014年第4期。

5. 区域、系统视角的扶贫理论研究。基于区域、系统视角的反贫困理论，主要关注贫困与区域、空间系统的关系。一般而言，区域发展理论、系统贫困理论、自组织理论以及空间贫困理论等方面的研究均可视为区域、系统视角的反贫困理论研究。这些理论的共同点是将反贫困与区域发展的整体性、系统性相联系，对贫困问题的理解从单一、静态层面扩展至系统、动态层面[1]。区域经济发展不平衡是世界各国普遍存在的共性问题，国内学者在改革开放初期就注意到东西部经济的协调发展问题，并形成了"梯度理论"以及"反梯度理论"两种代表性观点。对中国正在推进的集中连片贫困地区扶贫开发而言，区域研究尤其是新区域主义理论为邢成举、葛志军（2013）等学者的研究提供了有益启发。[2] 系统贫困论认为贫困是由诸多综合因素系统运行的结果，并形成了贫困的区域经济社会系统，吴芳（2015）等学者分析中国贫困的根源时，认为分析中国贫困问题，必须将其作为一个整体，全面、系统分析造成贫困的各个因素，并针对这些因素提出具体可行的措施[3]。谢君君也认为，系统贫困理论摆脱了以往对贫困平面、静态的描述，实现了从更广阔视野来研究贫困问题[4]。空间贫困理论将贫困与空间地理因素联系在一起，主要关注贫困地区、贫困人口的分布以及空间与贫困之间的关系。由此，"地理资本"开始作为贫困研究的重要术语开始流行起来，并与物质财产资本、社会资本相提并论。王明黔、王娜（2011）认为空间贫困理论将多种差异集合在空间地理因素内，提出经济

---

[1] 黄承伟、刘欣：《"十二五"时期我国反贫困理论研究述评》，《云南民族大学学报》2016年第3期。

[2] 邢成举、葛志军：《集中连片扶贫开发：宏观状况、理论基础与现实选择——基于中国农村贫困监测及相关成果的分析与思考》，《贵州社会科学》2013年第5期。

[3] 吴芳、尹德志：《系统论视角下的中国农村贫困问题解读》，《世界农业》2015年第2期。

[4] 谢君君：《教育扶贫研究述评》，《复旦教育论坛》2012年第3期。

社会发展中教育、卫生、社会保障、政治的种种差异,可以用空间地理位置禀赋的不同来解释。① 陈全功等总结了空间贫困研究的主要内容,并结合中国地区差距和城乡差距的事实揭示了空间在贫困问题上的重要作用②。而在国内学者有关对连片特困地区、少数民族地区的研究中,空间贫困理论日益成为重要的研究理论③。

6. 精准扶贫理论研究。精准扶贫的概念是在我国扶贫实践发展过程中总结出来的。许多贫困及反贫困问题研究者,在有关我国扶贫过程中扶贫政策和扶贫资金的研究中,已经提出要提高扶贫政策和扶贫资金的"精准度"。例如江毅、姚润丰(2006)④,张兴堂、孙丽(2007)⑤ 针对我国扶贫实践中财政扶贫资金存在的"婆家多"——扶贫资金到户难等问题,提出扶贫资金的使用应提高"精准度";此外,龚春银(2010)针对农牧区扶贫资金在使用和管理中出现的被转移、被挪用等具体问题,提出要重视和提高扶贫资金在使用和管理上的"精准度"⑥。而针对我国贫困县退出机制问题,吴睿鸫(2007)认为我国贫困县缺乏退出机制,导致富县戴"穷帽"现象的根源在于扶贫政策缺乏足够的"精准度"。⑦ 近年,学界也有人对"精准扶贫"定义进行了相关概括:所谓精准扶贫,是指针对不同贫困区域环境、不同贫困农户状况,运用合理有效程序对扶贫对象实施精准识别、精准帮

---

① 王明黔、王娜:《西部民族贫困地区反贫困路径选择辨析——基于空间贫困理论视角》,《贵州民族研究》2011 年第 4 期。
② 陈全功、程蹊:《空间贫困及其政策含义》,《贵州社会科学》2010 年第 8 期。
③ 陈全功、程蹊:《空间贫困理论视野下的民族地区扶贫问题》,《中南民族大学学报》(人文社会科学版)2011 年第 1 期。
④ 江毅、姚润丰:《提高扶贫"精准度"》,《瞭望新闻周刊》2006 年第 14 期。
⑤ 张兴堂、孙丽:《扶贫资金使用应提高"精准度"》,《中国审计》2007 年第 19 期。
⑥ 龚春银:《农牧区扶贫资金使用应提高"精准度"》,《新疆农牧业》2010 年第 10 期。
⑦ 吴睿鸫:《富县戴"穷帽"根在扶贫政策"精准度"不够》,《中国社会报》2007 年 2 月 7 日第 3 版。

扶、精准管理的治贫方式。①

综上所述，国内反贫困理论研究是基于对西方反贫困理论的引入以及本土化，并结合中国反贫困实际、实践不断探索形成新的理论分析框架，由此逐步形成中国特色的扶贫开发理论②。综观中国扶贫理论研究的成果，我们可以看到：（1）社会学贫困及反贫困理论研究不断丰富和发展，成为反贫困理论研究的重要领域。（2）国内反贫困理论研究在西方理论基础上，正在实现本土化，并试图提出了新的、综合性的贫困分析框架。但现有研究大都突出了理论的应用性研究，对理论本身的拓展重视不够。需要注意的是，西方反贫困理论产生背景及中西方经济社会发展程度均存在差异，因而有必要反思西方理论在中国贫困现象及反贫困问题分析上的适用性，以免形成错误的理念和分析结果，误导国内反贫困和扶贫政策的制定和完善。（3）现有研究的整体性和系统性还不够充分。由于贫困问题的复杂性和长期性，反贫困理论应是系统的理论体系，包括对贫困内涵的理解、贫困的测量、致贫原因、致贫机理以及反贫困策略途径的研究等。且贫困问题不仅是一个理论问题，更是一个实践问题，因此在研究中执着于某一理论视角或贫困问题的某一方面，都难以为反贫困战略政策体系的完善提供持续系统的支撑。总之，学术之用在于"经世济民"，当前我国贫困与反贫困研究应更加重视扶贫理论研究的本土化、整体性和系统性，并为国家反贫困战略政策体系的完善提供持续理论支撑，就当前学界的研究实践而言，其理论化之路依然任重而道远。

---

① 王思铁：《浅谈精准扶贫》，http://www.scfpym.gov.cn/show.aspx? id = 25213，2016年5月15日。

② 黄承伟、刘欣：《"十二五"时期我国反贫困理论研究述评》，《云南民族大学学报》2016年第3期。

第三章

扶贫的历史沿革

第一节 国外反贫困的历史经验

贫困是全球性的社会问题,是世界经济发展过程中长期存在的普遍现象。不论是发达国家还是发展中国家,都存在着不同程度、不同类型的贫困问题。反贫困是全人类共同的事业和世界各国为之努力的社会目标。因此,放眼全球,通过总结国外反贫困的主要经验,可以为我们探索中国政府反贫困的方式、途径和策略提供有益的借鉴。

一 国外反贫困的主要经验

(一)反贫困战略模式主要取决于国家经济水平和社会制度

反贫困战略模式就是针对具体的贫困发生机制与不同的贫困类型,采取因贫施治的反贫困战略。不同的国家所包含的贫困类型不尽相同,即使同一个国家在不同的地区之间,由于所处的经济发展阶段不同,其贫困发生机制也是各具特色的。因此,各个国家并没有统一的反贫困战略模式。根据国外反贫困历程和现状,学术界将反贫困战略模式进行了归纳和划分,主要分为两大类:一类是将反贫困概括为"发展极""满足基本需求"和"社会保障"三种战略模式①；另一类是将反贫困归为以收入分配为主导的"社会福利"、以全面经济增长为主导的"涓滴受益"和以能力建设为主导的"目标瞄准"三种战略模式。② 经研究发现，发达国家更加注重"社会保障""社会福利"的反贫困战略模式，比如瑞典等欧洲国家采取高福利政策，美国则大力提倡和推进社会福利保障民营化和市场化，注重反贫困的积极性和效率。③ 印度、巴西、智利等发展中国家则大多选择"发展极""涓滴受益"的反贫困战略模式，注重在发展中实现反贫。由此可见，反贫困战略模式的选择取决于一个国家或地区的经济发展水平和贫困形成机制。不过，"满足基本需求"已被世界各国广泛用于特殊贫困群体的基本生活保障，"目标瞄准"反贫困战略模式则是注重反贫困的针对性和精准性，两者均是高效率反贫困的发展趋势。

值得注意的是，目前世界上大多数国家都出台了针对贫困人口的社会救助政策，建立了反贫困的最基本社会安全制度。发达国家在建立高水平社会保障制度后，开始关注高福利政策对社会发展的负面影响，美国反贫困经验表明，政府转移支付对于缓解贫困有积极作用，但却很难减少贫困人口的数量。这说明社会保障安全能够有效防止失业人口陷入贫困，却难以有效帮助贫困人口脱贫。

（二）"参与式"反贫困成为发达国家和发展中国家共同使用的手段

西方发达国家在重视贫困人口福利水平的同时，更多的是帮助贫困者自立，即为贫困人口创造摆脱贫困的途径。现行国际反贫困政策对扩大"参与"的强调反映在各个层次：从一个国家或地区减

---

① 王卓：《中国贫困人口研究》，四川科学技术出版社 2004 年版，第 69—72 页。
② 刘俊文：《超越贫困陷阱——国际反贫困问题研究的回顾与展望》，《农业经济问题》2004 年第 12 期。
③ 王俊文：《国外反贫困经验对我国反贫困的当代启示——以西方发达国家美国为例》，《社会科学家》2008 年第 3 期。

贫战略报告的制定，到社区公共发展计划，再到个人层面的参与式贫困评估。通过参与式发展，能够让贫困人口有更多机会表达自己的利益诉求，有利于政府瞄准贫困人口，并制定有针对性的反贫困政策，使贫困人口能够更多地分享发展成果。此外，参与式发展不仅是挖掘贫困人口需求信息的过程，更有利于贫困人口发挥自身的能力和创造力，从而有利于政策创新，提高减贫项目的有效性和可持续性。贫困人口能力和独立性的培养，将有助于实现其可持续脱贫。所以，在参与式反贫困战略中，贫困人口不仅仅作为发展的被动受益者，而是应该参与到发展的过程中来。

发展中国家反贫困的经验表明，参与式管理模式的效果优于自上而下的管理体制。参与式扶贫对改变中央和地方政府的政策形成过程和方向，完善扶贫项目的设计、监督和评估都产生了积极的影响，使贫困人口的经济福利得到改善。参与式扶贫政策有助于弥补地方政府的政策认识和贫困人口实际需要之间的差距，从而使反贫困政策变得更有需求导向性。为了缓解农村贫困，印度在全国范围内开始实施"绿色革命"，通过采用现代农业生产技术，发展农业生产力，增加粮食供给，消除贫困。印度反贫困经历了一个从"输血"到设法"造血"的过程。"七五计划"（1985—1990年）期间，印度开始尝试将反贫困和农村地区的其他开发活动结合起来，贫困人口积极参与到脱贫致富的实践中。①

（三）建立行之有效的社会保障制度是国外反贫困的重要举措

社会福利和社会救助制度是发达国家应对城市贫困的基本社会保障制度，旨在通过收入保障体系向低收入者和贫困群体提供一般津贴和特殊补助，以满足其基本的生活需求。社会福利是覆盖全部对象群体的项目，社会救助特别针对其中的特殊困难群体。在1572

---

① 王建平：《印度反贫困的沿革及其启示》，《老区建设》2009年第17期。

年，英国伊丽莎白女王就决定在全国征收济贫税，1601年颁布了在人类史上具有历史意义的《济贫法》，对贫困群众和收入低于最低工资标准的工人予以津贴补助。1948年英国成立国民救济委员会，同年开始执行《国民保险法》和《国民救济法》，率先进入现代福利国家。政府公共福利方案是20世纪80年代以来美国所制定的缓解贫困危机的重要措施，它一共包含四个项目，即对有小孩负担家庭的援助（AFDC）、额外保障收入（SSI）、医疗补助方案（Medicaid）和食品（券）补贴（Food stamps），这四个项目内容也是美国社会福利制度的核心内容。公共福利方案形成美国福利制度的核心，它面对所有贫困人群，对缓解贫困危机特别是城市贫困发挥了重要作用。

社会救助制度是以贫困或低收入人口为优先资助对象的非缴费性社会保障制度。如何确定救助对象，是实行社会救助的首要问题。在国际反贫困研究中发现，家计调查或资产调查成为各国社会救助法律制度的基本特征，尤其体现在生活救助方面。作为过滤性制度安排，它可使相对有限的救助资源被分配到确实需要的人手中。从社会价值层面考虑，政府的扶贫和救助是经济再分配的一种手段，它在更大程度上能够实现和维持社会相对稳定与和谐的状态。因此，在再分配资源有限的情况下，为发挥其最大效用，资产调查制度应运而生。需要说明的是，民众的社会救助权利需要被赋予和尊重，但由于经济人属性的制约，其权利的使用必须受到相应的审查。目前，这一方法已被世界各国普遍采用。美国因此被称为是需要资产调查的福利国家。韩国在资产调查标准上，取消了收入和财产二元化体系，转换为"收入认定额"一元化体系。智利采用CAS–2体系，对申请政府社会救助计划的人进行资格认定。其评估指标每两年更新，包括住房、教育、职业和财产收入四个方面。目的是对社会计划救助的可能受益人群进行鉴别、优先考虑和挑选,以使资源配置效率最大化。

社会保障制度的建立,能够在国民处于童年、疾病、失业、老年等无法获得收入的情况下,对他们给予特定方式的救助。当然,发达国家和发展中国家建立的社会保障制度是有差异的,其向救助者提供的救助金水平也存在差异。在社会保障方面,绝大多数发达国家做得较好,尤其是以英国为代表的欧洲国家,通过福利国家的建立和完善,使其国民在人生各个阶段的生活都能够维持在一个相对较好的水平。而发展中国家虽然经济实力不足,大多没有建立面向所有国民的全方位的社会福利制度,但很多国家在结合实际情况后建立起来的一些社会保障措施在维护相应群体的利益、保障绝对贫困人口的生存权等方面确实起到了很好的作用。如印度通过其卫生保健体系有效降低了人口死亡率,增强了全民的身体素质,防止了"因病致贫"现象的出现。因此,在设计整体反贫困战略的思路时,要高度重视社会保障制度的建立和完善,充分发挥社会保障制度对于相关群体的救助作用。

(四) 发挥政府和社会力量在反贫困中的共同作用

不同发达国家和地区均采用多元化的治理结构,形成了政府和社会力量充当不同角色,分工合作,共同治理贫困的局面。动员、引导和鼓励社会力量积极参与反贫困事业是国际反贫困的发展趋势。非洲最不发达国家依赖于国际的多边和双边援助;发展中国家注重在发展中带动减贫,引导规范社会力量参与扶贫开发和社会救助是未来反贫困的重点;发达国家更多的是引导社会力量和非政府组织参与扶贫开发和援助,政府则侧重贫困治理。政府主导、协调和管理反贫困以外,社会力量积极参与,政府与社会力量分工合作,发挥政府与社会力量在反贫困中的共同作用。

国际上非政府组织在多边和双边国际援助中发挥了重要的反贫作用。以非洲国家为例,由于政府财力和管理能力的局限性,非洲国家在反贫困中积极寻求与国际组织和其他国家共同开展国际减贫合作。联合国机制、国际金融机制、双边援助机制，对非洲最不发达国家和地区开展了大量援助，对这些地区的国家和民众改善贫困状况，减少和摆脱贫困发挥了独特的反贫困功能。在以埃及为代表的伊斯兰国家，天课制度和宗教基金在反贫困和社会救助中起到了重要作用。不同国家的天课采取不同的形式，不少国家至今仍然由私营机构完成这项捐助义务，非政府组织和志愿者在收集、发放天课方面起到了核心作用。有的国家采取公共部门、私营机构和第三方合作的模式办理天课，其中公共机构只是负责易于识别的捐赠物，其余交给私营机构和非政府组织处理。伊斯兰社会有大量的宗教基金，但目前缺少投资方面的法律制度和有效的监督管理。近年来，伊斯兰开发银行建立了世界宗教基金会，动员各国的宗教基金组织赞助和支持医疗、教育以及其他社会事务。①

发展中国家一方面由政府制定和实施系列反贫困战略和策略，以促进经济增长与发展为主渠道，逐步减贫、反贫，在此过程中社会力量的作用也不可忽视。如巴西在"发展极"计划中积极吸引外资，推动"发展极"建设。俄罗斯在激进主义改革中经济处于困难时期时积极寻求国际援助，在实行免费医疗制度的同时，出台促进私人医疗机构发展政策，弥补公共医疗资源配置不足。印度反贫困的小额信贷——农村妇女自主团体（SHGS）发展很快，弥补了正规金融机构资金不足，取得了成功。印度还在基础教育中实行PPP管理模式，通过鼓励私营慈善机构办学，转移学校管理权，提供代金券以及向私营学校购买教育服务、帮助内涵建设等形式，实现政府与社会力量共同办学，改善教育事业资源配置，提高教育管理水

---

① 李超民：《埃及社会保障制度》，上海人民出版社2011年版，第262页。

平。诞生于孟加拉国的贫困户小额贷款模式取得成功，对于孟加拉国反贫困绩效产生了积极的正面效应，现已在世界反贫困中引起了巨大反响。

美国自20世纪80年代开始，社会福利民营化模式兴起。通过民营化方式，政府、社会和企业开始共同承担社会福利责任，有效地缓解了政府的财政压力，促进了社会服务质量与效率的提高。[①] 美国非政府组织在提供国民福利方面发挥着重要作用，它不仅推动制定反贫困政策，还是美国政府的合作者，与政府公共服务发展目标一致。美国非政府组织还倡导积极的反贫困理念，弥补政府反贫困缺陷，开辟就业渠道，促进就业反贫困，还履行反贫困的监督职能。

（五）国家间绩效评估有利于改进世界反贫困行动

联合国从1990年开始发布人类发展报告，20多年来，始终以反贫困与发展为主题，不仅每年都会涉及贫穷或不平等问题，而且多次以贫困或反贫困为主题，如1997年、2003年、2011年和2014年等。帮助各国反贫困的同时促进世界可持续发展是其永久性目标。近年来，新兴经济体的经济发展使这些国家反贫困成就获得国际社会的认可和高度评价。2013年联合国人类发展报告，不仅充分肯定了中国在自身反贫困过程中对世界的巨大贡献，而且认为，世界上40多个具有较高经济活力的发展中国家正在帮助联合国实现到2015年全球每日生活费低于1.25美元的人口减少一半的"千年发展目标"，高度评价了发展中国家的整体反贫困成果，同时也指出了各国在减贫行动中的不足。

联合国发布的2014年人类发展报告以"促进人类持续进步：降低脆弱性，增强抗逆力"为主题，把世界各国按人类发展指数排

[①] 孙志祥：《美国的贫困问题与反贫困政策评述》，《国家行政学院学报》2007年第3期。

名分为极高人类发展水平、高人类发展水平、中等人类发展水平和低人类发展水平四大类。不仅分析最低收入标准以下各国贫困人口及其比重，还将其与多维贫困指数进行比较，以反映其他影响贫困的因素和强度。通过详细分析严重贫困人口、多维贫困人口的数量和占比，不仅让我们看到了世界各国贫困与多维贫困人口的发展趋势，还为我们从多视角、多维度评估贫困状况和反贫困效果提供了参照标准，同时，通过国别间的横向比较发现了不同地域、不同国家地区之间的差距。一些国际组织评估反贫困绩效的专题性研究报告，就像一面镜子一样，让各个国家和地区反贫困的成效和问题都能清晰地展现出来。如世界银行和国际货币基金组织发表的《2011全球监测报告》在考察各国在反贫困斗争和实现千年发展目标过程中的表现后，高度评价中国和印度等国在改善人民生活水平、消除贫困现象中取得的突出成就。与此同时，通过国别间横向绩效评价，可以及时发现反贫困过程中的问题。世界银行2005年的研究报告中列出了世界上18个国家的社会救助性补贴项目的漏出值指标统计，结果显示，效率最低的国家是埃及、保加利亚、俄罗斯和孟加拉国等国。这类评估报告给发展中国家反贫困提供预警，有利于有针对性地采取措施加以改进和完善，也为各国建立以此相适应的、科学有效的反贫困绩效评级体系，加强反贫困管理提出了更高的要求。

二 国外反贫困经验对我国的借鉴和启示

（一）保持经济社会均衡、全面发展，"综合开发"反贫困

1. 促进经济均衡、全面发展。联合国发展计划署2013年人类发展报告指出，中国在经济增长和减贫方面成绩斐然，但存在收入差距扩大和发展不平衡问题，不平等现象在扩大。据此报告，2012

年中国的人类发展指数名列全球第 101 位，低于人均国民收入排名。① 经济增长不是中国未来解决贫困问题的唯一途径，但却是根本途径，国际经济形势仍然不容乐观，在国内经济面临结构优化、调整和升级的宏观经济背景下，解决城乡、地区间统筹、协调和可持续发展对于消除贫困尤为重要。

2. 制定全国范围内中长期反贫困综合计划。欧盟针对贫困问题制定了"欧洲 2020 年战略"，开展综合性反贫困。美国著名的"向贫困挑战"计划，全方位开展反贫困行动。发展中国家的"发展极战略""智利团结计划"均为全国范围内的综合性反贫困计划。我国先后实施《国家八七扶贫攻坚计划》（1994—2000年）、《中国农村扶贫开发纲要（2001—2010年）》，扶贫效果明显。《中国农村扶贫开发纲要（2011—2020）》（以下简称《纲要》）指出了中国反贫困的部分目标、战略与策略。据此，国务院扶贫办在全国划分了 11 个集中连片特困地区，以及早已明确实施特殊政策的西藏、四省（青海、四川、云南、甘肃）藏区和新疆南疆三地州，共 14 个新阶段扶贫攻坚的主战场。14 个片区的区域发展与扶贫攻坚规划为我国未来扶贫开发描绘了一幅幅美丽的蓝图，也是我国以扶贫开发形式为主，以促进区域经济和社会发展为目标，兼顾社会保障制度体系，共同应对严峻的贫困挑战的指南。如今，中央财政扶贫资金主要投向这些片区，为片区扶贫攻坚奠定了物质基础。

3. 以反区域贫困、农村贫困为重点，打反贫困的攻坚战。我国西南部地区受自然条件恶劣等因素影响，集中连片地区贫困问题突出。因仍处于城乡二元结构阶段，城镇化水平相对较低，城乡居民收入和公共资源配置差距较大，农村贫困问题严重。地区贫困、

---

① 联合国发展计划署 2013 年人类发展报告：《南方的崛起：多元化世界中的人类进步》，UNDP 网站，http：//www.undp.org/content/undp/en/home.html，2013-03-19。

农村贫困成为我国反贫困的主战场，而一般经济增长无法带动这些地区的发展，需要集中力量，打综合性扶贫开发的攻坚战。

（二）建设水平适度，城乡、地区之间统筹，统一管理的社会保障制度

从其他国家反贫困的实践经验看，建立行之有效的社会保障制度是非常重要的。社会保障制度的建立，能够在国民处于童年、疾病、失业、老年等无法获得收入的情况下，对他们给予特定方式的救助。当然，发达国家和发展中国家建立的社会保障制度是有差异的，其向救助者提供的救助金水平也存在差异。在社会保障方面，绝大多数发达国家做得较好，尤其是以英国为代表的欧洲国家，通过福利国家的建立和完善，使其国民在人生各个阶段的生活都能够维持在一个相对较好的水平。而发展中国家虽然经济实力不足，大多没有建立面向所有国民的全方位的社会福利制度，但很多国家在结合实际情况后建立起来的一些社会保障措施在维护相应群体的利益、保障绝对贫困人口的生存权等方面确实起到了很好的作用。如印度通过其卫生保健体系有效降低了人口死亡率，增强了全民的身体素质，防止了"因病致贫"现象的出现。因此，在设计整体反贫困战略的思路时，要高度重视社会保障制度的建立和完善，充分发挥社会保障制度对于相关群体的救助作用。目前我国虽然已经建立了覆盖养老、失业、疾病、生育以及工伤在内的社会保障体系，但占人口大多数的农民、城市贫民还不能得到有效保护。需要进一步改革社会保障体系，把农民和城市贫民都纳入社会保障制度的覆盖范围，切实提高社会保障制度对于贫困人口的救助水平。我国已初步建立覆盖城乡居民的基本养老保险制度、基本医疗保险制度，"老有所养""病有所医"可有效防止人口老龄化带来老年贫困的巨大压力。覆盖城乡居民的最低生活保障制度、社会医疗救助制度、救灾救济的临时救助制度，成为解决贫困群体基本生活和人权

的社会安全网。

但是，国外福利国家及其财政危机的经验和教训告诫我们：第一，社会保障水平要适度。国际经验告诉我们，社会福利具有"易放难收"的特点，而且福利水平提高不一定意味着福利受领者生活状况的改善。需要始终坚持建设与经济发展水平和未来经济社会发展趋势相适应的社会保障制度的原则，结合经济发展周期，科学测算和调整社会保障水平，避免过度福利及由此引起的财政危机。第二，社会保障要注重公平性。公平性是社会保障的本质要求，未来中国提高社会保障公平性的重点是缩小城乡、地区和收入阶层间的差距，实现社会保障城乡、地区间统筹发展。第三，社会保障制度要讲究管理绩效。随着社会保障支出规模的扩大，各界将越来越关注其管理绩效，包括社会救助管理在内的社会保障绩效评价与管理制度势必成为公共政策与管理领域的重要课题。我国目前社会救助制度处于项目众多、管理分散的状态，亟须建立统一的社会救助认定标准，救助主体间充分沟通，"统一管理"的制度体系，提高管理绩效。

（三）引入资产调查技术，建立全社会资产信息系统，实现精准扶贫

贫困最初仅限于经济贫困或消费水平低下，现在国际上已将家庭人均生活费不足1.25美元作为极端贫困线，将人均生活费每天不足2美元作为贫困线。但是研究表明，贫困不仅仅是经济上的，也是能力上的，是多维的。2010年联合国开发计划署与英国牛津大学合作开发多维贫困指数，创建了由三维即健康、教育和生活标准，10个指标构成的多维贫困指数，用于从多维度综合测量贫困程度。目前已在联合国年度人类发展报告中使用。在确定贫困测度维度和指标后，有效识别与瞄准贫困人口则是有效反贫困的前提。尤其在以政府为主，运用财政资金实施无偿社会救助制度的时候，

如何更有效地使用公共资金，提高效率，是当代公共管理的新要求。瞄准贫困人口可通过活动瞄准、指标瞄准、地域瞄准和自我选择过程识别等方式实现。目前还没有统一的贫困人口识别和瞄准标准，而是多维视角、多维指标、多种方式的结合。

在我国适时调整贫困标准，与国际接轨后，为了更好地开展反贫困行动，开展包括工作、财产、收入等的全面资产调查已是大势所趋。学习和借鉴世界上比较成熟的资产调查技术，建立由专门机构组织进行的，规范、科学、合法、动态的资产信息系统，不仅可为反贫困工作提供权威认证，为准确识别和调整反贫困对象，实现精准扶贫奠定基础，而且有利于规范居民的合法收入、资产和信用体系。资产调查制度可定期更新信息，适时调整和更新反贫困对象信息。这是一项复杂的系统工程，需要多部门、多行业的协作与配合，但却是社会保障尤其是社会救助中不可或缺的有效识别系统。我国应有序开展该项工作的技术、经济、社会和政治可行性论证，尽早做好系统研究和科学规划，并逐步应用到实际工作中。

（四）提升教育、卫生等公共资源配置的均等化水平

根据世界银行的界定，贫困既包括没有能力达到最低生活标准的物质缺乏，也包括低水平的教育和健康，还包括风险和面临风险的脆弱性，以及不能表达自身的需求和缺乏影响力。以阿马蒂亚·森为代表的学者，从制度经济学的视角，分析了"权利和贫困"的关系，展开了"能力贫困"的探讨，为开展以人力资源开发为特征的能力建设工程奠定了理论基础。[①]"人力资本投资""公共产品"理论也为公共教育和卫生投资提供了依据。联合国 2013 年人类发展报告显示，中国的教育、医疗明显滞后于经济发展，处于全球中等偏下水平。我国的公共财政体制确立了基本公共服务均等化目

---

① 阿马蒂亚·森：《贫困与饥荒》，商务印书馆 2001 年版，第 189—190 页。

标，而我国城乡、地区公共资源配置差距依然比较大。公共资源配置应向农村，尤其是贫困地区农村倾斜，缩小城乡、贫富地区间的差距，才能逐步实现均等化目标。公共资源配置均等化是通过机会均等、制度公平，消除"能力贫困"，使贫困家庭、贫困地区的人口摆脱贫困，避免落入"贫困陷阱"的基础性制度安排。这些公共服务的重点在于基础教育广泛普及，甚至高等教育向这些地区倾斜，基层医疗卫生资源配置的可及性、公平性，以及可获得性。

（五）充分发挥就业、地方政府和社会力量在反贫困中的积极作用

在贫困人口中，农村就业人口占很大一部分比例。农民群体的就业对我国这样一个传统农业大国非常重要。促进农业的现代化，提高农业生产力和农民收入水平；释放和转移农业工业化进程中的必然产物——农村剩余劳动力；促进第三产业的发展，依赖政府和社会力量，在为非正规部门就业的劳动力提供社会保障的同时努力将非正规工作正规化。与此同时，通过培训增加贫困人口的人力资本是发展中国家普遍采用的方法，并常常得到发达国家和国际机构的援助。

为规范政府职责，需要建立中央政府主导，地方政府分责的差别化的反贫困财政分担机制。明确中央和地方在扶贫开发和救助扶贫中的责任分担比例，中央和省级财政通过财政转移支付方式调节全国地区间或省内地区间非均衡现象，缩小地区差距。

国外反贫困实践证明，非营利组织在反贫困过程中发挥了重要的积极作用，慈善捐助济贫事业发展比较成熟。据《2011年度中国慈善捐助报告》显示，2011年我国慈善捐助总额约为845亿元，占其GDP的0.18%。而美国2011年的慈善捐赠总额达到2984.2亿美元，占其GDP的1.98%，人均慈善捐赠是中国的97倍。同年新加坡慈善捐赠达到89600万新元，占其GDP的0.27%，人均捐

赠是中国的 17 倍。可见，无论是全国捐赠占国民生产总值的比重还是人均捐赠额，我国的慈善捐赠水平与国外特别是发达国家相比还是有很大差距。我国应出台鼓励非营利组织、社会团体和个人参与到反贫困事业中的政策，集中更多的社会力量共同打赢这场扶贫攻坚战。比如支持慈善事业发展、社区志愿服务活动、经常性社会捐助活动，以及鼓励民间力量积极支持扶贫开发的政策等。

（六）加强反贫困的评价和管理

据财政部农业司初步估计，中央财政仅 2012 年度用于农村贫困地区的综合扶贫投入就达 2996 亿元，其规模还呈现不断增长的趋势。已有研究显示，一些反贫困措施并没有实现其预期的效果，"穷人并没有得到计划政策的大部分利益，即使这是公开宣布的目标与动机。相反，利益归高于他们之上的阶层享有"[1]。组织有关部门和社会团体，涉及科学合理的反贫困绩效评价指标体系，并跟踪评估结果，同时，需要与国际组织反贫困绩效评价管理制度接轨，在国别横向比较中，了解我国反贫困的进展和成效。

（七）立法保障，维护困难群体的基本权益

国际反贫困的历史也是一部立法保障的历史，因为贫困更多是社会原因造成的，而不是个人的懒惰和缺陷所致。在我国，贫困群体主要由于区域性发展和资源等方面的差别，以及经济变革和社会转型而错失了应有的资源，但他们和其他人一样拥有生存和发展的权利，因此必须从立法的高度保障他们的基本权利。我国城镇居民最低生活保障制度已经实行 10 余年，对保障城市贫困者的基本生活发挥了巨大作用。但在实行过程中也遭遇了重重困难，该制度无论在保障的合法性、保障面、保障内容还是保障措施等方面，都不

---

[1] 财政部农业司：《2012 年中央财政综合扶贫开发投入 2996 亿元》，http://nys.mof.gov.cn/zhengfuxinxi/gbtGongZuoDongTai_1_1_1_3/201303/t20130328-796655.html。

是一部国务院条例所能涵括的。我国应当加快社会保障特别是社会救助方面的立法,以维护困难群体的基本权益。①

第二节 我国扶贫开发的历程和成绩

一 我国扶贫开发的历程及阶段划分

1949年以来,为满足人民的基本生存和发展需求,党和国家始终致力于消除贫困,改善民生,将扶贫开发工作纳入中国特色社会主义事业的重要组成部分,走出了一条符合中国国情的"中国式扶贫"道路。不仅成功解决了13亿人口的温饱问题,而且促进了中国经济社会的全面发展,创造了人类发展和世界反贫困史上的一个奇迹。

纵观自1949年至2017年的中国扶贫模式,若从历史视角分类,可以分为两种。第一种共分为四个阶段:体制变革和救济式扶贫时期(1949—1977年)、体制改革发展型反贫困模式(1978—1985年)、针对特定贫困群体和区域的开发模式(1986—2011年)、全面消除贫困的精准扶贫模式(2012—2017年)。这四个阶段若按扶贫措施的内容和特征又可以分为两个时期,第一个时期可以称为体制改革下的反贫困时期,时间是1949年至1985年,这个时期主要是通过社会经济发展实现贫困的消减;第二个时期是真正意义上的扶贫时期,时间是1986年至2017年,针对不同群体和区域,采用特别发展措施、对策,促使特定群体和区域社会经济得到发展,实现脱贫,达到共同实现小康社会。第二种分为三个阶段:即"体制变革与救济式扶贫时期"(1949—1977年)、"中国大规模扶贫开发时期"(1978—2000年)、"全面建设小康社会进程中的大扶贫时

---

① 李冬梅:《国外反贫困经验及其对我国的启示》,陕西省《资本论》研究会2005年学术年会,2005年11月26日。

期"（2001年至2017年）。本章采用后一种分类形式。

（一）体制变革与救济式扶贫时期（1949—1977年）

新中国成立以后，中国政府积极采取了一系列重构性的改革社会结构、经济类型的措施，传统中国社会的发展模式被全面打破，形成了新的生产模式，为中国农村社会经济发展提供了新的动力。结构的重构导致功能获得新动力，社会发展于是有了新的来源。虽然这个时期频繁的政治运动，导致政策稳定性差，甚至出现破坏社会发展的现象，但由于国家动员能力的增强，对农村和边远民族地区的国家建设能力的深入推进，农村和边远民族地区获得了国家资源的直接支持，社会发展有了新动力。

这个时期国家在社会经济发展上的促进措施体现在：第一，通过土地改革，消灭了土地私有制，在农村逐渐形成一个三级所有的集体经济体系（人民公社、大队和生产队），使集体成为农民福利的依靠，这在一定程度上减轻了农村贫困户的绝对贫困程度。第二，全国范围内开展大规模的基础设施建设，建设农田水利设施，改善农村灌溉设施和交通，提高了农村地区社会经济发展条件；全国建立农村科技服务网络，为农业发展提供了新的科技力量，全国建立了40000个农技推广站，形成全新的覆盖全国的农村的农业推广服务网络系统；建立全国性农村合作信用体系，改善农村金融服务体系，让农村有了全面的金融支持体系。这些工作虽然在"文化大革命"中受到影响，但一直持续发展，至1978年，全国建立由60000个乡镇、县级农村合作信用营业机构和350000个基层网点构成的农村合作金融服务网。[①] 这些金融服务体系为中国农村金融发展提供了支持，这种金融服务体系是前所未有的。农村基础教育和农村基本医疗卫生事业基本建立，通过免费教育、设立乡村卫生所

[①] 张磊：《中国扶贫开发政策演变（1949—2005年）》，中国财政经济出版社2007年版，第4页。

和乡村合作医疗、赤脚医生等政策，基本建立起自成体系的乡村教育体系和医疗卫生体系。第三，在城市，通过发展工业化和对商业进行社会主义改造，成立国有制企业，并完善相应的收入分配制度、就业制度和粮油统购统销制度等社会保障制度，在当时有效阻止了城市贫困率的增长，缩小了就业人口中的收入差距，起到了一定的减缓贫困和保障生活的作用。第四，中央政府采取"平均分配＋社会救济"的救济式扶贫模式，通过社会救济、自然灾害救济、优抚安置等方式，直接把生活所需的粮食、衣物或现金分配给农村特困人口和受灾群众，暂时缓解贫困人口的生存危机。其中，农村以社区为中心实现"五保户"和农村特困人口救济等社会救济机制，初步建立起一种新的社会救济扶贫机制。其中"五保户"扶贫救济制度成为中国农村针对特定群体创制的救济、养老制度，让中国农村无所养群体获得了基本生存保障。"五保户"是由农村社区负责保障无法定扶养人、无劳动能力、无可靠生活来源的老年人、残疾人和孤儿基本生活扶助的制度。"五保"是指"保吃、保穿、保住、保医、保葬"的简称。"五保户"制度解决了农村中无所养群体的生活保障问题，创立了中国特色的农村保障救济制度。这一时期的扶贫属于"输血式"的扶贫，具有明显的道义性和慈善性，在特定的历史时期，有效地满足了贫困人口的现实需要，一定程度上缓解了农村极端贫困的状况，保持了社会的稳定。国家还对出现自然灾害地区进行物质上的救济等。这个时期中国没有严格意义上扶贫政策和措施，国家发展主要是通过体制改革来实现，农村社会经济发展主要是因为基础建设、水利设施的改善，农业科技的推行，农村信用合作社和农村供销社的建立等，通过促进社会经济发展进而达到减少贫困功能。这当中最有影响的是在少数民族地区建立新型供销社体系和农村信用社体系，促进了少数民族地区社会经济的发展，有效地消除了赤贫问题。这个时期由于政治运动过于频繁，政策稳定性较差，加上一些不符合社会发展规律的政策被提出，如"人民公社"和"文化大革命"等，导致中国在消除贫困上取得的成就十分有限，所建立的社会保障体系十分落后。同时，这个时期整个国家实施严格的、具有制度性利益分配的城乡二元结构制度，国家通过制度性安排，把农村生产出来的大量利润强制转移到城镇中，农村通过改革发展产生的效益无法对农村发展产生实质的增溢效果。

据统计，1952—1987年中国农村向城市转移的资金金额达到7912亿元。① 此外，这个时期中国农村由于人口增长过快，经济增长效益被人口高速增长消耗掉。1978年，中国农村贫困人口数量十分巨大，按年人均100元的标准，1978年全国贫困人口总数达2.5亿。中国成为当时世界上贫困人口最多的国家。20世纪70年代的中国社会中，贫困成为当时整个国家社会治理中最重要的社会问题，贫困问题已经达到整个社会破产的临界点，如何采取有效措施消除贫困成为当时政府的首要问题。贫困的压力促成了20世纪80年代以来中国的经济上的改革开放，创造了中国经济发展的奇迹。

(二) 中国大规模扶贫开发时期（1978—2000年）

党的十一届三中全会拉开了我国改革开放的序幕，我国扶贫开发工作也进入了一个崭新的时期。从1978年至2000年，中国开展了以解决农村贫困人口温饱问题为主要目标的大规模扶贫开发工作，大致可分为以下三个阶段：

1. 区域性的体制改革推动扶贫阶段（1978—1985年）

十一届三中全会以后，我国开始由计划经济体制向市场经济体制转变，实行对外开放政策。1978年全国民政工作会议后，正式划

---

① 张磊：《中国扶贫开发政策演变（1949—2005年）》，中国财政经济出版社2007年版，第60页。

定了农民贫困标准（人均年收入 206 元以下），第一次将扶贫工作从农村救济中分离出来。这个时期，面对农村 2.5 亿的贫困人口，国家选择的反贫困路径是全面改革农村经济体制，释放出农村农民生产积极性，促进农村经济发展，进而实现消除贫困。第一，实行家庭联产承包责任制，全面释放农村人口的生产能力。家庭联产承包责任制经过 1979 年至 1981 年的试验阶段，到 1981 年后全面推行，到 1982 年全国农村 80% 实现了包产到户，1984 年全国完成承包责任制。第二，改革农产品价格，1979 年国家大幅度提高粮食、棉花等 18 种主要农产品的收购价格，1985 年取消农副产品派购制度，开放农产品价格，农业税由实物税改成现金税等。第三，进行农村金融支农改革，1978 年，中国人民银行和农村信用社只对农业中生产费用提供贷款，同时发放少量生产设备贷款，农村融资十分困难。1979 年在《关于恢复农业银行的通知》中规定中国农业银行直属国务院，自上而下设立各级机构，县设支行，农村设营业所。农业银行扩大放贷范围，具体涉及开发性贷款、商品粮棉基地贷款、林业贷款、丰收计划贷款、星火计划贷款、扶贫贷款、农业综合开发贷款、山区综合开发贷款和节水灌溉贷款等。这一金融改革为农业发展提供了有力的金融支持。第四，劳动力转移，从 1978 年至 1985 年间，国家对农村劳动力开始从控制流动转向允许流动。1981 年在城市实行合同工、临时工、固定工相结合的多种就业制度。1984 年允许农民自筹资金、自理口粮进城镇务工经商，1985 年允许农村进城开店设坊、兴办服务业，提供各种劳务等。这个时期国家通过这些改革，让农村经济得到快速发展，使中国农村贫困人口问题得到快速缓解，成为中国反贫困工作中的重要事件。

从这个时期开始，中国政府开始对特定区域和群体开展有针对性的扶贫工作。这个时期与扶贫有关的重要文件有两个，分别是 1984 年 9 月 29 日国务院颁发的《关于帮助贫困地区尽快改变面貌的通知》和《国民经济和社会发展第七个五年计划》。两个重要文件对贫困地区发展目标和政策支持做出了明确规定。这些措施和政策成为中国政府有目的、有计划扶贫工作的开始。这个时期扶贫措施主要有：

第一，1980年中央政府针对革命老区、少数民族地区、边远地区和贫困地区设立"支援经济不发达地区发展资金"，当年拿出支持资金5个亿对以上地区进行发展支持。可以说这是中国政府最早针对区域扶贫所采取的措施，是中国政策扶贫的开始。

第二，1984年国家计划委员会针对贫困地区基础建设而特别实施的基础建设工程，通过以工代赈，让贫困地区人口通过参与基础建设，获得实物和资金收入，同时改善贫困地区的基础设施。以工代赈主要有修筑道路、农村基础建设、水利工程和人畜饮水工程等。这种通过改善贫困地区的基础设施促进发展成为中国开发扶贫的主要措施。

第三，1984年国务院对甘肃定西、河西和宁夏海固地区（简称为"三西地区"）进行特别扶贫支持，具体是对"三西地区"农业采取特别建设，计划投入20亿元的专项资金，通过10年建设，改变"三西地区"经济发展状况。"三西"发展规划具体内容是3年停止破坏，5年解决温饱，2年巩固提高。"三西"扶贫计划成为中国政府专项扶贫工作的试验场所，创制出很多扶贫新路径、新措施，如易地搬迁、劳动力培训转移等，为中国的整个扶贫事业起到重要作用。

第四，1985年以人均纯收入206元作为标准，把全国贫困人口集中的地区划为18个集中连片区。划出的18个集中连片区具有"老、少、边、穷"等特征，国家针对这些地区进行专项特别扶贫。国家针对18个集中连片区实施多项特别优惠政策，具体有减免农业税，免交贫困地区开办开发性企业的所得税，减免贫困地区乡镇企业、家庭工厂、个体商贩所得税和对农、林、牧、副、土物产品不再统购、派购，改由自由购销等。这是中国政府在贫困治理中采用以集中连片区作为扶贫瞄准单元的最早的扶贫模式。

这个时期通过体制改革和专项扶贫等措施，中国社会经济得到快速发展，贫困人口得到有效消减。按照100元的贫困标准，1978年全国农村贫困人口有2.5亿，占全国总人数的25.97%，农村人口的30.7%。通过以上措施后，1985年农村贫困人口减少到1.25亿，8年间减少了近一半，贫困发生率由33%下降到11.9%。这一阶段，扶贫开始由道义性扶贫转变为制度性扶贫，体制改革为我国农村经济全面恢复和减贫起到了关键性的作用。但是，该阶段的扶贫制度带有明显的政治性和区域性，本质上仍然属于"外部输血"的救济式扶贫，所不同的是该阶段重点从财政、物资和技术上进行扶持，帮助贫困人口发展生产，扶贫范围更大，措施更加全面，减贫效果更加显著。[①]

2. 全国性的大规模扶贫开发阶段（1986—1993年）

20世纪80年代中期，得益于以家庭联产承包责任制为基础的农村经营体制改革，中国农村经济整体发展很快。但是，一部分受到自然资源和环境条件较差、交通不便等因素制约的农村地区发展相对滞后，与另一部分凭借自身独特优势或区位优势走上致富道路的农村地区在社会、经济、文化等方面的差距逐步扩大，中国农村发展不平衡的问题开始凸显。在这一背景下，为了更有针对性地做好扶贫工作，解决农村发展不平衡的问题，中国政府深入分析当时的农村发展形势，对扶贫方式进行了及时调整。

中国政府真正意义上公开、正式、系统地针对农村的扶贫工作始于1986年。标准是国家把扶贫工作作为整个国家治理中的重要

---

① 陈标平等：《建国60年中国农村反贫困模式演进与基本经验》，《求实》2009年第7期。

组成部分，国家从中央到地方建立起消除贫困的专门机制；针对扶贫对象实施更加有效的扶贫政策和措施，确立 18 个重点扶贫集中连片区和国家级贫困县；扶贫模式根本性转变是从以前以救济式和救灾式为主的扶贫转向开发式扶贫为主，即从"输血"式扶贫转向"造血"式扶贫。此后，中国开启了具有中国特色的反贫困事业，为消除贫困，国家采取了种类繁多的扶贫政策、措施：

第一，在 1986 年，国务院成立了"贫困地区经济开发领导小组"（1993 年更名为国务院扶贫开发领导小组）作为国家专门的扶贫机构，统一规划和部署全国的农村扶贫工作。该机构在第一次全体会议中提出争取在"七五"期间解决大多数贫困地区人民的温饱问题，明确了贫困地区实行新的经济开发方式的 10 点意见，至此，我国开始在全国范围内实施有组织、有计划、大规模的开发式扶贫。

第二，中国扶贫工作的重点也发生了转移，开始认识到贫困分布的区域性，并提出以重点贫困区域为扶贫对象的扶贫思路，逐步确定以县为单位的国家扶贫重点地区，为今后的区域扶贫打下了坚实的基础。国家核定了 328 个重点贫困县，同时各省区市又核定了 371 个贫困县，共计 699 个贫困县，基本覆盖了中国绝大部分农村贫困地区和绝大多数农村绝对贫困人口。其中，重点关注对象是"革命老区""少数民族地区"和"边远地区"，这些地区在之后的扶贫开发和经济发展过程中得到了国家的重点扶持。

第三，在扶持重点农村贫困地区发展的过程中还提出了"对口帮扶"和"定点扶贫"的政策，旨在号召社会各界积极参与到农村贫困地区的发展建设中来，重点发展方向是解决大多数绝对贫困人口的温饱问题，提高农村贫困地区的"自我造血"功能，即自身积累能力和自我发展能力，逐步实现发展商品经济的能力，从而确立了开发式扶贫的方针。①

在这一阶段,扶贫模式实现了从传统的区域性分散"救济式"扶贫向全国性"开发式"扶贫转变,标志着扶贫工作从一般的社会救济中分离出来,成为一项独立的社会工程。开发式扶贫强调通过对贫困地区的人力资本投资,提升产业结构,发展县域经济支柱产业,注重培养贫困地区自我积累能力和自我发展能力,属于"自我造血"的扶贫开发行为。开发式扶贫有力地促进了农村贫困地区经济的发展和人民生活水平的提高,农村的贫困状况得到明显改善。从1986年到1993年,国家确定的重点贫困县农村人均纯收入由208.6元增长到483.7元,年增长率在13%左右;农村绝对贫困人口继续减少,由1985年的1.25亿人下降到8000万人,年平均减少绝对贫困人口约为640万人;同期的农村贫困发生率从14.8%下降到8.72%。由于农村经济整体增长速度放缓和剩余贫困人口脱贫难度增大,该阶段的贫困人口减少幅度较上一阶段有所减慢。

3. "八七"扶贫攻坚阶段(1994—2000年)

在这个阶段,剩余未解决温饱问题的8000万左右绝对贫困人口分布呈现出明显的地域特征,主要是集中在中西部深山区、荒漠区、高寒山区、边疆地区、西北部黄土高原区以及水库区等,这些地区大多地处偏远、自然条件恶劣、基础设施薄弱、交通不便以及教育文化落后,扶贫难度较大。1994年3月,以《国家八七扶贫攻坚计划》(1994—2000年)的颁布实施为标志,中国的扶贫开发进入攻坚阶段。《国家八七扶贫攻坚计划》(1994—2000年)明确提出,要集中人力、物力、财力,动员全社会各界的力量,力争在七年左右的时间内,到2000年年底基本解决农村贫困人口的温饱问题。这是新中国历史上第一个有明确目标、明确对象、明确措施

---

① 文秋良:《新时期中国农村反贫困问题研究》,博士学位论文,华中农业大学,2006年。

和明确期限的扶贫开发行动纲要。

针对中国农村绝对贫困人口呈区域性集中分布的特点,政府采取了一些新的政策和措施:第一,我国政府重新划定了贫困县的标准和范围,确定了592个国家级贫困县,将扶贫对象增加为绝对贫困人口和低收入人口,调整国家扶贫资金投放的地区结构,集中用于中西部贫困状况严重的地区。第二,强调贫困地区的基础设施建设、文化教育发展以及医疗卫生条件的改善,重点加强包括人畜饮水、道路、电力、商品农产品生产基地以及农贸市场等在内的基础设施建设,开展广泛的成人职业技术教育,以及完善医疗卫生服务和控制人口增长,以市场需求为导向,开发特色资源,实现脱贫目标。第三,提出资金、权力、任务、责任"四到省"的原则,进一步完善逐年增加财政投入、扶贫到村到户、定点扶贫和对口扶贫政策,鼓励社会参与,加强地区间的合作。

这一时期的扶贫方式是纵横联合、内外兼顾的参与式扶贫,更加注重贫困地区的主动性和参与性,属于"内外造血"的扶贫开发新模式。截止到1999年年底,我国农村尚未解决温饱问题的绝对贫困人口减少到3400万人,低收入人口为6000多万,其中国家重点扶持贫困县的绝对贫困人口由1994年的5858万人减少到2000年的1710万人,农村贫困发生率下降为3.4%。改革开放后的20多年里,中国的扶贫开发工作取得了巨大成就,贫困地区的经济发展速度明显加快,农民收入明显提高,农村产业结构日趋合理,开发出各类优势特色产业,贫困地区的各项社会事业得到全面发展,《国家八七扶贫攻坚计划》(1994—2000年)确定的战略目标基本实现,农村贫困人口的温饱问题已经基本解决。

(三)全面建设小康社会进程中的大扶贫时期(2001—2017年)

进入21世纪,我国的扶贫开发工作进入了新的时期。较之上一时期,我国的扶贫问题发生了明显的变化:(1)从大众普遍贫困转变为城乡贫富差距明显，客观上要求新时期的扶贫政策要更加精准地瞄准贫困人口，控制贫富差距和城乡差距。(2)从单一的收入性贫困转变为多元贫困并存，剩下的贫困人口贫困程度深，减贫成本更高，脱贫难度更大。(3)从区域性扶贫向阶层性扶贫的变迁，贫困的主体更加特殊化，无法直接受益于区域经济发展战略，需建立更加精准的瞄准机制。自2001年起，中国开始迈入专项扶贫、产业扶贫和社会扶贫三位一体的大扶贫格局，截止到2017年，我们大致将其划分为两个阶段：

1. 以"整村推进"为特点的大扶贫时期的第一阶段（2001—2010年）

在总结了以往扶贫开发工作中的成功经验和教训后，国务院于2001年6月13日颁布了《中国农村扶贫开发纲要（2001—2010年）》，在城市支持农村、工业反哺农业的大背景下开展扶贫开发工作，标志着我国扶贫开发工作进入了一个城乡统筹发展、解决和巩固温饱并重的大扶贫阶段。为了适应经济社会发展的新形势和新要求，中央政府重新确立了"坚持开发式扶贫方针、坚持综合开发与全面发展、坚持可持续发展、坚持自力更生与艰苦奋斗、政府主导与全社会共同参与"的基本方针。针对贫困人口分散化的特点，政府将扶贫开发工作的重点从贫困县细化到贫困村，瞄准了14.8万个贫困村，覆盖了83%的贫困人口，实施参与式村级扶贫规划，确定了以整村推进为体、以产业扶贫和劳动力培训为翼的"一体两翼"扶贫开发战略。与此同时，扶贫开发工作更加注重政府主导的开发式扶贫和全社会共同参与扶贫的良性互动，强调扶贫开发的可持续性与城乡统筹全面发展，形成了由面到点、纵横联合、网络式、多维度的开发式扶贫机制。[①]

---

① 陈标平等：《建国60年中国农村反贫困模式演进与基本经验》，《求实》2009年第7期。

这一阶段，虽然贫困标准被屡次提高，但贫困人口数量仍然得到进一步减少。据统计，按照低收入贫困线（人均年收入2300元）为标准，2010年农村贫困人口下降为2688万人，贫困发生率为2.8%。贫困村成为该时期国家扶贫开发工作的直接受益者，明显改善了贫困村的生产条件及农民群众的生活水平。除少数社会保障对象和生活在自然环境恶劣地区的特困人口，以及部分残疾人外，全国农村贫困人口的温饱问题基本解决，实现了贫困地区广大农民群众千年来吃饱穿暖的愿望，为促进我国经济的发展、民族的团结、边疆的巩固和社会的稳定发挥了重要作用。

2. 以"精准扶贫"为主的大扶贫时期的第二阶段（2011—2017年）

随着扶贫工作规划发展计划的完成，国家根据扶贫工作的需要，于2011年颁布并实施了《中国农村扶贫开发纲要（2011—2020年）》，提高扶贫标准，提出稳定实现农村贫困人口不愁吃、不愁穿，义务教育、基本医疗和住房安全有保障的"两不愁、三保障"目标，标志着扶贫开发工作进入新阶段。党的十八大以来，党中央把扶贫开发工作纳入"四个全面"战略布局，作为实现第一个百年奋斗目标的重点工作，摆在更加突出的位置。习近平总书记高度重视扶贫开发工作，多次深入贫困地区调研，提出了精准扶贫、科学扶贫、内源扶贫、扶贫体制机制改革创新的重大理论和实践问题，形成了新时期扶贫开发的重要思想。党的十八届五中全会和中央扶贫工作会议明确提到，"到2020年，实现贫困地区农民人均可收入增长幅度高于全国平均水平，基本公共服务主要领域指标接近全国平均水平，确保我国现行标准下农村贫困人口实现脱贫，贫困县全部摘帽，解决区域性整体贫困"的总体目标。2011年至2015年，现行标准下农村贫困人口减少1亿多人、贫困发生率降低11.5个百分点，贫困地区农民收入大幅提升，贫困人口生产生活条件明显改善，上学难、就医难、行路难、饮水不安全等问题逐步缓解，基本公共服务水平与全国平均水平差距趋于缩小，为打赢脱贫攻坚战创造了有利条件。①

2015 年 11 月发布的《中共中央 国务院关于打赢脱贫攻坚战的决定》更加强调精准扶贫，指出：扶贫开发贵在精准、重在精准，必须解决好扶持谁、谁来扶、怎么扶的问题，做到扶真贫、真扶贫、真脱贫，切实提高扶贫成果可持续性，让贫困人口有更多的获得感。同时，提出扶贫开发路径应由"大水漫灌"向"精准滴灌"转变，扶贫资源使用由多头分散向统筹集中转变，扶贫开发模式由偏重"输血"向注重"造血"转变，扶贫考评体系由侧重考核地区生产总值向主要考核脱贫成效转变。要实现精准扶贫，精准脱贫，就要做到扶贫对象精准、扶贫项目安排精准、扶贫资金使用精准、扶贫措施到户精准、因村派人精准、脱贫成效精准。②

在历届中央领导集体的高度重视下，经过 60 多年坚持不懈的努力，特别是改革开放以来的三十多年，我国的扶贫事业走过了光辉的历程，取得了举世瞩目的成就。贫困人口大幅度减少，根据测算，改革开放以来，我们基本上解决了 7 亿多农村贫困人口的温饱问题，截止到 2015 年年底，我国贫困人口减少到 5000 多万；广大人民生活水平有了很大提高，农民收入稳步提高；基础设施显著改善，农村实现了公路村村通，人畜饮水条件得到很大改善；社会文化事业发生深刻变化，国家在农村全面实施九年义务教育，推进新型农村合作医疗，建立健全农村最低生活保障制度；贫困地区产业结构和就业环境发生重大调整，区域经济加快发展。我国是世界上减贫人口最多的国家，也是世界上率先完成联合国千年发展目标中

---

① 《国务院关于印发"十三五"脱贫攻坚规划的通知》。
② 《中共中央 国务院关于打赢脱贫攻坚战的决定》。

贫困人口减半目标的国家,为世界减贫事业作出了贡献,足以载入人类社会发展史册。①

二 我国扶贫开发取得的成绩

简要回顾我国扶贫开发的历史,可以清楚地看到,新中国成立60多年来,在中国政府的高度重视和坚持不懈的努力下,减贫扶贫脱贫这一惠及亿万人民的壮丽事业取得了巨大的成就,充分显示了社会主义制度的优越性。同时,也为全世界消除贫困事业作出了巨大贡献。

(一)最显著的成就是基本解决了农村贫困人口的温饱问题,农村贫困人口稳步减少、贫困发生率逐步下降

2008年以来,我国两次大幅度提高农村贫困标准。目前,按老标准衡量的贫困现象已基本消除,基本解决了农村贫困人口的温饱问题。按照现行贫困标准(每人每年2300元,2010年不变价)测算,1978年全国农村贫困人口为7.7亿,2018年减少到1660万人,贫困发生率从1978年的97.5%下降到2018年的1.7%。改革开放以来,累计7.5亿农村人口告别了贫困。

(二)最明显的变化就是农村社会事业蓬勃发展、人民生活水平显著提高

全国农村居民年人均可支配收入由1978年的133元增长到2018年的10371元,居住条件明显改善,耐用消费品拥有量大幅度增加。"十二五"期末,我国农村基本公共服务体系建设加快推进,义务教育得到普及,城乡基本养老保险制度全面建立,全国农村5000余万人纳入低保保障范围。在832个贫困县(包括14个连片特困地区和592个国家扶贫重点县)中,儿童营养改善项目、农村

---

① 国家行政学院编写组:《中国精准脱贫攻坚十讲》,人民出版社2016年版,第39页。

学生中等职业教育免学费补助生活费等"特惠"政策陆续实施,全力阻断"贫困代际传递",医疗卫生条件也得到显著改善、服务能力进一步加强。

(三) 最突出的标志是农村基础设施和生产条件明显改善

"十二五"期间,国家为改善贫困地区基础设施投入大量资金,其中,财政投入到集中连片特困地区交通建设的车购税资金超过5500亿元,占全国的近50%。到2014年,832个贫困县基础设施条件也得到显著改善,通公路、通电、通电话、通有线电视信号的自然村比例分别达到93.4%、99.5%、95.2%、75.0%。到2016年年末,全国农村通公路、通电、通电话和有线电视信号的村占全部村的比重分别达到99.3%、99.7%、99.5%和82.8%。除西藏外的西部地区80%行政村通上沥青(水泥)路。全国最后的无电人群仅剩青藏高海拔地区的少数人口。

(四) 最鲜明的特点是贫困地区发展后劲和内生动力逐步增强

近年来,贫困地区主动承接东部地区产业转移,市场化、工业化程度明显提升。各地立足资源优势和比较优势,大力培育和发展特色经济,形成了一批特色农牧业、资源精深加工业、特色旅游业等具有市场竞争优势和发展潜力的特色优势产业,带动贫困群众脱贫增收。电商扶贫、光伏扶贫、旅游扶贫等新兴扶贫模式应运而生,成为贫困地区产业发展的新引擎。这些都增强了贫困地区发展后劲和内生动力,优化了经济结构,也为全国调结构、转方式拓展了空间。

(五) 最卓越的贡献就是强有力地推进和支持了世界减贫事业

过去四十年来,我国致力于扶贫减贫,已成功使7亿多人摆脱了贫困,对世界减贫的贡献率超过70%,由此成为世界上减贫人口最多的国家。中国也是全球最早实现千年发展目标中减贫目标的发展中国家,联合国开发计划署 2015 年发布的《联合国千年发展目标报告》明确指出:"中国的减贫为实现联合国千年发展目标作出了贡献,为其他国家提供了学习经验。"①

---

① 国家行政学院编写组:《中国精准脱贫攻坚十讲》,人民出版社 2016 年版,第 7 页。

第四章

贫困的识别与测度

第一节 贫困的识别

研究贫困问题的终极目的是提供合适的、可行的脱贫策略，为政府的扶贫政策制定提供有价值依据和参考。而一项好扶贫政策首先要具有针对性和指向性，也就是政策要有明确的干预群体，扶贫资源能够准确地到达贫困群体才能使有限的公共资源发挥最大的效益。贫困识别主要是指根据一定的理论来确定贫困群体，具体操作上就是贫困线的设定和计算。因此，识别贫困群体关系到贫困群体的集合，是反贫困战略的第一步、是所有扶贫工作的基石，扶贫对象要是出现错误，后面的工作就无从谈起。

一 贫困识别与度量的理论基础

每一种贫困标准和贫困测量指标的设定背后都有着坚实理论支撑，不同的贫困线设定与监测方法根源于不同理论对贫困认识的不同，因此在介绍不同的识别方法和指标之前有必要回顾一下学界对于贫困类型的划分。

（一）经济贫困（income poverty）

对于贫困的研究可以追溯到一个多世纪以前，英国学者朗特里在《贫困：城镇生活研究》中给贫困定义："贫困是指如果一个家庭的总收入不足以获得维持体能所需要的最低数量的生活必需品的状态。"这一经典定义对后来的贫困研究了产生了深远的影响，至今许多经济学家仍从收入角度来解释和理解贫困概念，如萨缪尔森认为"贫困是一种人们没有足够收入的状况，它低于所估计的维持生存的生活水平所需的费用"。这种依据家庭经济状况来界定的贫困被称为收入贫困（income poverty）也叫做物质贫困。这类视角的定义都以个人或家庭为单位，从生理需求的角度计算维持生存所必需的衣着、食品和住房等物品的最低层次进行界定的。采用此类定义的学者有斯密思（S. G. smith）、费切尔德（H. P. Fairchild）、迪克特（R. C. Dexter）、奎因（Queen）、曼恩（Mann）等。

在收入贫困视角下采用的测量方法称为货币测量法，英国的 Booth 在 19 世纪 80 年代对伦敦的大规模贫困调查首先采用这种方法。随后朗特里（Benjamin Seebohm Rowntree）也采用这种方法完成了对约克郡的调查。货币度量方法在测量贫困程度时又分为绝对贫困和相对贫困。

绝对贫困也叫作生存贫困，是指缺乏维持生活基本的物质条件，是勉强维持生存的标准而不是生活的标准，在确定这种贫困线时，运用的是最大限度节俭的原则。朗特里是提出绝对贫困的鼻祖，他指出："在对家庭生活做这种最低指标的估计时，应遵循这样的规定，即除了为维持身体健康而绝对必需购买的物品外，其它一切都不能包括在内，而且所有购买的物品必须是最简单的。"[①] 鲁德斯（Roders）提出："贫困可以分为绝对贫困或相对贫困。绝对贫困标准为明确维持生存所必需的、基本的物质条件；相对贫困标准则为明确相对中等社会生活水平而言的贫困。"[②] 雷诺兹的观点也

---

① 朗特里：《贫困与进步：对约克郡的第二次社会调查》，朗曼出版公司 1941 年版，第 102—103 页。
② 鲁德斯：《政策研究百科全书》，中国科学技术出版社 1989 年版，第 89 页。

类似:"贫困最通行的定义是年收入的绝对水平。多少钱能使一个家庭勉强过着最低生活水平的生活是为绝对贫困;年收入相对全国全部家庭的平均数,是为相对贫困。"① 绝对贫困的概念在实际操作中以人均年收入或是家庭收入这样的指标来计算,其"绝对性"可以从消费与生产两个方面来理解,即缺少必要维持基本生理需求的消费品,也缺乏扩大再生产的物质基础,甚至连保持现有规模的生计都难以为继。

相对贫困是相对于社会的一定生活水平而言,一定程度上反映了社会整体的收入水平。根据国家统计局的定义,"相对贫困是指相比较而言的贫困,即生活水平最低的那一部分人(如占人口的5%)为处于相对贫困的人口。或是收入不到社会总体收入的三分之一的社会成员视为相对贫困人口"②。国内童星等学者认为:"温饱基本解决,简单再生产能够维持,但低于社会公认的基本生活水平,缺乏扩大再生产的能力或能力很弱。"③ 从以上定义可以看出相对贫困的特点有:第一,相对贫困是一个相对主观的标准,其相对性是建立在社会整体水平之上,是以一定的主观价值判断为基础。因此,贫困线在国家与国家或是地区之间差异很大。如有的国家以全国人均收入的一定比例作为贫困标准,而有的国家则以中位收入水平的一定比例作为贫困标准。第二,相对贫困具有长期性。相对贫困实质是不平等,只要社会存在不平等,就存在相对贫困,在现实中,不平等是常态,因而相对贫困也将普遍存在。

(二) 能力贫困 (capability poverty)

能力贫困的概念由诺贝尔经济学奖得主阿马蒂亚·森(Amartya Sen)提出。他在研究不平等问题的同时开始关注贫困问题。在

---

① 劳埃德·雷诺兹:《微观经济学》,商务印书馆1993年版,第23页。
② 国家统计局:《中国城镇居民贫困问题研究》课题组和《中国农村贫困标准》课题组的研究报告,北京,1990年。
③ 童星、林闽钢:《我国农村贫困标准线研究》,《中国社会科学》1993年第3期。

《贫困与饥荒》《资源、价值与发展》和《饥饿与公共行为》三部著作中均有涉及,森认为:"贫困必须被视为基本可行能力的被剥夺,而不仅仅是收入低下,而这却是现在识别贫穷的通行标准。"①他认为:第一,应该改变传统的使用个人收入或资源的占有量来作为衡量贫富的参照,而应该引入能力的参数来测度人们的生活质量,因为贫困的真正含义不是收入低下,能力不足才是导致贫困的根源。第二,收入是获得能力的重要手段,能力的提高会使人获得更多的收入及摆脱贫困的能力。第三,权利不足造成机会有限,机会有限影响经济收入,并最终导致贫困。

森的能力贫困说现在已被广泛用于反贫困斗争,世界银行报告从1990年起就采用他的能力说,改变以往单纯以物质资源和收入来定义贫困的观点,认为在考虑贫困问题时除收入外,还须考虑人口寿命、营养状况、健康条件、儿童入学率、识字率、受教育机会、婴儿死亡率、孕产妇死亡率等社会福利方面的内容。《2000/2001年世界发展报告》也把绝对贫穷看成是没有能力达到基本的营养、健康、教育、环境标准。《2006年世界发展报告》更明确指出:"任何发展的目的都是要使人们拥有更美好生活的能力,这就意味着应投资于他们的教育、健康以及风险管理的能力。"②

可见,能力贫困将贫困的定义从最单纯的以收入消费指标,发展到现在则包括寿命、读写能力和健康等生活标准在内的多维指标。

(三)权利贫困(entitlement poverty)

从经济学视角定义贫困,强调了收入的重要性,但是忽视了个体或家庭所处的社会环境和不利的社会因素。所谓权利贫困是指在

---

① 阿马蒂亚·森:《以自由看待发展》,中国人民大学出版社2002年版,第85页。
② 世界银行:《2006年世界发展报告》,中国财政经济出版社2006年版,第132页。

缺乏平等权利和社会参与条件下，社会的一部分特殊人群的政治、经济、文化权利及基本人权缺乏保障，使其难以享有与社会正式成员基本均等的权利而被社会排斥或边缘化所导致的一种生活困难状态。这些社会权利主要体现为社会剥夺、社会排斥、脆弱性等方面。这一观点最早主要由"排斥剥夺说"演进而来。英国社会学家汤森（Townsen），首次将"社会剥夺"的概念用于贫困的度量。他认为，社会剥夺是指"社会上大多数人认为或风俗习惯认为应该享有的食物、基本设施、服务与活动的缺乏与不足……人们常常因社会剥夺，而不能享有作为一个社会成员应该享有的生活条件"。①社会排斥主要用于识别那些被排斥在福利制度之外的人，以及不能够参与到社会和经济活动中的人。社会排斥提供了一个分析贫困的更为广泛的视角，它与制度结构联系更加紧密。联合国开发计划署将"社会排斥"定义为基本公民和社会权利得不到认同（比如，获得充足医疗、教育和其他非物质形式的福利），以及在存在这些认同的地方，缺乏获得实现这些权利所必需的政治和法律体制的渠道。因此，权利视角更强调从制度层面解决贫困问题，强调对穷人的赋权，旨从政治、经济、文化、社会制度的顶层设计方面来赋予穷人基本的权利来消除社会排斥。

二 贫困线划定方法

在上文不同理论视角下都有着对贫困不同的识别方法。经济贫困视角下的货币测量法因为其可操作性、可比较性被广泛使用，它通过收入和消费的调查来确定一个贫困线。目前国际上主流的贫困线划定法，如市场菜篮子法、恩格尔系数法、国际贫困线标准法、马丁法和扩展线性支出法等都是建立在此理论之上。下面分别介绍

---

① P. Towened. Poverty in UK: A Survey of Household Resources and Standards and Living Penguim. 1973: 31.

几种目前国际上流行的确定贫困线的方法。

(一) 市场菜篮子法 (Shopping Basket)

市场菜篮子法又称标准预算法,该方法也是由英国学者朗特里在约克郡的贫困问题研究中首先提出。在约克郡调查中,朗特里以美国营养学家爱德华 (Atwater) 的建议为基础列出了一份关于一周饮食的冗长而又烦琐的清单。先算出维持一周基本生理功能所需要的营养量,然后将这些营养量转换为食物及数量,再根据其市价算出相等的金额,即为贫困线。

市场菜篮子法可以算是最古老、最传统的确定贫困线的办法,并且以它的"绝对主义"而著名。市场菜篮子法首先要求确定一张生活必需品的清单,内容包括维持为社会所公认的最起码的生活水准的必需品的种类和数量,然后根据市场价格来计算拥有这些生活必需品需要多少现金,以此确定的现金金额就是贫困线,亦即最低生活保障线。

采用该方法时,首先要求确定一张生活必需品的清单(以向量 Xi 表示),内容包括维持社会公认的最起码生活水准的必需品种类和数量。然后根据市场价格(以向量 Yi 表示)来计算拥有这些生活必需品需要多少现金,该金额就是贫困线。其基本公式为:

$$Z = \sum_i (1 + \delta i) Y i X i$$

其中,Z 为贫困线,δi 为考虑价格等因素而做的调整。①

要注意"菜篮子"的产生与发展是随着时代而变化的,不但基本生活消费品的种类和数量在发生着变化,"菜篮子"中的内容也随着对贫困定义的改变而不局限与生活消费品。在现代社会中,除了考虑营养的摄取,食物、住房和衣着之外,医疗保健、儿童保

---

① 吴碧英等:《城镇贫困成因、现状与救助》,中国劳动社会保障出版社 2004 年版,第 116 页。

育、交通通信、社区参与、教育机会、文化娱乐、个人嗜好等消费都会被考虑在内。譬如日本计算贫困标准时所用的列举最低生活费用的方式就考虑到，"必须重新计量家庭支出（家具、水电、瓦斯与房租等），以及特别加给（如伤病、妊娠、残障、老年、公害、教育、子女等）"。

市场菜篮子法在过去一个世纪的反贫困斗争中发挥了重要作用，其优点显而易见，同时，它也存在不少缺点。

市场菜篮子法的主要贡献体现在以下两个方面：

1. 便于计算和对比。由于市场菜篮子法直观明了，可以很详尽细致地罗列出生活必需品，只需要简单的计算就可以划定贫困线。瓦茨（Watts）指出：标准预算法至少还有下列四种用途：（1）提供一个既定家庭形态的生活水准常模；（2）可被用来比较不同家庭形态的生活水准；（3）可被用来比较不同时间的生活水准；（4）可被用来比较不同区域的生活水准。

2. 可操作性强，瞄准率高。现代社会在最起码的生活必需品方面还是比较容易达成一致意见的，譬如在吃、穿、住、行等方面的最低需求，都比较容易认定。这样能使贫困群体最基本的生活需要得到满足。

市场菜篮子法的主要的缺点则有以下三点：

1. 主观性较强，"菜篮子"中的必需品争议较大。一是"菜篮子"中的物品通常由专家确定，这样难以避免专家的主观价值判断的差异。"菜篮子"中应该纳入哪些项目是一直有争议的。即使在"最容易取得一致"的项目上，譬如食品、衣着、住房、日常杂用等方面，也会在每一项目包含的质和量上争论不休，譬如，什么是适当的饮食标准？一个人冬天穿几件什么样的衣服才算是足以御寒了？等等。社会参与、个人嗜好应该不应该纳入？如果认为应该纳入，又会引出新的问题，什么是社会参与？看戏、看电影、听音乐会或出外旅游算不算？什么是个人嗜好？抽烟、喝酒、喝茶，或集邮、收藏、养宠物算不算？这里每一个问题又会引出许许多多的问题。

2. 标准容易偏低，穷人的实际需求可能难以满足。因为最后选择纳入"菜篮子"的总是最容易取得一致的项目，而有争议的项目往往会被搁置起来，所以，用市场菜篮子法制定贫困线标准容易偏低。

3. 限制穷人的生活方式，造成了实质上的权利剥夺。市场菜篮子法这种严格的清单式的计算，限制了受助者的生活方式，使他们的自由选择极少，从人权的角度看，这是不公平的。

（二）恩格尔系数法（Engel's Coefficient）

恩格尔系数法是国际上常用的一种测定贫困线的方法，反映了食物支出占消费支出的比例指标。19世纪末，德国人恩格尔在比较了不同收入水平的家庭的消费模式后，发现收入较低的家庭花在生活必需品上的钱占家庭收入的比例大于相对富裕的家庭。随着收入的增加，人们花在生活必需品上的钱占收入的比例下降，而更多地去购买非必需品。在研究中，恩格尔绘出的表示生活必需品开支占收入的比例的曲线，就是著名的"恩格尔曲线"（Engle Curve）。恩格尔发现的生活必需品开支与收入的增长成反比这一著名的论断，称为"恩格尔定律"（Engle's Law）。而将恩格尔定律用于贫困线的划定则是美国人奥珊斯基（Orshansky），20世纪60年代，美国总统约翰逊提出了"向贫困宣战，建立伟大的社会"的口号，她被选入总统经济顾问委员会。她在研究了美国家庭的食物开支占总开支的比例后，绘出了一条"恩格尔曲线"，并且声称她在这条曲线上发现了一个"转折点"，在这一点以下的部分就是贫困的。经计算后她提出，一个家庭将预算的30%以上用在食品开支上就是贫困的。1965年她提出了一个更精确、更有鉴别力的贫困标准。即三口或三口以上的家庭的食品消费占其总收入的33%及以上的，或者二口之家占27%及以上的，即为贫困户。从此，奥珊斯基的方法广为流传，但仍被人们称为"恩格尔系数法"。现在国际上常用恩格尔系数60%或50%来作为判定一个国家或一个地区乃至一个家庭是否贫困的标准。

恩格尔系数的理念是：由于食物消费是基本的，不会随收入的增加或消费的增加而提高的；故此，当一个人或家庭的收入或消费额提高时，他或他们的食物支出占总消费的百分比会相对地减少的。因而，可以引用食物支出占总消费的百分比（即恩格尔系数）来断定某人的生活质素；当恩格尔系数愈高，其生活质素愈差，而当其系数愈低，其生活质素则愈高。

恩格尔系数法测算贫困线时一般来说有一下几步[①]：

1. 确定基本的生活必需品。食物的种类包括粮食和其他生存必需的食品，根据各个地方人们的食物消费习惯具体的食物会有所差异，但是有一个基本的原则，即所摄入的食品总热量大致在2100到2400卡路里。

2. 进行成人等价指标转换。根据一般的热量所设定的食物量是以满足成人生存来衡量的，对于家庭的儿童而言会出现很大的误差，因此通常要对儿童的消费进行转换。比如将一个13岁的儿童规定为0.7个成人。

3. 计算家庭总食品消费支出。根据列出的食品可以得出个体的总食品需求。以食品某时期的价格得出食品消费支出额。这个支出额也叫做食物贫困线，即完全用食物的最低消费来衡量的贫困线。低于这一消费水平的家庭或个体便被认为处在贫困状态。

4. 用计算出的食物消费总额除以恩格尔系数（通常是5%的最

---

① 汪三贵等：《城乡一体化中反贫困问题研究》，中国农业出版社2016年版，第44页。

低收入组的恩格尔系数）便得到了该时期的贫困线。

恩格尔系数法的优点：一是简便易行，便于操作。如上所述确定一个家庭所有成员基本的食物消费支出金额，除以恩格尔系数，就可以求得贫困线。二是可以和社会平均生活水平挂钩，提示穷人的生活水平。恩格尔系数法可以使受助者生活品质客观地达到一般市民生活水平。

恩格尔系数法的缺陷有：一是制定标准与实际需求偏低。恩格尔系数法得出的贫困线是包含食物和非食物在内的个体最低生活需求的消费支出，因此这个贫困线其实是一种绝对贫困线，没有考虑到相对贫困，由此法计算得出的贫困标准往往偏低。二是采用标准还是不够客观。用国际公认的恩格尔系数作为任何国家或地区的标准过于粗疏，在具体确定时，还是应该立足于详细的调查与可靠的数据，确定出符合各地方实际情况的衡量标准来加以计算。

（三）国际贫困标准法（International Poverty Line Standard）

实际上是一种收入比例法。它显然是以相对贫困的概念作为自己的理论基础的。经济合作与发展组织在1976年组织了对其成员国的一次大规模调查后提出了一个贫困标准，即以一个国家或地区社会中位收入或平均收入的50%作为这个国家或地区的贫困线，这就是后来被广泛运用的国际贫困标准。提出国际贫困标准的初衷是要使社会救助制度乃至社会保障制度的发展符合20世纪60年代以来世界经济发展迅速国际化的大趋势。于是在70年代中期，经济合作与发展组织对其成员国的社会救助标准作了一次调查。调查结果发现大多数成员国的个人社会救助标准大约相当于个人社会中位收入的三分之二，于是提出以此作为制定贫困线的基础。并据此推算出二口之家（一对夫妇）的社会救助的标准相当于个人社会中位收入。

后来为了监测全球范围内的贫困状况，满足有关国际组织制定全球减贫目标和援助政策的需要，世界银行在1990年提出每人一天1美元的国际贫困线标准。世界银行把各国基本贫困线和人均消费支出折算成美元，并在二者之间建立回归方程，发现亚洲和非洲国家或地区的基本贫困线大多数集中在1美元上下，基于此把该标准作为世界银行的国际贫困线。在21世纪初，联合国提出的千年发展目标，将贫困线提到1.25美元每天，这也就是中国目前2300元每年的参照基础。2015年，世界银行在《消除绝对贫困、共享繁荣——进展与政策》一书中宣布，按照购买力平价计算，将国际贫困线标准从此前的一人一天1.25美元上调至1.9美元。若是按照这个标准，以当时美元兑人民币的汇率（6.38）计算将达到12.13人民币每天，每年将远超4000元，可见我国的贫困任务仍然相当沉重。

国际贫困标准法有以下几点优点：一是简单、易操作，只要知道社会平均收入或社会中位收入，再乘以50%，就可以得出贫困线了，或是直接以美元的购买力作为贫困线。二是扶贫对象得到的救助金额可以与社会上平均收入同步增长，可以分享经济和社会发展的成果。此外，采用国际贫困标准法便于国际比较。

国际贫困标准法也存在着如下缺点，即国际贫困标准往往是根据发达国家的统计数据和贫困状况制定的，发展中国家如果机械地套用其既定的比例，会脱离实际，同时任意固定收入比例是不可取的。世界银行的标准是否能在国际上通用也是值得怀疑的，有许多国家和地区的贫困线都只占本国或本地区社会平均收入或中位收入的30%—40%，如美国、日本、加拿大等。还有就是在计算时，折算成本国货币时购买力平价汇率的计算都会有很大的差异。

（四）马丁法

马丁法是近年来国际上测度贫困线的主流方法，是由世界银行贫困问题专家马丁·雷布林（Martin. Ravallion）提出的计算贫困线的方法。该方法下的贫困线由维持居民的基本生活需要的食物支出和非食物支出两部分组成。食物支出指的是居民达到一定的生理要求所必需的基本支出；基本非食物支出则指对于那些刚刚能够支付食物支出的贫困人口，他们自愿放弃基本的食物需要来购买非食物的其他支出。[1]

马丁法的计算逻辑是：首先根据维持人正常生存所需的食品营养量，结合低收入家庭的食品消费价格，计算出贫困人口的食品贫困线。然后，利用回归分析方法，找出用于食品方面的消费刚好等于食品贫困线的家庭，计算他们的非食品支出，作为贫困户的非食品贫困线。食品贫困线加上非食品贫困线，从而得出贫困线。马丁法的贫困线分为低贫困线和高贫困线两条：

低贫困线是维持居民生活的最低标准，它是在首先测定食物贫困线的基础上，利用回归模型，把一些人均可支配收入或人均消费支出刚好能达到食物贫困线的居民户的非食品支出计算出来，由此得到贫困户的最低非食品支出。这是因为，一个靠牺牲最基本食物消费而获取少量的非食品消费的住户，其非食物支出是维持生存和正常活动必不可少的，也是最少量的。把由此求出的最低非食物支出作为非食物贫困线，加上已知的食物贫困线，就是马丁法的低贫困线。[2] 人均可支配收入低于这一标准的家庭，我们称为超贫困户或特困户，若无社会救助，他们起码的生存条件得不到保障。

高贫困线是指食物支出实际上达到食物贫困线时住户的总支出水平（这部分住户不是通过削减其非食物支出才达到食物贫困线的），在测定高贫困线时，不同的是非食品线部分的划分。

马丁法的计算模型如下：

$$Y_i^F/Y_i^T = \alpha + \beta \log(Y_i^T/Z_j^T) + \gamma \log(N_i) + \varepsilon_i$$

---

[1] 高云虹：《对贫困线测算中马丁法的几点思考》，《兰州商学院学报》2012年第4期。
[2] 刘建平：《贫困线测定方法研究》，《山西财经大学学报》2003年第4期。

其中，下标 i 代表家庭，$Y_i^F Y_i^T$ 分别代表第 i 家庭食品开支和总开支，Z_j^T 代表 j 地区的食品贫困线，N_i 代表家庭的人口数目。对上述模型进行估计获得参数后，能够计算出较低和较高的贫困线。①

其实马丁法也是建立在恩格尔定律之上的。所不同的是，恩格尔系数法是用首先求得的食物贫困线除以恩格尔系数来得到，而马丁法的贫困线等于食物贫困线加上通过回归模型估计得到的非食物贫困线。

马丁法的优点是采用纯数学方法来模拟居民的消费变化规律，由此测得的贫困线在某种程度上避免了主观随意性，而且，它不仅较科学地解决了基本非食物支出的计算问题，也较为科学地测算了贫困消费者的非食物消费比例。正因为如此，该方法在世界范围内被广泛使用。世界银行据此得到的贫困线标准是低贫线每人每天消费 1.08 美元，高贫线每人每天消费 2.15 美元（按照 1993 年购买力平价美元计算）。我国国家统计局农调总队《农村贫困问题研究》课题组（1996）得到的我国 20 世纪 90 年代的农村低贫线为 519.85 元，高贫线为 577.24 元。

但是马丁法计算方法复杂，需要用大量的住户调查资料。只有开展住户调查的地区才能运用这种方法，使用有一定局限性。

（五）扩展线性支出法（Extend Linear Expenditure System，ELES）

扩展线性支出法由经济学家朗茨（C. Liuch）于 1973 年，在美国计量学家斯通发明的线性支出系统模型（LES）的基础上推出的一个需求函数系统，被广泛地运用于消费行为的研究。函数以支出来反映需求量。该系统有三个基本假设：（1）一定时期内消费者对

---

① 贫困线具体计算公式参见阮敬《亲贫增长理论与测量方法研究》，博士学位论文，首都经贸大学，第 37 页。

各种商品或服务的需求量取决于他们的收入水平和各种商品或服务的价格;(2) 消费者对各种商品或服务的需求分为基本需求和非基本需求;(3) 基本需求和收入水平无关,消费者在满足基本需求后,才会将剩余收入按照一定的边际消费倾向安排各种非基本消费支出,即每个人维持最低生活标准的基本需求是一致的。扩展线性支出系统的经济含义可表述为:在一定时期,在给定收入和价格的前提下,消费者首先满足其基本需求支出,扣除基本需求支出之后的收入则按比例在各类商品支出及储蓄之间分配。这称之为消费者选择理论,或消费者行动理论。

扩展线性支出法建立的需求函数式为:

$$E_i = P_i Q_i = R_i P_i + \beta_i (I - \sum_{j=1}^{n} R_j P_j)$$

$$i = 1, 2, 3 \cdots, n; j = 1, 2, 3 \cdots, n$$

上式中:E_i 为消费者对第 i 种商品或服务的消费支出;$P_i P_j$ 代表第 i、j 种商品的价格;Q_i 代表对第 i 种商品的需求量,其由两部分组成:基本需求量和非基本需求量;$R_i R_j$ 代表对第 i、j 种商品的基本需求量;I 代表可支配收入;β_i 为消费者在收入中除去各类商品或服务基本需求支出后的余额中追加用于第 i 类商品或服务的比例,称为第 i 类消费商品或服务的边际消费倾向,即 $0 < \beta_i < 1$。如果 $\sum_{i=1}^{n} \beta_i < 1$ 说明消费者的可支配收入除用于消费外,尚有一部分结余用于储蓄,$\beta_i = 1$ 表示没有储蓄。

上式经过数学变换可得到:

$$\sum_{i=1}^{n} R_i P_i = \frac{\sum_{i=1}^{n} \hat{\alpha}_i}{1 - \sum_{i=1}^{n} \hat{\beta}_i}$$

此式得出的便是贫困线,当求出 OLS 估计参数 $\hat{\alpha}_i$,$\hat{\beta}_i$ 代入即可得到贫困线的值。

扩展线支出法测算贫困线时商品通常被分成食物、教育、医疗等大类，这样的统计数据比较容易获得，而商品的价格也不必具体细分，这样就便于实际操作。同时采用计量方法就使数据更加稳定。有些学者认为该函数有假定居民消费倾向不变的缺陷，实际上居民消费倾向是随时间而改变的，在省与省之间也是有很大差异的，且该方法不具有人们所期望的预测能力，不能对消费者需求行为进行预测。

三　我国的农村贫困线

我国官方制定的贫困线是由国家统计局进行测算和公布的。目前公布的贫困标准有两个，一个是特困线即活命线，只能满足最低生活标准，另一个是标准相对较高的温饱线，能满足基本生活水平标准。

我国现行农村贫困标准是国家统计局农调队在 1986 年对全国 6.7 万户农村居民收支调查进行计算后得出的。基本上是按照国际测算原则进行的。其过程分五个步骤：第一，根据营养部门专家的意见确定最低的每人每天必需的热量摄入量；第二，根据此摄入量选择合理的食品消费项目和数量；第三，结合调查得到的相应价格水平，计算出最低食品支出费用；第四，调查和确定食品支出占生活支出的比重；第五，用人均食品费用支出除以这个食品支出占生活费支出的比重；所得数即为贫困线。

关于维持个人生存的最低热量摄入数，根据中国营养学会专家们的计算，人均每日摄入热量的正常值应为 2400 千卡，最低值应为 2100 千卡（国际上通常把 1800 千卡作为维持生存的极限值）。由于我国农村居民主要以粮食和蔬菜为主要食品，消费的结构和层次较低，因此，需要用稍高的热量来弥补其他营养物的不足，故采用了 2100 千卡作为特困贫困线的标准，温饱线采用 2400 卡的标准。特困线的计算根据当年的平均混合价格即可以计算得出。如在全国农户1991年调查资料中，年生活消费支出（200—250元组）所消费的主要食品有：粮食192.47千克/人，蔬菜73.12千克/人，食用油5.48千克/人，肉类5.02千克/人，禽蛋1.10千克/人。得出购买这些食品维持生存的最低费用应为220.46元。如果考虑到盐、酱、醋、燃料等费用和执行政策的方便，可把农村特困线（活命线）定在250元的标准上。①

温饱线的计算方式为：温饱线＝特困线（最低食品支出）/恩格尔系数

以1991年的调查数字为例，温饱线＝220.46/0.63＝346.64元②。从1984后的一段时期内国家统计局公布的数据都是采用此种食物消费结构和恩格尔系数值，每年只是根据价格指数对消费支出额进行了调整。直至1998年，我国官方的贫困线测量才开始采用世界银行的马丁法。在这次测量中，国家统计局以人均收入800元的农户的平均消费模型为依据，列出了15类商品共27项食品进行观测，计算得出食物贫困线为527元，以83%的恩格尔系数测得1998年的最低贫困线为635元，较高贫困线为880元。1998年之后各年的贫困线都是在这样的基础上根据农村物价指数的变化进行调整。从1984年到2008年我国农村居民收入提高了10倍多，而贫困线仅提高了5倍多。另外2011年我国贫困线提高到2300元，而按照当期汇率计算，联合国的极端贫困线标准为2900元。联合国的标准是计算了包含众多发展中国家在内的贫困线，这也从侧面反映出我国作为世界第二大经济体贫困线的标准相对经济发展而言是比较低的。

---

① 童星、林闽钢：《我国农村贫困标准线研究》，《中国社会科学》1994年第3期。
② 该数字只是初步的测算值，并不是最后官方公布的政策贫困线。1991年公布的贫困线为304元是结合生活费支出的消费函数和综合考虑地区差异调整的结果。

总的来说，我国的贫困线主要是以收入比例来计算的，忽视了贫困中非常重要的其他非收入特征，容易掩盖转型时期我国贫困问题的复杂性，不能反映中国绝对贫困人口极差的教育、卫生和营养等人类发展状况。因此，随着经济社会的发展，一方面在以收入或消费为衡量标准时要提高计算最低需求标准，另一方面要综合多维考虑贫困指标，加入卫生、教育、社会服务等在内的更广泛的贫困指标，才能更加准确和全面地反映贫困人口的生活水平和质量。

第二节　贫困的测度

上一节介绍了几种国际上主流的贫困线划定方法，贫困线的划定是研究贫困问题的起点和基础，要有针对性地制定一个地区的反贫困策略还必须深入研究该地区的贫困程度。贫困程度的测定主要指贫困指数的定义和计算，关系到贫困程度大小的判断。另外，反贫困成效的好坏主要是根据贫困指数的升降幅度进行判断，贫困识别的直接目的就是测算贫困指数，所以贫困程度的测算同样是研究贫困理论的另外一个不可忽略的重要问题。贫困程度测算的研究包括贫困发生的广度和深度、贫困的变化趋势、贫困的地区间分布特点等，这就需要构建一系列度量贫困的指标。根据现有关于贫困测度的研究，可以把贫困测度指标分成三大类：一是通过贫困人口数来衡量贫困，如贫困总人口数、贫困发生率；二是通过贫困人口的收入水平来衡量贫困，如收入缺口、收入平均缺口和收入缺口率；三是通过综合贫困人口数量与贫困人口收入水平来衡量贫困，如 SEN 指数、FGT 指数，处于贫困状态的人越多，收入水平越低说明社会贫困程度越深。这节中将介绍几种常见的贫困度量指标。

一 几个基础性指标

(一) 贫困发生率

当贫困线划定后一个可以直接测量的指标就是贫困发生率，它表示贫困人口在总人口中的比重。通常用 H 表示贫困发生率，n 为总人口数，q 为处于贫困线下的贫困人口数，$H=q/n$。贫困发生率与贫困人口数成正比，发生率越高说明贫困人口越多。贫困发生率可以直观地反映贫困人口的广度，不能反映贫困的深度。例如，我们讨论一项扶贫政策的事后影响时，通过贫困发生率的测量我们可以知道脱贫面有多大，即可以直观地知道有多少脱贫或是多少人还处于贫困状态。但是对于脱贫的程度就难以测量，一方面贫困的人口中也有相对富裕和相对贫穷的，贫困发生率对于贫困线之下的贫困人口的贫困程度是不能区分的；另一方面，有时一项扶贫政策短期内的效果虽然未能达到贫困线，但这并不表示没有效果，它实际上可能已经使贫困人群内部的收入状况、生活水平都有所提高，这也是贫困发生率不能测量的。

(二) 贫困总缺口、平均贫困缺口、贫困缺口率

贫困总缺口、平均贫困缺口、贫困缺口率都是在相对贫困的理论下，测量贫困人口的收入与贫困线的距离，这三个指标主要用于衡量贫困的深度。令贫困总缺口用 G 表示，贫困线设定为 z，人口总数为 n，贫困人口数为 q，且 $q<n$，T 为贫困人口所构成的集合。则所有人的收入向量 $y=(y_1, y_2, \cdots y_n)^T$，贫困人口数为 q 的贫困人口收入向量 $y_p=(y_1, y_2, \cdots y_q)^T$，且 $y_1<y_2<\cdots<y_q<y_{q+1}<\cdots<y_n$。

贫困总缺口，即每个贫困人口与贫困线差距的总和，即 $G=\sum_{i=1}^{q}(z-y_i)=\sum_{i=1}^{q}g_i, g_i=(z-y_i)$ 表示第 i 个贫困人口与贫困线的差距，据此也可以比较贫困线以下的人群谁更贫困。贫困总缺口也用

于测算使所有贫困人口脱贫所需要的投入。

贫困人口的收入平均缺口，设贫困人口的收入平均缺口用$\overline{G}$表示，要求$\overline{G}$就要先得到贫困人口的平均收入，用$\overline{y_p}$表示，$\overline{y_p}=(\sum_{i=1}^{q}g_i)/q$，则$G=q(z-\overline{y_p})$，所以$z-\overline{y_p}=\overline{G}$，可见贫困人口收入的平均缺口也可以测量贫困人口的平均收入与贫困线之间的差距。

贫困缺口率、贫困缺口与收入平均缺口作为总量指标和平均指标都是绝对量，在进行横向或纵向比较时无法判断出哪个地区或哪个时间段的贫困状况是减轻了还是加重了。我们用贫困缺口率这个指标来解决这个问题，它是指贫困缺口与贫困人口脱贫时的总体收入比（实际贫困缺口总额与理论上最大的贫困缺口之比），用I表示。$I=G/qz$，此公式可以推出$I=G/qz=\sum_{i=1}^{q}g_i\frac{1}{q}\sum_{i=1}^{q}\frac{z-y_i}{z}$，因此$I$可以认为是所有贫困者相对贫困缺口的平均值。[①] 因为$y_i<z$，所以$q<\frac{z-y_i}{z}<1$，即$0<I<1$，I越大表示越贫困且和y_i成反比，这个公式也说明每个贫困者的收入越接近贫困线，贫困缺口率就越小，贫困状况自然就越轻。

从以上公式中我们可以得到，当贫困线、贫困人口给定时，I、G、$\overline{G}$三者只与$\overline{y_p}$（贫困人口的平均收入）有关，致使这些指标测量贫困程度时对贫困者内部的收入分布不敏感。例如，有T_1村和T_2村均进行了测量，两村的收入分别是4、4、4、6、6、9和5、5、5、5、5、9。假定贫困线是6，绝对贫困线（基本需求）是4，是可以算出两组的平均收入都是5.56，从I、G、$\overline{G}$上看都是一样的贫困，但实际上可以明显看出T_1村还有三人才到基本需求线，而T_2村则都超过基本需求线。所以，当$\overline{y_p}$相同时，我们还要对比不

---

① 洪兴建：《贫困指数理论研究评述》，《经济评论》2005年第5期。

同组内部收入分布。如果每个贫困者的贫困缺口分布比较均匀（离基本需求线都很近），那么感觉到的贫困会比较轻；如果贫困者的贫困缺口分布很不均匀，极差很大，那么所感知到的贫困会比较严重。

贫困线指数，是贫困线与总体人均收入的比值，反映了一个社会的贫困相对于全社会居民的平均贫困程度。$K = \dfrac{Z}{Y}$，即贫困线指数与社会的贫困收入成反比。这个指数越小，表示贫困人群和整合社会的收入差距越大，相对贫困程度高；反之贫困线指数越大，表示贫困人群和整合社会的收入差距越小，相对贫困程度较小。

二 Sen 贫困指数

在上文中我们发现当平均收入$\overline{y_p}$相等时，贫困发生率 H、贫困缺口 G、贫困缺口率 I 等指标就都一致了，也就是说贫困缺口的分布对这三个指标的影响很大。森的贫困指数首先找到把贫困发生率与贫困缺口指数综合的测量法，并把基尼系数纳入计算体系之中，使贫困人口的分布和收入分布都得到了很好的体现。森的贫困指数是建立在 6 个公理之上的[①]：

1. 聚焦性公理（Faus Axiom）。贫困指数 $P(y, z)$ 中 y 是指贫困线以下的穷人的收入，与贫困线之上的总体收入无关。即贫困程度的严重与否同贫困线以上人员的收入状况没有关系，贫困线以上人员的收入分布的变动会对整个社会的收入不平等产生影响，但不会影响整个社会的贫困程度。

2. 单调性公理（Monotonicity Axiom）。在其他条件不变的情况下，贫困线以下某个人收入的减少，必然意味着贫困度量值的增加。

---

① 洪兴建：《贫困指数理论研究评述》，《经济评论》2005 年第 5 期。

3. 转移性公理 (Transfer Axiom)。该公理表明，把任何一个贫困者的一部分收入转移到一个相对较富有的成员，而其他人员收入保持不变，则贫困指数应该增大，整个社会的贫困程度将增加。

4. 转移敏感性公理 (Transfer-Sensitivity Axiom)。在贫困者之间进行相同水平的收入转移时，转移出收入的贫困人员的收入水平越高，对全社会贫困程度的影响就越小。

5. 子集单调性公理 (Subsets-Monotonicity Axiom)。该公理揭示了，在其他人员收入水平不变时，任何部分人员的贫困程度加重，全社会的贫困程度也加重，如果部分人员贫困程度减轻，则全社会贫困程度也随之减轻。

6. 连续性公理 (Continuity Axiom)。随着收入的连续变化，贫困指数的变化也应该是连续的。

总体上，森把贫困看作穷人的贫困缺口的加权平均，其公式为：$S = A(n,q,z) \sum_{i \in T} v_i g_i$，其中 v_i 是第 i 个人的贫困缺口 g_i 的权重，它等于第 i 个人的收入在穷人中从高到低的排序；$A(n, q, z)$ 是一个正规化参数，它依赖于总人口 n、穷人人数 q、贫困线 z。代入贫困群体组内基尼系数 G_P，变形简化后可得 $S(y, z) = H\left[I + (1-I) G_P \frac{q}{q+1}\right]$，当贫困人口 q 很大时 $\frac{q}{q+1}$ 接近于 1，$S(y, z) = H[I + (1-I) G_P]$，这个就是实践中常用的森贫困指数公式。$0 \leq S \leq 1$，当 $S=0$ 时意味着 $q=0$，即每个人的收入都在贫困线以上，当 $S=1$ 时，$q=n$，$I=1$，$G_P=1$，表示社会分配极度不平等，收入几乎为零，所有人都是穷人。

森指数弥补了贫困发生率和贫困缺口率的不足，但也存在弊端，如没有考虑到贫困线以上人口的收入分布，违背了强转移性公理，森指数给予处于收入排序不同位置的等量收入转移以相同的权重，背离了弱转移敏感性公理。

三 FGT 贫困指数

FGT 贫困指数是由 Foster，Greer 和 Thorbecke 三人为了弥补森指数的缺点而共同提出的。与贫困指数不同净指数直接使用贫困缺口作为权数。其计算公式为：$P_\alpha = \frac{1}{n} \sum_{i}^{q} (\frac{g_i}{z})^\alpha$，其中 α 为贫困厌恶系数，它的值越大，表明对贫困的厌恶程度越高，该指标对最贫困的贫困者的收入就越敏感；该指标值越大，说明收入水平越低。

当 α 趋近于无穷大时，该指标就只反映最贫困人的贫困度量。一般取 $\alpha > 1$；$g_i = z - y_i$，z 为贫困线、g_i 为贫困缺口、y_i 为贫困线以下的人口收入。此公式满足以下命题：

1. 当 $\alpha > 0$ 时，P_α 满足单调性和子集单调性公理；当 $\alpha > 1$ 时，$P_\alpha p\alpha (y, z)$ 同时满足转移性公理；当 $\alpha > 2$ 时，P_α 还满足转移敏感性公理。

2. 满足可分解性：总体的贫困指数等于各组贫困指数的加权平均，权数为各组人员数占总体人员数的比值。可分解性是贫困测度中特别是对不平等测度一个非常好的优良特质，它有利于对贫困深度的分析。其政策含义在于可以保障反贫困政策或措施有的放矢，因为它可以把总体的贫困分解为不同组成部分的贫困，从而针对不同组别瞄准制定有针对性的措施。

正因为 FGT 贫困指数有这样的特性，P_α 被世界银行和一些学者实证分析时广泛采用。其中 $\alpha = 0$，$\alpha = 1$，$\alpha = 2$ 这三个特殊值应用最广。

3. 当 $\alpha = 0$ 时，FGT 贫困指标就是最简单的贫困发生率。

$$P_0 = \frac{1}{n} \sum_{i}^{q} (\frac{z - y_i}{z})^0 = \frac{q}{n} = H$$

4. 当 $\alpha = 1$ 时，FGT 贫困指标就等于贫困发生率乘以贫困缺口率，也被称为贫困差距指数，是一个贫困深度测量指标，反映贫困人口的收入与贫困线之间的相对距离。

$$P_1 = \frac{1}{n}\sum_i^q (\frac{z-y_i}{z})^1 = \frac{q}{n} \times \frac{1}{q}\sum_i^q \frac{z-y_i}{z} = HI$$

5. 当 $\alpha = 2$ 时，P_2 称为平方贫困距指标。平方贫困距指标是一个贫困强度指标，该公式赋予更贫困的人口更大的权数。

$$P_2 = \frac{1}{n}\sum_i^q (\frac{z-y_i}{z})^2 = H[I^2 + (1-I)^2 C^2]$$

其中 C 是所有贫困者收入分布的变异系数，FGT 类指标的优点是满足更多的公理，性质更优良，但是它也有缺点。它的缺点：一是随着 α 的增加，指标越来越综合，而其含义越来越不容易解释，如当 $\alpha = 2$ 时就多了贫困者收入分布的变异系数 C；二是该组指标还是侧重于度量贫困者的平均贫困水平。

四 人类贫困指数

人类贫困指数（Human Poverty Index，HPI），是联合国开发计划署（UNDP）在 1997 年的人类发展报告中提出来。20 世纪 80 代以来，国际社会更加关注社会的非货币性贫困，认为货币性贫困的降低与其他福利指标的上升之间没有必然的联系。[1] 学界也从收入贫困的视角转向研究健康、教育、公共设施、出生时的预期寿命等福利方面的影响，并运用几种综合福利指标作为检验多维贫困的标准。于是在 1997 年的报告中 UNDP 提出了"人类贫困"这一从多维视角理解和定义贫困的重要概念。根据这一概念，"贫困不只是物质上的缺乏，同时意味着人类发展的最基本的机会和选择的丧失：长寿、健康、富有创造力和体面的生活，享受自由、自我尊重和受别人尊重等等"。为了度量人类贫困，

---

[1] Adams, R. H. and John Page. Holding the Line: Poverty Reduction in the Middle East and NorthAfrica, 1970 - 2000. Washington: Poverty ReductionGroup, The Word Bank, 2001.

建立了人类贫困指数。

人类贫困指标体系有两类：针对发展中国家的人类贫困指数 I 和针对工业化国家（OECD）的人类贫困指数 II。人类贫困指数考虑人类生活最基本的三个方面被剥夺的情况，即长寿、知识和体面的生活。发展中国家相应的指标包括预期寿命不足 40 岁的人口的比例、成人文盲率（读写能力）、整个经济供给方面的匮乏程度（以不能享受安全用水、保健服务的人的比例，5 岁以下营养不足的儿童的比例），用 HPI_1 表示。OECD 国家的相应的指标为预期寿命不足 40 岁的人口的比例，16—65 岁年龄组中缺乏技能的人口比例、人均可支配收入不到平均水平的比例和失业率这四个指标，用 HPI_2 表示。

HPI_1 的表示式为：$HPI_1(\gamma_1, \gamma_2, \gamma_3) = (\omega_1 \gamma_1^{\beta} + \omega_2 \gamma_2^{\beta} + \omega_3 \gamma_3^{\beta})^{\frac{1}{\beta}}$ $(\beta \geq 1)$

HPI_2 的表示式为：$HPI_2(\lambda_1, \lambda_2, \lambda_3, \lambda_4) = (\varphi_1 \lambda_1^{\alpha} + \varphi_2 \lambda_2^{\alpha} + \varphi_3 \lambda_3^{\alpha} + \varphi_4 \lambda_4^{\alpha})^{\frac{1}{\alpha}}$ $(\alpha \geq 1)$

式中，α、β 为调节系数，γ、λ 是各自的维度，ω、φ 是各自的权重系数。

HPI 指数是衡量一个国家平均人类发展水平的参考指数，常被使用的是 HPI_1 指数。HPI 指数能够反映不同国家或地区的人口在基本能力方面是否存在贫困，为制定具有针对性的组合式反贫困政策措施，准确瞄定贫困人口提供了科学的指导。但该指数主要反映的是国家层面的信息，是一个较泛的综合指数，从而无法测定特定的个体、家庭或局部人群的贫困被剥夺程度。它最大的缺陷在于对调节系数 α 或 β 的选取上缺乏理论说服力，且没有考虑到多维度指标间可能存在的相关性。例如一个既是文盲又缺乏医疗保健且预期寿命不超过40岁的个体，将会被多次重复计算。①

五 多维贫困指数

多维贫困指数（Multidimensional Poverty Index，MPI），是由联合国开发计划署（UNDP）与英国牛津贫困与人类发展中心（OPHI）为弥补FGT指数和HPI指数的不足共同提出的一个现行国际通用的贫困测度指数。该指数的思想建立在森能力贫困的思想基础之上。阿马蒂亚·森认为收入和消费水平低下是贫困的表征，而贫困的实质是"能力贫困"。一方面，不能把贫困仅仅看成是收入缺乏或者消费水平低下，贫困的实质是人们缺乏改变其生存状况、抵御各种生产或生活风险、抓住经济机会和获取经济收益的"能力"，或者他们的能力"被剥夺"了；另一方面，现代社会的贫困往往是与收入分配不平等相伴随的"丰裕中的贫困"，即贫困人口无法平等地获取或接触到许多产品和服务（尤其是公共品），不具备把这些产品转化成效用的"功能"或"权利"。② 因此，对贫困的认识、测度和治理要超越单一的"收入或消费"的维度，而应该考虑更多的维度，包括平等的教育机会、平等的卫生医疗条件、平等的社会保障安排、平等的获取信息和技术的机会等。联合国开发计划署《2010年人类发展报告》正式公布了由Alkire和Forster团队测算的104个发展中国家的多维贫困指数。《2011年人类发展报告》将多维贫困指数扩展到109个国家。多维贫困指数包括教育、健康和生活标准3个维度，共10个指标（见表4—1）。该指数能够反映个人或家庭同时存在的多个维度的被剥夺情况。③

其实，多维贫困测度的技术路线有很多，例如利用生产效率分

---

① 张全红、周强：《多维贫困测量及评述》，《经济与管理》2014年第1期。
② 邹薇：《我国现阶段能力贫困状况及根源——基于多维度动态测度研究的分析》，《人民论坛·学术前沿》2012年第6期。
③ UNDP. Human Development Report and UNDP (2011). Human Development Report, 2010.

析中的距离函数进行测度的效率方法，以及统计分析方法（如主成分分析、多元对应分析）等。只是，Alkire 和 Forster 团队以 FGT 为基础的多维贫困指数对于贫困深度、严重度以及 TFR 指数对于相对剥夺程度等，有非常直接的解释，因而在多维贫困测度中得到广泛采纳。他们的核心思想是选取多个福利指标作为多维贫困测量的维度，每个维度均设立临界值，假如第 i 个个体的福利指标水平低于维度临界值，则视第 i 个个体在此维度上受到了剥夺。在计算第 i 个个体每个维度是否受到剥夺的基础上，加总此个体受到的被剥夺维度总数，然后设定被剥夺维度的临界值，若被剥夺的维度数量大于或等于临界值，则此个体被视为多维贫困者。

表 4—1 多维贫困指数及指标

	维度	指标
多维贫困指数	健康	营养
		儿童死亡率
	教育	受教育年限
		适龄儿童就读率
	生活水平	做饭燃料
		卫生设施
		水
		电
		地板材质
		资产

此技术路线下具体测量步骤如下：

1. 定义测量的维度和指标。设 n 为样本数量，d 为贫困维度数量，定义 $n \times d$ 矩阵 $M^{n,d}$，令 $y \in M^{n,d}$，其中 y_{ij} 代表第 i 个人或者家庭在 j 维度上的取值，$i = 1, 2, \cdots, n$，$j = 1, 2, \cdots, d$。如表 4—1 中 d 值贫困维度只有三个，y 值可能就是某个人或家庭在维度

"健康"上的取值。

2. 贫困识别。第一是要定义每个维度上指标的贫困线（临界值，cutoff value），如表 4—1 中 "受教育年限" 的临界值可以设为，不满 4 年就视为教育贫困。可以用 Z_j 表示某指标在 j 维度上的临界值。第二是设定维度的临界值（k）的取值，假设 $k=3$，表示在所有维度中只要任意三个维度上贫困，这个人就定义为贫困人群，只在其中两个或是一个上就不算。可见 k 值即受维度内指标剥夺在值的影响，又受维度剥夺值得影响。k 值大于等于 1，小于等于 d，$k=1$ 时，是最严格的多维贫困定义，就是说在 d 个维度中只要任意一个维度上贫困，这个人就是多维贫困；$k=d$ 时就是最宽松的定义了，因为要在所有维度上都贫困才算，在这样苛刻的条件下必然贫困人口就会很少。

3. 计算多维贫困指数值。即对识别出的多维贫困维度加总，最简单的方法为 FGT 法。就是计算在 n 个人中多维贫困的发生率即 $H=q/n$。这种方法的优点是简单明了，通过数人头就可以计算；缺点是对贫困的分布和剥夺的深度不敏感。Alkire 和 Forster 对此法进行了修正，得到 AF 法。调整后的多维贫困指数加入了平均剥夺份额 A（即所有贫困者被剥夺维度比例的平均数），用 $M_0=HA$ 表示，含义是所有多维贫困者经历的总剥夺维度数量占总体维度数量的比例。在王小林和阿尔克（2009）的测算中，中国 2006 年在维度贫困临界值为 3 和各维度取等权重的条件下，中国的多维贫困指数值为 0.087（H=0.198；A=0.439）。该法 M 值还有 M_1、M_2 两种取值，前者是多维贫困差距 $M_1=HAG$，G 是平均贫困距（average poverty gap）；$M_2=HAS$，S 是贫困深度（average severity）[①]。

4. 权重设置。进行维度加总时，需要考虑的另一个问题是各

---

① S 和 G 的具体计算参见王素霞《中国多维贫困测量》，《中国农业大学学报》（社会科学版）2013 年第 2 期。

维度的权重。它包括维度内的权重和维度间的权重。维度内权重是指标权重，相较于维度间权重更为重要。在进行多维贫困指数的敏感性分析中，权重的调整会极大地影响指数的大小。目前学界主要有规范法（Normative）、驱动数据法（data-driven）和两者的混合使用。规范法指标等权重、专家意见等；后者有频率、统计方法等。

规范的方法中常用的是取等权重法，又分为维度等权重和指标等权重。如 UNDP 每年发布的 HDP 指数和 MPI 指数都采用这样方法。频率方法的原则是，频率较高的应赋予更大的权重；假如个体缺乏已被普遍使用的物品，说明该个体的能力是严重被剥夺的。统计方法有主成分分析、多元对应分析等，但它得到的权重难以解释其经济含义，权重大小的合理性也不易界定。目前的研究中，合理的权重始终难以确定，数据推导的权重并不能反映权重选择中的价值观，而规范方法过于主观，因此在操作中如何选择权重是一个重要的问题。

5. 分解对比。多维贫困指数可以按照维度、地区、省份等不同的组进行分解来分析贫困人口具体的贫困状况，如按指标分解时通过测度多维贫困各维度在总贫困指数中的贡献率，不仅可以更详细区分各指标在总体贫困上的重要程度，还能了解各指标在一定时期的动态变化，为合理有效地制定扶贫政策提出科学的理论指导。如在杨龙、汪三贵等的研究中通过对地形和民族特征分解发现：a. 地形因素对多维贫困的影响大于民族特征因素。即虽然少数民族地区是我国贫困发生率较高的地区，但从多维贫困致贫原因上分析，地形因素比民族特征因素对贫困的影响更大。b. 居住在山区的汉族农户对总体多维贫困的贡献率高于少数民族农户。这说明对山区的扶贫政策在偏向少数民族时（虽然少数民族贫困程度深），也不能忽略非少数民族贫困人口较多的情况。c. 饮水问题对多维贫困的贡献率高于收入等其他贫困维度,因此未来的扶贫政策和项目应加强饮水工程的投入力度,解除未来发展的限制因素。①

上文介绍了主流的贫困测度方法,除此之外还有很多方法限于篇幅和作者学识就不再涉及。通过以上介绍,贫困测度方法为我们理解贫困、分析贫困提供了一种有效工具,并为制定相应的反贫困政策、扶贫项目等提供科学可靠的依据。但是在选择使用这些方法时要注意,不同贫困测量方法的提出,都是建立在一定的前提条件下的,表达了对于贫困度量的不同结论,特别是每一种方法都有其适合的场合。

---

① 杨龙、汪三贵:《贫困地区农户的多维贫困测量与分解》,《人口学刊》2015年第2期。

第 五 章

中国扶贫模式研究

贫困问题是人类社会自形成以来就相伴最持久、最普遍的社会问题，也是人类社会治理中最难消除的社会问题。人类社会出现的战争、动乱，甚至是日常犯罪的重要根源之一就是贫困。反贫困、消除贫困是任何一个国家治理中的重要目标和重要任务。40 年来，中国在贫困治理上取得的成就在世界上首屈一指，政府在贫困治理上的积极主动也是全世界独有的。考察中国贫困治理取得的成就，最具有贫困治理政策意义和贫困治理样式价值的是中国贫困治理中的扶贫模式。自 20 世纪 80 年代以来，40 年里中国在贫困治理上创制出了形式多样的扶贫模式，这些扶贫模式整体构成了中国贫困治理的样式，并在世界反贫困政策中拥有十分重要的意义和地位。认真总结、反思中国 40 年来贫困治理中的扶贫模式，对中国贫困治理事业的进步及人类社会反贫困的开展都具有十分重要的现实意义。本章将从不同角度对中国 40 年来的扶贫模式进行考察总结，提炼出不同扶贫模式的特征，指出不同扶贫模式的优缺点。

中国自 20 世纪 80 年代以后，特别是 20 世纪 90 年代中后期至今的反贫困成就，就像亚洲开发银行副行长彼得·沙里温认为的那样，"中国的扶贫工作有许多经验值得其他国家学习。中国在扶贫领域取得的成就在亚洲首屈一指"。联合国开发计划署（UNDP）

认为,"中国的这一成就为发展中国家,甚至整个世界提供了一种模式"。那么,中国贫困治理模式中有哪些扶贫模式呢?每种扶贫模式有些什么特点呢?学术界的研究还十分不够,值得进一步的考察。中国的贫困治理模式是一个拥有复杂样式的内容体系,包括丰富的内容。但要进行有效解读,最好的办法是通过对中国使用的具体扶贫模式进行总结。

在扶贫学的理论构成上,有学者认为包括创新扶贫理论、战略、政策、模式、措施、评估、监测等方面的内容。[①] 其中,扶贫模式问题作为扶贫学考察的核心内容,是指政府在贫困治理中所采用的主要措施和途径,是一种政策学的分析产物。从实践看,中国扶贫学理论研究呈现出的最大问题是相关理论研究跟不上中国政府扶贫工作的创新和发展速度。这让中国扶贫体现出一种很强的理论滞后性,使中国在扶贫过程中出现实践先于理论的特殊现象。中国政府在扶贫工作中,十分具有特色的内容是根据贫困治理的需要和扶贫工作进展不断调整和创新扶贫模式,丰富中国扶贫理论的内容。中国政府在扶贫措施上可以说是随时创新,不停发展,模式丰富,成绩斐然。

一 中国扶贫模式相关概念

扶贫模式作为一种学术总结的产品,具有很强的理论性,但在现实中,它不仅是一种学术研究,更是一种政策总结,具有很强的可操作性。扶贫模式作为一种政策意义上的"模式",是一种扶贫政策、手段通过实践,在实践中转化成具有可理论分析和推广的政策要素综合体,必须满足构成一种理论意义上"模式"要素所需要的条件。

---

① 曹洪民:《中国农村开发式扶贫模式研究》,博士学位论文,中国农业大学,2003年,第14—15页。

（一）模式

对什么是"模式"，学术界存在不同的理解。如《邓小平理论辞典》中认为，"模式"就是"范型"。其原指制造器物的模型，一般指可以当作模范、榜样加以仿效的范本、模本。这里对"模式"的原始含义和功能进行了分析，属于较粗略的定义。《现代农村经济辞典》认为"模式"原是舶来词，其英文释义有：(1) 模式，事物的标准样式；(2) 模型，依照实物的形状和结构按比例制成的物品，或用于制造某种制成品的工具；(3) 模特儿，艺术家用来写生、雕塑等的描写对象或参考对象，或文学家借以塑造人物形象的原型，或用于展示服装的人或人物模型。此外，在对"模式"的定义和功能解释上，最著名的是Alexander，他指出每个模式都描述了一个在我们的环境中不断出现的问题，然后描述了该问题的解决方案的核心。通过这种方式，你可以无数次地使用那些已有的解决方案，无须再重复相同的工作。这里他重点指出了模式的功能。对模式要素和特征的总结上，国内的研究具有很强的学术性和操作性。如经济学者提出模式具有三重含义：(1) 从总体特征上对不同发展类型的标识；(2) 模式是指多因素或多个子系统构成的具有内在结构和运行机制的一个复合系统，是各种经济关系的一种网络系统；(3) 模式是被理论加工后的一种范式、一种可模仿、推广和借鉴的行为集合。[①]

总结上面不同"模式"的定义，我们会发现当某一行为、政策要构成一种模式，它们必须具有一些相应的要素，具体是：首先，某种行为、政策、措施必须具有类型化的、显著的可标识的特征，能够让它与其他同类行为、行动样式明确区别开来；其次，这种样式要由不同要素构成，要素之间能够发挥出一种整体性功能，且超

---

① 丁文锋：《经济现代化模式研究》，经济科学出版社2005年版，第205—206页。

越每个要素所具有的功能；最后，对这些要素进行理论提升后，这种样式能够被识别、借鉴、推广。本章对扶贫模式的认定标准就以此为准。

(二) 扶贫模式

扶贫模式是指在扶贫过程中形成的具有类型化、标识性、功能性的扶贫措施和机制的整体性、概括性的理论集成。扶贫模式具有以下特征：经验性、理论性、可识别性等，一旦形成便可以被推广、借鉴。

对中国的扶贫模式问题关注最早的学者应当是汪三贵。他在1994年研究中国政府的扶贫问题时指出，根据当时扶贫中利用贫困地的资源禀赋的不同，可以分为不同的扶贫模式，"中国的扶贫中可以因地制宜，发挥比较优势和贫困山区自然资源及社会经济条件，在经济开发模式中可以具体采用三种不同的模式，即可概括为以资源为主体的资源依托型，以资金积累为主的资产积累型和以技术带动的技术驱动型"。[①] 这里他提出有三种不同的扶贫模式，分别是资源型扶贫模式、资本积累型扶贫模式和技术型扶贫模式。虽然他没有明确提出扶贫模式的概念及对不同模式进行较全面的理论考察，但他指出扶贫中利用不同措施和资源禀赋达到扶贫目标的模式特征。1994年朱玲等人在所著的《以工代赈与缓解贫困》一书中对当时国内的这一扶贫模式进行了专门考察。此书可以说是中国当代扶贫模式研究中第一部以特定扶贫模式为研究的专著。该书对当时国家扶贫中的公共工程扶贫模式进行了全面考察和总结，指出该模式具有的效用、特征等。[②] 1995年孟春在其博士论文基础上出版了《中国财政扶贫研究》，该书对公共工程扶贫模式作了进一步探

---

① 汪三贵：《反贫困与政府干预》，《农业经济问题》1994年第3期，第44页。
② 朱玲等：《以工代赈与缓解贫困》，上海人民出版社1994年版。

讨，同时拓宽了公共工程的内涵。① 1996 年朱凤岐等人通过总结，认为当时中国存在五种扶贫模式，即直接扶持农户的扶贫模式、农民自愿组成经济合作互助组织的扶贫模式、开发项目建设的扶贫模式、组织社会力量的扶贫模式、东西合作帮扶的扶贫模式。这些研究更多是一种经验总结，还没有形成有意识的扶贫模式研究。

对当代中国扶贫模式进行理论构建和研究，正式始于 1998 年中国（海南）改革发展研究院的"反贫困研究"课题组。他们通过总结在云南推行的扶贫项目成果时，第一次明确提出了"扶贫模式"的概念，同时还对扶贫模式进行界定，指出"扶贫模式与治理结构是一个问题的两个方面。贫困是社会问题，反贫困需要组织和动员社会各个方面（包括贫困地区和贫困人口在内）的资源，共同作用于区域经济发展和消除贫困的双重目标。如何寻找到一个有效的组织形式和运转机制，把政府的作用人口与经济和社会的力量凝聚起来并传导给贫困地区和贫困人口，这就是扶贫模式和治理结构要研究的问题"，在此基础上指出"国家反贫困战略和政策措施，需要一定的组织形式和传导机制才能作用于贫困地区和贫困人群。我们不妨把扶贫开发的一定组织形式，公共援助的传导机制称之为反贫困操作模式"。据此，课题组在分析具体扶贫案例基础上，总结出云南当时存在的三种扶贫模式，即项目带动扶贫模式、"公司+基地+农户"扶贫模式、直接扶持贫困户扶贫模式。此外，研究院在出版的《中国反贫困治理结构》一书中，在考察全国各种扶贫形式后，提出中国扶贫模式有七种，分别是：山区综合开发、温饱工程、人力资源开发、"巾帼扶贫"行动、小额信贷扶贫、以工代赈和项目带动农户经济发展。② 这样中国实务界和理论界开始讨

---

① 孟春：《中国财政扶贫研究》，经济科学出版社 2000 年版。
② 中国改革发展研究院反贫困研究课题组：《中国反贫困治理结构》，中国经济出版社 1998 年版。

论政府在扶贫中形成的具有可标识性、组织性、相对独立功能性的扶贫措施和机制,通过理论升华,进行扶贫模式研究。这样,扶贫模式成为中国贫困治理中的最重要术语,也是研究中国扶贫问题的重要组成部分。此后,对扶贫模式研究主要涉及扶贫模式的定义、内涵、特征等问题。

对什么是扶贫模式,学术界定义各不相同。如 2001 年中国扶贫基金会副会长何道峰认为扶贫模式是扶贫方法与技巧的集合。① 2000 年赵昌文等认为扶贫模式指扶贫主体运用一定的生产要素和资源,利用一定的方法和手段作用于扶贫客体,促进扶贫客体脱贫致富的方式、方法和措施的总称;并对扶贫模式的有效性标准进行了分析,认为一个扶贫模式的有效性由三个维度构成:一是这种模式应充分考虑我国的国情,有利于发挥政府、各种中介组织以及广大贫困农户在扶贫开发中的功能作用,充分调动各方面的积极性;二是这种模式应满足西南地区不同类型贫困地区开展扶贫工作的需要,具有较强指导意义和可操作性;三是这种模式应有利于充分调动扶贫对象——贫困农户的主动性和积极性,并形成一种内在的激励机制,使其变"要我脱贫"为"我要脱贫"。②

有学者认为扶贫模式可以从纵向和横向两个角度考察,分为广义和狭义两种扶贫模式。广义的扶贫模式是指在既定扶贫战略下的扶贫行为的集合,包括扶贫行为的整个活动,这是纵向意义上的扶贫模式。从扶贫行为的逻辑过程看,一个完整的广义扶贫模式应该包括扶贫决策、扶贫资源传递、贫困人口或贫困地区的具体受益方式以及对整个扶贫过程和结果的监测评估四个基本环节,具体概括为决策、传递、接受、监控四个系统。狭义扶贫模式则是横向意义

---

① 何道峰:《中国 NGO 扶贫的历史使命》,《中国扶贫基金会会议论文集》2001 年 10 月。
② 赵昌文、郭晓鸣:《贫困地区扶贫模式:比较与选择》,《中国农村观察》2000 年第 6 期。

上的理解，是将整个扶贫行为过程中不同环节的不同具体做法概括为模式，比如在扶贫资源传递环节中概括出贴息贷款扶贫模式、以工代赈扶贫模式和财政扶贫模式；在贫困人口受益环节概括出区域开发扶贫模式、科技推广扶贫模式、劳务输出扶贫模式等。① 这种研究方法解决了扶贫模式研究中的两个核心问题：首先，如何构建一个基本理论框架以识别出不同的扶贫模式，包括模式的要件、组织结构、运作方式和传导机制；其次，如何通过比较分析各种扶贫模式得出其变迁的基本规律，解释各种模式变迁的基本依据，特别是与制度环境、扶贫方式的相互关系等。② 这是当前对扶贫模式研究较为深入的成果代表。

此外，有学者认为一个扶贫模式需由三个要素组成，即"扶贫模式 = 扶贫主体 + 扶贫方式 + 扶贫受体"，③ 内容上包括扶贫的战略决策、扶贫的资源传递和资源接收三个方面。④ 这里从两个不同视角分析了扶贫模式的构成要素。

认真分析学术界对扶贫模式概念和内涵的研究，扶贫模式研究主要涉及以下几个核心问题：不同模式对扶贫对象瞄准的有效性，扶贫项目实施中扶贫主体和扶贫对象在扶贫过程中参与程度和参与的有效性，扶贫资金传递的有效性，扶贫项目实施的评价机制的有效性。这几个核心要素构成了扶贫模式研究的核心问题。这样，可以对扶贫模式作出一个较明确的定义，即"扶贫模式"是指某种贫困治理过程中形成的、具有显著可识别性的扶贫对象的瞄准机制，扶贫主体与扶贫对象在扶贫过程中形成了一种具有稳定关系的互动

---

① 龚晓宽：《中国农村扶贫模式创新研究》，博士学位论文，四川大学，2006年，第10页。
② 曹洪民：《中国农村扶贫模式研究的进展与框架》，《西北人口》2002年第4期。
③ 龚晓宽：《中国农村扶贫模式创新研究》，博士学位论文，四川大学，2006年，第51页。
④ 同上书，第11页。

关系，且对扶贫过程形成有效的评价机制的扶贫样式。

（三）中国扶贫模式研究现状

在对扶贫模式概念、特征、内涵等问题进行考察的同时，学术界开始对中国当前的扶贫模式种类进行总结归纳。考察国内对扶贫模式种类的概括，不同学者得出的结论差异较大。可以说，在扶贫模式分类上，学术界和实践界并没有形式统一的标准。考察国外，同样会发现世界各国对扶贫模式的分类也十分复杂、多样。

1. 西方扶贫模式的理论与种类

国外学者虽然对贫困问题、反贫困问题在理论研究上取得了显著的成绩，[①] 但由于国外从事相关理论研究的学者所在国在贫困治理上都没有形成中国政府这样的全面反贫困治理实践，这让国外学者在贫困治理研究上反而难获得可供世界各国参考的理论模式。

考察西方学术界对扶贫模式的分类，在理论上主要有三种，即资源配送模式、惩罚"机能障碍"模式和介入"机遇机构"模式。[②] 此外，学术界还根据不同学者提出的扶贫理论，认为有缪尔达尔的"积累因果关系理论"模式、舒尔茨的促进人力资本形成的反贫困战略模式、哈罗德—多马的经济增长模式、新古典经济增长模式、刘易斯"二元结构理论"模式、佩鲁的发展极理论模式、罗森斯坦—罗丹的平衡增长理论模式、赫希曼的不平衡增长模式等。[③] 这些模式与其说是扶贫模式，还不如说是西方学术界对贫困形成的

---

① 如冈纳·缪尔达尔在所著的《世界贫困的挑战：世界反贫困大纲》（北京经济学院出版社1991年版）、《亚洲的戏剧：一些国家的贫困问题研究》和《富国与穷国》等著作中详细地阐述了"循环积累因果关系"的贫困理论。阿比吉特·班纳吉、埃斯特·迪弗洛的《贫穷的本质》（中信出版社2013年版）等。

② 托尼·爱德雷：《社会保障与反贫困的关系》，载中国（海南）改革发展研究院编《中国的承诺：本世纪末消灭贫困》，经济出版社1988年版，第275—290页。

③ 龚晓宽：《中国农村扶贫模式创新研究》，博士学位论文，四川大学，2006年。

原因和解决贫困问题开出的理论药方。

在实践中，国外不同国家在针对本国国内贫困群体和区域实施的反贫困措施、机制上也存在不同。如美国在扶贫模式上，主要采用强化参与意识——通过法律支持发展模式；澳大利亚是有效识别贫困人群——资产测试型社会援助模式；马来西亚是在民族平等中体现贫困人群的权利模式；孟加拉国是穷人贷款权利突破——小额信贷扶贫模式。这些扶贫模式对世界各国家选择反贫困措施提供了一些可供借鉴的样式，但从实践看，都没有构成像中国 40 年来这样复杂多样的扶贫模式。

当然，从世界各国通行的反贫困模式看，绝大多数国家在贫困治理上都没有采用政府主导的刚性扶贫模式，而是通过立法，采用制度化和法制化的引导，在市场作用下让各种生产要素向需要帮扶的贫困地区和群体转移、聚集，实现发展，消除贫困。如英国制定《济困法》《国民救济法》，日本制定《山区振兴法》《过疏地区振兴特别措施法》，美国制定《鼓励西部植树法》《沙漠土地法》《地区再开发法》等针对特定贫困群体、区域进行贫困帮扶和开发支持的法律。

有学者通过比较分析英美两国贫困治理的历史，认为它们的扶贫模式有：福利补助扶贫模式，通过建立覆盖贫困人口的社会福利制度以缓解社会贫困，达到贫困治理的目的；合作开发扶贫模式，通过与 NGO 在社会救援方面的合作，形成规范、有效的政府出资 NGO 实施的扶贫模式；区域推动扶贫模式，通过专门立法，针对不同贫困区域实行中央政府财政、税收等方面的特别支持，促进贫困地区获得发展资源实现反贫困的扶贫模式；脱贫能力开发模式，通过关注贫困家庭儿童教育和加强他们的技能培训，提高贫困者的素质和技能，实现自身发展能力建设的扶贫模式。① 这四种扶贫模式中政府虽然起到重要作用，但主要是通过政策制定、财政支持，政府本身并不成为扶贫的具体操作主体，而是通过社会力量、资源引导等实现反贫困。

2. 中国的扶贫模式种类

中国当前的扶贫模式主要是针对农村地区，城市社区中的贫困群体在扶贫上基本以福利救济为手段，所以学术界所讲的扶贫模式就是农村扶贫模式。这也让中国扶贫模式在普适意义上发生了变化。对中国农村扶贫模式的种类进行的分类十分多。下面主要考察政府和学者分类中较有特点和影响的模式。

中国扶贫模式分为基础性扶贫模式和操作性扶贫模式。此种分类是2004年5月27日国务院扶贫开发领导小组在《中国政府缓解和消除贫困的政策声明》（以下简称《声明》）中总结提出。《声明》认为在中国近30年的扶贫历程中，可以把扶贫模式分为基础性和操作性两种模式。此外，根据扶贫中扶贫主体投向扶贫对象的反贫困资源方式、途径的不同，分为救济式扶贫和开发式扶贫。这种分类具有很强的学术性和实践性。

1998年中国（海南）改革发展研究院的"反贫困研究"课题组提出中国有七种扶贫模式：山区综合开发、温饱工程、人力资源开发、"巾帼扶贫"行动、小额信贷扶贫、以工代赈和项目带动农户发展。② 这种分类较为粗糙，基本上是以扶贫措施作为分类的唯一标准，在理论和实践上都没有太多的价值。

2000年国家统计局农村调查队概括提出三种农村扶贫模式，即贴息贷款扶贫模式、以工代赈扶贫模式和财政扶贫模式。③ 这种扶

---

① 王志章、何静：《英美两国扶贫开发模式及其启示》，《开发研究》2015年第6期。
② 中国（海南）改革发展研究院"反贫困研究"课题组：《中国反贫困治理结构》，中国经济出版社1998年版。
③ 国家统计局农调队：《中国农村贫困监测报告》，中国统计出版社2000年版。

贫模式分类主要是对国家资源投入扶贫过程中的特征进行总结的产物，并没有完全反映当前农村扶贫中的扶贫模式。这种分类体现的是政策资金在扶贫中的投入形式，反映的是国家资金流向扶贫对象的途径。

2000年，有学者认为中国扶贫模式根据不同标准，可以分为不同种类，具体按扶贫主体不同，分为：政府主导型扶贫模式、企业主导型扶贫模式、对口扶贫模式、民间扶贫模式。按扶贫主体作用于扶贫对象方式分为救济式扶贫和开发式扶贫。按扶贫主体投入扶贫要素的不同分为：物质扶贫模式、文化教育扶贫模式、信贷扶贫模式。按扶贫客体脱贫地域不同分为就地扶贫模式和易地迁移扶贫模式。按扶贫资源分配对象分为区域（社区）扶贫模式和直接扶贫到户模式[1]。从中可以看到，扶贫模式种类总结与分析者所采用的标准密切相关。

2006年有学者认为中国有10种扶贫模式，分别是财政扶贫模式、以工代赈扶贫模式、"温饱工程"模式、产业开发模式、对口帮扶模式、国际项目模式、机关定点模式、生态建设模式、小额信贷模式、移民搬迁模式。[2] 这里划分的标准有扶贫主体、扶贫手段等。

2010年有学者提出中国扶贫模式有大规模区域性扶贫开发模式、参与式整村推进扶贫开发模式、山区综合开发扶贫模式、生态建设扶贫模式、特色产业开发扶贫模式、乡村旅游开发扶贫模式、移民搬迁扶贫模式、对口扶贫模式、以工代赈扶贫模式等九种[3]。

---

[1] 赵昌文、郭晓鸣：《贫困地区扶贫模式：比较与选择》，《中国农村观察》2000年第6期。

[2] 龚晓宽：《中国农村扶贫模式创新研究》，博士学位论文，四川大学，2006年，第24—32页。

[3] 徐孝勇、赖景生、寸家菊：《我国西部地区农村扶贫模式与扶贫绩效及政策建议》，《农业现代化研究》2010年第2期。

中国针对特定群体和区域通过政府有组织进行扶贫政策下的贫困治理始于 1986 年。此后，在实践中，中国政府一直根据扶贫对象的变化，扶贫对象致贫原因的不同，消除贫困发展需要的途径等，不断创新扶贫模式，形成形式多样的、针对不同扶贫主体的扶贫模式。中国扶贫模式根据扶贫途径不同可以分为基础设施扶贫、易地扶贫搬迁、产业扶贫、智力技能培训扶贫、劳务转移扶贫、社会保障扶贫；根据扶贫中贫困瞄准单元的不同分为区域性扶贫、连片区扶贫、贫困县扶贫、整村推进扶贫和以贫困户为中心的精准扶贫等。

中国 40 年的扶贫模式变迁过程及样式，本质上是由中国政府的扶贫理念所决定。中国政府的扶贫理念经历了救济式扶贫，到开发式扶贫，再到参与式扶贫[①]和现在国家政策目标的实现扶贫[②]。如 20 世纪 80 年代中国在扶贫上采用区域为瞄准对象，是因为当时一方面无法通过普惠式资金转移（即社会保障）来进行扶贫，同时也不能完全依靠经济增长的"滴漏效应"让穷人受益，实现脱贫。这样，国家只能通过有计划、有选择的扶贫政策措施来减少国内贫困问题。然而，随着中国经济实力的增加，中国扶贫方式的重点也从救济、救助、改善贫困地区的发展条件，开始逐步转向培养贫困人口自我发展能力，让贫困人口获得参与、分享社会发展产生"社会成果"的路径、能力，实现在共享社会的发展目标下进行扶贫规划。

比较中国与国外政府在贫困治理中的作用，中国与国外，特别是西方国家的扶贫模式，可以分为市场主导型扶贫模式和政府主导型扶贫模式。市场主导型扶贫模式是政府在扶贫过程中仅起到引

---

① 李兴江、陈怀叶：《参与式扶贫模式的运行机制及绩效评价》，《开发研究》2008 年第 2 期。

② 当前中国扶贫是为"全面实现小康社会"的政策目标而展开，导致整个扶贫路径选择出现了更加复杂的多样性。

导、支持的作用，具体扶贫工作的主体是通过市场化力量来实现。政府主导型扶贫模式是在政府主导下，进行有计划、有组织的大规模刚性扶贫，通过政府刚性的资源投入，在计划指导下进行扶贫目标的实现。

二 按扶贫对扶贫对象产生影响方式分类

考察当今世界各国种类繁多的扶贫模式，基本可以分为开发式扶贫模式和救济式扶贫模式两种。两种扶贫模式产生的效果存在明显不同，但从实践看，作为贫困治理的途径，人类在扶贫过程中对两种模式无法做到绝对否定和肯定。

救济式扶贫模式是国家把资金、物资等财物直接转移到需要帮扶的贫困地区、贫困户、贫困个体中，让他们在获得外来物资资助后摆脱贫困的扶贫模式。

（一）开发式扶贫模式

开发式扶贫模式是在国家的必要支持下，利用贫困地区的自然资源，进行开发性生产建设，逐步培育形成贫困地区和贫困户的自我积累和发展能力，通过让贫困地区和贫困户获得发展能力，依靠自身力量解决温饱、脱贫致富。开发式扶贫模式在扶贫上具有以下主要特征：扶贫工作从按贫困人口平均分配资金、财物转向按项目效益分配资金，从单纯依靠行政系统输入扶贫资源转向主要依靠经济组织实现脱贫，从资金单向输入向资金、技术、物资、培训相结合输入和配套服务转变。开发式扶贫模式具体运作方式是选定特定的贫困群体或贫困区域作为扶贫对象，提供他们发展能力生成和获得所缺少的资本、技术等生产要素，结合当地的自然、人文资源优势，依靠贫困者自身技术的改变，通过发展当地经济来提高生活水平和摆脱贫困。根据援助对象的不同，发展援助可分为贫困群体发展援助和区域开发援助。① 中国开发式扶贫分为区域性和群体性扶贫两种形式。区域性开发主要有集中连片区、贫困县、贫困村三级。中国政府在扶贫工作中最大的特点是较早就采用开发式扶贫。1986 年中国政府把开发式扶贫作为扶贫的基本策略。有学者认为中国农村开发式扶贫模式，在逻辑上区分为决策、传递、接受、监控四个子系统。② 开发式扶贫模式可以分为产业扶贫模式、科教扶贫模式、金融信贷扶贫模式、财税优惠扶贫模式、农村环境恢复与保护政策模式、易地扶贫搬迁模式等。

1. 产业扶贫模式

产业扶贫模式是通过外在力量在贫困地区创造一种可持续性发展的产业，通过产业发展让贫困对象获得可持续发展能力的一种扶贫模式。产业扶贫模式是中国在扶贫过程中形成的一种最具活力的扶贫模式。21 世纪以来，中国政府在扶贫上开始强化以因地制宜发展区域性特色产业为主要途径，推动贫困地区经济发展，实现扶贫目标的扶贫模式。产业扶贫模式在 2001 年《中国农村扶贫开发纲要》中正式提出。《纲要》中对产业扶贫作出了解释，即以市场为导向，以龙头企业为依托，利用贫困地区所拥有的资源优势，逐步形成"贸工农一体化、产加销一条龙"的产业化经营体系，持续稳定地带动贫困农民脱贫增收。产业扶贫模式是我国 2001 年后扶贫的重要模式。

产业扶贫模式的内在要求有两个：一是发展壮大贫困地区有特色、有市场竞争力、可持续发展的主导产业，推动贫困地区经济发展；二是将贫困人口镶嵌到产业链上，让他们参与到主导产业发展中，并从中受益，进而达到脱贫致富的目的。③ 产业扶贫是一种参

---

① 曹洪民：《中国农村扶贫模式研究的进展与框架》，《西北人口》2002 年第 4 期。
② 同上。
③ 张咏梅、周巧玲：《我国农村扶贫模式及发展趋势分析》，《濮阳职业技术学院学报》2010 年第 1 期。

与、分享式扶贫模式。从扶贫目的、效果等方面看都属于扶贫中的首选。然而，在现实中，由于贫困地区存在区位、资源等方面的不足，产业扶贫产生的效果往往难达到预期。

为了促进产业扶贫有效进行，国务院扶贫办制定《关于申报国家扶贫龙头企业的通知》，对确定扶贫龙头企业实施资格认证和管理，给予特别优惠支持政策。《通知》中规定的"扶贫龙头企业"是指以农产品加工或流通为主业，或以贫困地区劳动力为就业主体的企业。国务院扶贫办公室对扶贫龙头企业进行认证后实行动态管理，具体是每两年进行一次考核评估。获得认证的扶贫龙头企业给予信贷支持，主要是给予贴息贷款；给予企业政策上的支持，对获得各种认证资格的扶贫龙头企业根据不同情况给予奖励，如对获得省级名牌产品、国家名牌产品和国家驰名商标的给予5万、10万、20万元奖励；税收优惠政策，对扶贫龙头企业给予不同年限的减免税，时间在3年及以上；给予土地使用上的优惠，对龙头企业需要土地的给予优先安排、优先审批等。

近年来，产业扶贫模式主要工作中心是在扶贫地区开发某种产业，如种植某种特定经济产物、加工某种产品等，以此带动当地某种产业的形成，促进当地经济发展。由于产业扶贫在效果上往往显著，很多地方纷纷兴起产业扶贫。但在具体实施中，也存在重产业的前端，轻产业的加工、销售等问题，使产业扶贫产生的效果大打折扣。

2. 科教扶贫模式

科教扶贫模式是指通过科学技术的创新、改革、推广，教育培训的普及和深入，改变贫困地区和贫困人口的人力资本结构，进而促进贫困人口在社会发展中获得发展的技能，提高社会生存的竞争力，提高收入，实现脱贫的扶贫模式。科教扶贫模式可细分为科技扶贫和教育扶贫。教育扶贫模式又可以分为提升综合素质的普通教育扶贫和提高劳动技能的职业培训教育扶贫两种；其中，职业技能培训教育扶贫模式成为当前中国科教扶贫中最为有效的途径，也是近年教育扶贫的重点。2014年12月全国扶贫开发工作会议上把职业技能培训工程列为"十项"扶贫工程之一，是中国当前扶贫战略的重要组成部分。

1986年国家科委提出组织实施科教扶贫战略，揭开了中国科教扶贫的序幕。1996年《中共中央、国务院关于尽快解决农村贫困人口温饱问题的决定》中明确提出"要把扶贫开发转移到依靠科技进步，提高农民素质的轨道上来"，进一步把科教扶贫作为重要扶贫途径。科教扶贫中教育扶贫成为重点是较早就确定的。自20世纪80年代以来，国家推行了一系列帮助贫困地区和贫困人口提高自身文化素质和职业教育的措施。中国教育扶贫可以分为提高文化素质的义务教育支持计划，如希望工程，大学教育特别支持项目；提高劳动技能的雨露计划、阳光工程等。教育扶贫支持工程中影响最大的是1989年团中央、中国青少年发展基金发起的"希望工程"。"希望工程"以救助贫困地区失学少年儿童，通过建设希望小学改善教学条件，帮助失学儿童重返（回）校园为宗旨。国家1995年开始对贫困地区实行义务教育工程，通过增加投入，改善贫困地区的教学条件。2000年为扶持西部和贫困地区的教育发展，教育部启动实施"两个工程"，即"东部地区学校对口支援西部贫困地区学校工程"和"大中城市学校对口支援本省贫困地区学校工程"。

职业技能培训教育扶贫模式主要通过培训提高劳动者技能，获得发展动力。国家为此进行了多项工程。从2004年开始，农业部、财政部、劳动和社会保障部、教育部、科技部和建设部共同组织实施了农村劳动力转移培训的"阳光工程"。该工程目的是通过对贫困地区劳动力开展技能培训，把农村地区的劳动力转向非农产业和城镇就业，稳定就业和提高收入。2005年6月国务院扶贫办公室启动"雨露计划"，该计划是针对农村贫困人口实施的一项劳动力转移培训工程，旨在提高贫困地区劳动力技能，让贫困家庭劳动力外出就业，增加收入，实现脱贫。2005年6月，国务院扶贫办在湖北宜昌召开全国贫困地区劳动力转移培训工作现场经验交流会，会议首次明确提出了对贫困劳动力转移培训实施"雨露计划"的战略构想，并决定在湖北、河南等省展开先期试点。2006年8月，国务院扶贫办在河南郑州召开全国扶贫培训工作座谈会，会议对"雨露计划"的具体任务、工作措施等问题进行了进一步研究和探讨。2006年10月24日，全国贫困农民培训学校成立暨"雨露计划"启动仪式在北京举行。2007年3月22日，国务院扶贫办颁发了《关于在贫困地区实施"雨露计划"的意见》，明确提出了"雨露计划"的培训对象是扶贫工作建档立卡的青壮年农民（16—45岁）、贫困户中的复员退伍士兵（含技术军士）、扶贫开发工作重点村的村干部和能帮助带动贫困户脱贫的致富骨干。"雨露计划"实施原则是以人为本、注重开发，突出重点、分类实施，紧跟市场、按需施教，整合资源、创新机制，政府主导、共同参与。《意见》对"雨露计划"实施提出政府主导、部门配合、社会参与的新型扶贫模式，改变以往政府主导的简单扶贫模式的不足。

"雨露计划"在贵州推行后获得良好效果，贵州在实施中也不断进行创新，如进一步形成"雨露计划·圆梦行动"和"雨露计划·助学工程"。前者针对农村贫困家庭考取一本大学新生给予交通、过渡期生活费补助，后者是选择国家和省级重点职业学校优势专业，面向农村贫困家庭初、高中毕业生开办"雨露班"，提供1—3年的职业教育培训。2012年，国务院扶贫办、共青团中央联合实施"雨露计划·扬帆工程"，实施对象是中西部"雨露计划"实施改革地区和集中连片特困地区，对这些地区农村贫困家庭子女进行直接补助，引导和鼓励农村贫困家庭子女接受正规职业教育和中长期技能培训，整体提高综合素质和就业能力，实现断代脱贫，阻断贫困的代际传递。2014年下半年贵州全面推行此计划。通过选择贫困家庭的成年劳动者进行技能培训和对贫困家庭青少年进行针对性的职业技术教育，让他们获得劳动技能，这对阻断贫困代际传递具有十分重要的意义。

3. 金融信贷扶贫模式

金融信贷扶贫模式是指国家通过特别金融机构和方式给予特定贫困区域、群体和家庭提供信贷资金方面的支持，让他们在生产发展中获得资本，实现发展生产增收，进而达到脱贫的扶贫模式。[①]中国金融信贷扶贫模式中，利息补贴是主要形式。

中国金融信贷扶贫模式具体措施较多，其中国家专业银行开发性金融信贷扶贫是主要模式。此种模式始于20世纪80年代，当时由中国农业银行承担，后来国家为了更好进行此项业务，成立了专门的国家开发银行和农业发展银行作为政策性扶贫金融信贷机构。国家专业银行金融扶贫的特点是资金规模大、期限长、综合性扶贫，效果较为稳固。国家开发银行往往通过与地方政府签署合作协议，对贫困地区进行综合扶贫开发提供信贷上的支持。在对象上，既对基础设施建设进行中长期贷款，又支持贫困农户和中小企业的融资。如贵州省政府与国家开发银行签订《开发性金融支持贵州省扶贫攻坚合作备忘录》，在"十二五"期间双方合作额度达300亿元，内容涉及交通、电力、水利、城市环境、基础教育、农业产业化等多个方面。辽宁省与国家开发银行则采取"开发银行大额批发式贷款+中和农信小额零售式贷款"模式，具体是由国家开发银行

---

① 国际金融扶贫模式主要有孟加拉国"乡村银行"（GrameenBank，GB）模式最为有名。此外，较有名的还有印度尼西亚人民银行乡村信贷部（BRI-UD）模式和玻利维亚阳光银行（BancoSol）模式等。

与中国扶贫基金会下属中和农信小额贷款公司合作，开发银行负责以批发的方式向中和农信提供贷款，中和农信则根据扶贫项目特点，建立农户自治小组，向自治小组提供扶贫小额贷款，其额度在6000元—10000元。

中国自20世纪80年代中期开始通过支持"三农"进行特别金融信贷扶贫。1985年中国农业银行开始专项借贷支持贫困地区经济发展，当时每年为3亿元。1986年，为促进国家级贫困县的农牧业发展，中国农业银行每年安排10亿元作为专项扶贫贴息贷款，适用对象是全国592个国家级贫困县和部分省级贫困县。这标志着中国金融信贷扶贫全面展开。1992年，为解决农村贫困残疾人员的温饱问题，中国设立康复扶贫贷款，以小额贷款为主，直接扶持残疾贫困户。2011年出台《关于进一步完善康复扶贫贷款和贴息资金管理有关政策的通知》，将康复扶贫贷款总额提高到10.3亿元，贴息利率提高到2个百分点。2014年国务院扶贫办与中国农业银行签署"金融扶贫合作协议"，中国农业银行承诺每年向贫困地区投放不低于1000亿元的贷款。到2011年，中国农业银行在国家级、省级贫困县累计放贷2644亿元，支持1892个龙头企业，带动386万户农户增收。

在金融信贷市场上，针对农户，特别是贫困农户贷款，专门商业金融机构往往不愿进行，原因是存在资金量小、风险高等问题。资金不足往往是制约贫困户发展的重要原因。国内当前主要运行的扶贫资助模式中较有名的有以下几种：

第一，GSIF模式，又称为"基富"模式，即让基层人民都富裕起来，以满足贫困地区减贫与自我发展的需要。GSIF模式中的G代表政府（Government），主要指财政资本的供给；S代表社会（Society），主要指社会资本的募集；I代表产业（Industry），主要指产业方的参与，并带动贫困地区产业的发展；F代表金融（Finance），指的是金融资本的参与和金融模式的运用。GSIF 模式可称为：政府引导、金融资本与社会资本共同参与、金融机构管理、多方协作下的以带动地方产业发展的扶贫创新模式。GSIF 模式拓宽扶贫资金来源，资本来源除了财政资本和金融资本外，还有社会资本和产业资本。金融机构运行扶贫资金，提高了资源的配置效率。GSIF 模式提高了资本供给的可持续性。[①]

第二，农业价值链融资模式。此模式是由一个或几个金融机构基于农业产业链上不同主体之间的商业关系而提供金融服务，具体是金融机构以订单农业为基础，通过产业链中实力最强的龙头企业信用，向与龙头企业签署农产品收购协议的农户提供贷款支持，担保由订单和龙头企业承保。此种金融扶贫模式主要有"公司+农户""公司+基地+农户""公司+专业合作社+农户"等不同种类。

第二，"征信+信贷"模式。此种模式是建立在农户信用信息系统基础上对农户信用进行评价。根据农户信用评价等级向金融机构推荐客户。在此基础上，采用联保、风险保证金等形式提供贷款担保。此种金融扶贫模式主要运行于浙江丽水、广东梅州、河北张家口等地区。

第三，土地流转扶贫模式。此模式是以农民承包的土地经营权作为担保获取贷款的金融扶贫模式。最早在贵州湄潭县做试点，采取"农户+地方政府+土地金融机构"方式，还有以山东寿光市为代表的"农户+村委会+金融机构"方式，以宁夏同心县为代表的"农户+土地协会+金融机构"方式，以辽宁省法库县为代表的"农户+专业合作社+金融机构"方式等。

第四，广东郁南模式。广东郁南县通过首个"广东扶贫济困

[①] 车耳、董禹等：《金融扶贫模式创新研究——中国国际经济咨询有限公司方案》，《农场经济管理》2015 年第 12 期。

日"获得社会各界捐款近1000万元后,再通过郁南县与当地农信社合作设立郁南县"双到"(规划到户、责任到人)金融扶贫基金,通过担保杠杆放大5倍提供贷款,向全县共4497户贫困户整体授信5000万元,每个贫困户的利息由扶贫开发"双到"一对一帮扶责任人按一定比例支付。此种模式成为一种新型金融扶贫模式。

第五,小额信贷扶贫模式,又称农村微型金融信贷模式,具体是指为贫困人口提供贷款、储蓄和其他基本金融服务。1996年起中国扶贫基金会对农村具备一定生产经营能力的群体实施小额信贷扶贫项目支持计划,小额信贷试点项目同时给予税收上优惠减免政策。2006年,中国扶贫基金会采用批零分离贷款发放模式,即把贷款先放给专业小额信贷机构,再由它们向农户放贷。2013年9月,中国扶贫基金会的小额信贷项目总数累计发放达49亿元,全国15个省区89个贫困县,150多万贫困户受益。当前中国农村微型金融模式主要有:

(1) 小额信贷。根据资金来源和经办机构类型,农村公益性小额信贷主要分为两类:一是以国家财政资金和扶贫贴息贷款为资金来源,由政府机构和正规金融机构经办的政策性小额扶贫贷款。二是以国内外无偿捐助为资金来源,由民间组织或半官方组织开展的小额信贷项目。

(2) 社区发展基金。社区发展基金最早见于中国贵州草海自然保护区的"村寨发展基金"。社区发展基金以外部资金(政府部门注入的资金、外部NGO资金、国外援助资金等)为基础建立起来,同时吸纳项目社区农民的入股资金。社区发展基金是当前我国农村自发性融资模式。不同地区有不同机构,如有内蒙古阿拉善SEE生态协会和香港乐施会昆明办公室等形式。

(3) 贫困地区村级发展互助资金。贫困地区村级发展互助资金是近年扶贫机构和财政部门为创新财政扶贫资金使用管理机制，更好地解决贫困户"贷款难"问题而进行的一种创新尝试。2006年开始试点，2008年年底，有扶贫任务的28个省（区、市）已在4122个贫困村建立了互助资金组织，资金总规模达6.6亿元，其中，财政扶贫资金为4.3亿元，农户配套资金为1亿元，其他资金为1.3亿元。各地互助资金累计向8.6万人次发放贷款3.1亿元，贷款回收率达到98%以上，有的市、县达到100%。①

（4）农村资金互助社。当前中国农村中形成的一种新型融资信贷机制。2006年年底中国银监会调整放宽农村地区银行业金融机构市场准入政策后，至2008年年末，注册登记的农村资金互助社已有10家。吉林省梨树县四平镇闫家村百信农村资金互助社是第一家，也是运行得较好的一家。这种农村新型金融机制提供了农村发展中所需的融资功能。

4. 财税优惠扶贫模式

财税优惠扶贫模式是进入2000年后，中国政府针对农村农业实施的系列减免税费和农村财政支持促进农业发展，进而促进农村农民增收，实现消除贫困的扶贫模式。此种政策由于实施面较广，与专门针对特定区域和群体实施的扶贫政策存在一定差异。但由于此政策对整个农村农民来说是大量减免税费，同时又给予种植农民各类补贴，增加了大量贫困农民的收入。其对消除贫困起到十分重要的作用，是中国政府在扶贫工作上的重要措施。

中国扶贫政策进入21世纪后，针对农村地区采取了大量财税优惠政策，其中最典型的是2000年后实行的以"两减免"为核心的农业税改革。中国财税优惠扶贫模式主要措施有：农村税费支持，具体有"四个取消、两个调整、一项改革"。"四个取消"就

---

① 黄承伟、陆汉文、刘金海：《微型金融与农村扶贫开发——中国农村微型金融扶贫模式培训与研讨会综述》，《中国农村经济》2009年第9期。

是取消乡统筹费和农村教育集资等专门面向农民征收的行政事业收费和政府性基金、集资，取消屠宰税和取消统一规定的劳动积累工和义务工；"两个调整"分别是调整农业税政策、调整农业特产税政策；"一项改革"是改革村提留征收使用办法。2004年开始提出废除农业税，2006年1月1日废止1958年《农业税条例》，原定5年完成的农业税改革，提前3年完成。这些改革减少了农村农民的沉重税费负担，增加了他们的收入。

进入21世纪后，在对农村减免税费的同时，开始对农业进行补贴支持。主要措施有粮食直补、良种补贴政策和农机补贴政策等。粮食直补政策始于2002年，当年国家开始对3个县进行粮食直接补贴试点，2003年扩大到13个省区，2004年在全国范围内推行。粮食补贴分为按计税面积补贴、按粮食播种面积补贴和按农民出售商品粮数量补贴。良种补贴政策，2005年开始推行良种补贴政策，当年达到38.7亿元。农机补贴政策，主要补贴大中型拖拉机、农田作业机具、粮食及农副产品的产后处理机械和秸秆、饲草加工处理及养殖机械等。此类扶贫措施由于不全针对贫困农户，导致在扶贫功能上不能针对性地发挥作用。

5. 农村环境恢复和保护扶贫模式

农村环境恢复和保护扶贫模式是国家通过规划，对生活在特定生态、环境地区的农户给予特别补贴，换取农户减少和停止对所生存地区环境资源的消耗或改变使用生存地区环境资源的方式，让所生存的环境资源得到恢复和保护，让农户发展上获得的可持续支持的扶贫发展模式。此种发展模式具有区域性扶贫功能，对很多因生态环境致贫的贫困群体起到了十分重要的作用。我国贫困群体中因生存环境原因致贫的群体数量不少。

中国在扶贫工作发展中，发现有些地区的农村贫困造成的原因是不合理的生产活动，过度消耗生态资源，导致生存环境被破坏，让当地人民失去发展的基础生态资源。为此，针对农村地区生态环境的困境及对农村贫困人口脱贫的影响，自1999年开始，国家通过农村环境恢复和保护扶贫模式促进农村社会经济发展。此种模式具体有国家推行退耕还林政策、退牧还草政策、森林生态效益补偿制度和生态家园富民计划等政策和措施，旨在让农村重新获得发展的生态资源。2016年国务院办公厅颁布了《关于健全生态保护补偿机制的意见》，规定到2020年，全国实现森林、草原、湿地、荒漠、海洋、水流、耕地等重点领域和禁止开发区域、重点生态功能区等重要区域生态保护补偿全覆盖，让因生态原因致贫的群体获得生态上的补偿，进而获得发展的动力。

（1）退耕还林工程。1999年在陕西、甘肃和四川三省开展，2000年推广到长江上游和黄河中上游13个省区，174个县。2002年全国退耕还林范围扩大到全国25个省区，其中中西部为主的有20个省区，县达1897个。退耕还林工程措施主要有：第一，国家向退耕农户无偿提供粮食补偿，年限分为经济林5年、生态林8年，每亩在长江流域按150千克、黄河流域按100千克计算。第二，现金补助，按每亩每年补20元，年限与粮食补助相同。第三，提供种苗补助费，按每亩50元补助。第四，税收优惠政策，对生态林草建设给予税收减免。第五，给予承包个体户林权和承包权，承包权为50年。国家通过多重计划让生态在得到恢复的同时，也让当地农户为保护生态付出的代价得到及时补偿。

（2）退牧还草工程。此工程主要针对西部牧区，2011年8月22日，国家发改委、财政部、农业部印发《关于完善退牧还草政策的意见》。西部地区天然草原牧区在发展中存在一个恶性循环：牧民因为需要发展、提高收入不得不增加放牧量，而畜牧的增加又带来草场生态压力增加，生态破坏加剧。国家为促进草原生态修复，从2003年开始，在内蒙古、新疆、青海、甘肃、四川、西藏、宁夏、云南八省区和新疆生产建设兵团启动了退牧还草工程，计划5年内在西部11个省区开展，后提前在2005年全面推行，当年西部11个省区全面实施退牧还草工程。

（3）森林生态效益补偿制度。2001年中央财政设立"森林生态效益补助资金"，在河北、辽宁、黑龙江、山东、浙江、安徽、江西、福建、湖南、广西、新疆11个省区，658个县和24个国家级自然保护区进行森林生态效益补助资金试点。2004年全国全面实施，每年中央拿出20个亿，对全国4亿亩重点公益林进行森林生态效益补偿。此措施让生活在林区的贫困人口可以通过停止对生态的侵害而获得补偿收入，让生态转优后进入良性发展的循环。

（4）生态家园富民计划。生态家园富民计划于1999年由农业部提出，具体是以生态环境保护为主题，以增加农民收入为目的，把农民生活改善和生态保护有机结合。计划以农户为基本单位，以沼气建设为核心，结合改圈、改厕、改厨、改院、改水、改路和推广高效生态农业技术，在基本解决农村生活能源的同时，改善农民生产、生活环境。"计划"的主要目标是：（1）农民生活环境得到明显改善，实现经济生态良性循环；（2）农民生活用能效率达到30%以上，优质能源占50%左右；（3）在原有基础上，农民人均增收1000元以上。形成农户基本生活、生产单元内部的生态良性循环，达到家居温暖清洁化、庭院经济高效化、农业生产无害化。2000年农业部制定了《全国生态家园富民工程规划》，在全国实施生态家园富民计划。同年，"生态家园富民计划"在陕西、甘肃、宁夏等西北七省区试点。2005年工程涉及2594个县、26383个村，受益农户达375万户。

6. 易地扶贫搬迁模式

易地扶贫搬迁模式，又称生态移民扶贫模式，是对居住在自然条件和生态环境恶劣地区的贫困人口实施居住地转移，从根本上改变其生存和发展环境的一种发展式扶贫模式。此种扶贫模式成为当前中国扶贫模式中的重要形式。国家易地扶贫搬迁模式在功能上具有让特定生态区的民众获得发展资源的重构和消除特定生态区人类活动压力的双重功能。此模式在中国扶贫史上具有十分重要意义。

中国在扶贫实践中，易地扶贫搬迁模式形成了三种模式，即甘肃和宁夏的"三西"模式、广东北部喀斯特地区模式、广西的"公司+农户"模式。三者在易地扶贫搬迁上存在措施、途径上的不同。

中国易地扶贫搬迁模式始于20世纪90年代，最早在西北"三西"扶贫区推行，后经过在西北、西南等地区的试点，进入21世纪后变成基本扶贫模式。中国易地扶贫搬迁模式在"十五"期间开始被大量采用，实现了122万人易地扶贫搬迁，国家累计投资56亿元；"十一五"期间实现了搬迁162.7万人，中央与地方分别投资了76亿元和30亿元；"十二五"期间实现了搬迁420万人。2015年12月5日发展改革委、扶贫办、财政部、国土资源部、人民银行等5部委联合印发《"十三五"时期易地扶贫搬迁工作方案》，明确用5年时间对"一方水土养不起一方人"地方的建档立卡贫困人口实施易地扶贫搬迁，力争在"十三五"期间完成1000万人口搬迁扶贫任务。《工作方案》对搬迁对象进行确认：居住在深山、荒漠化、地方病多发等生存环境差、不具备基本发展条件，以及生态环境脆弱、限制或禁止开发地区的农村建档立卡贫困人口，优先安排位于地震活跃带及受泥石流、滑坡等地质灾害威胁的建档立卡贫困人口等。这样，中国政府把扶贫和生态环境保障进行了有机结合，以期达到一举多得的效果。易地扶贫搬迁模式在西南、西北地区是重要的扶贫模式。如云南省在"十三五"期间计划将投入易地扶贫搬迁资金1056亿元，涉及全省16个州（市）122

个县（市、区）。其中，国家核定给云南省易地扶贫搬迁专项贷款227.5亿元，国开行云南省分行全额承诺贷款227.5亿元，专项用于云南65万建档立卡贫困人口易地扶贫搬迁工作。同期，贵州省易地扶贫搬迁人口预计达130万。易地扶贫搬迁模式运行中主要存在搬迁选址困难，搬迁到新址后会与原有居民产生生存资源上的冲突等问题。如何有效进行易地搬迁后新居住地的生活环境条件再造，是当前易地扶贫搬迁模式应重点解决的问题。

7. 旅游扶贫开发模式

旅游扶贫开发模式通过对贫困地区或贫困农户的特别支持，发挥他们所在地区的生态、民族、文化等方面的特色资源，参与农村旅游开发，提供旅游服务，获得经济发展，进而实现脱贫致富的发展目标。中国很多贫困地区往往位于生态环境较好，拥有特色人文、环境资源的地方。随着中国社会发展，生态休闲旅游市场越来越成为旅游发展的热点。于是，立足于生态环境的乡村旅游成为农村发展的重要途径。旅游扶贫开发模式是一种立足乡村实际，积聚和利用社会各方力量进行的旅游扶贫，是通过开发富有特色的乡村旅游产品，发展旅游经济，逐步改善乡村贫困人口生活状况，最终推进乡村环境、经济和社会的和谐发展的模式。实现脱贫是此种模式的重要目标。

（二）救济式扶贫模式

救济式扶贫模式是针对国家认定的低收入和低生活水平的贫困者，直接向贫困人口提供基本营养、基本卫生、基本教育保障以及其他生活补助，以满足贫困者基本生活需要的扶贫模式。西方发达国家进入20世纪50年代后，经济实力雄厚，贫困人口在全国人口中所占比例相对较小，因而在贫困治理中普遍实行救济制度，或通常所说的福利制度，为社会中的弱者、失去劳动能力和遭受意外困难的人提供基本生活保障。① 我国在贫困治理中，较早采用的是救济式扶贫。此种贫困治理优点是成效快，针对性强，缺点是无法让贫困者获得摆脱贫困的生存条件和技能，同时往往会对国家财政形成较重负担。

在中国农村扶贫中救济式扶贫又称为"输血式"扶贫模式，核心是扶贫主体直接向扶贫客体提供生产和生活所需要的粮食、衣物等物资或现金，以帮助贫困人口渡过难关。② "输血式"扶贫模式主要指各级政府及相关部门出钱出物对贫困者直接进行救济，以求解决暂时的温饱，本质是"一种社会救助"。实践中，中国农村"输血式"扶贫模式在发展中也呈现出与西方救济式扶贫不同的特征。有学者指出中国农村"输血式"扶贫模式具有以下特点：第一，直接给贫困者提供相关物质资料（如衣物、粮食、肥料等各种生产生活资料）；第二，直接为贫困户提供小额贷款，又称为小额信贷扶贫；第三，出台相关优惠政策，利用农业生产补贴、财政支出、政策咨询等给贫困者以帮助。③ 这当中，也有增加贫困者生产能力，进而增加收入的措施，只是因为这种扶贫直接给予贫困者资金、物资上的支持，使贫困治理产生"依赖性贫困"和"贫困陷阱"等问题，使贫困治理更加复杂化，消除贫困更加困难。中国当前确定较短时间内快速消除贫困的政策冲动，让此种扶贫模式得到全面加强，同时此种扶贫模式的弊病也越发明显。

为了解决救济式扶贫中产生的"依赖性贫困"问题，实践中形成了以下应对措施：在扶贫对象上必须有严格选择，此种扶贫模式主要适用自然灾害和特殊身体原因引起的贫困群体，如孤寡老幼、

---

① 曹洪民：《中国农村开发式扶贫模式研究》，硕士学位论文，中国农业大学，2003年，第14页。
② 赵昌文等：《贫困地区扶贫模式：比较与选择》，《中国农村观察》2000年第6期。
③ 谭贤楚：《"输血"与"造血"的协同——中国农村扶贫模式的演进趋势》，《甘肃社会科学》2011年第3期。

患病、伤残等失去劳动力的群体。当前救济式扶贫在我国扶贫工作中起到重要作用，如在"两不愁、三保障"中很多扶贫对象就采用救济式扶贫。

从历史经验看，救济式扶贫模式主要适用对象是自然灾害、失业救济、孤寡老幼群体、特殊贫困人口等。救济手段主要有：建立最低生活保障、新型农村合作医疗、贫困人口医疗救助、流浪乞讨人口救助等制度；设立社会保险制度和给予直接的物资救济等。如1994年民政部提出建立新型农村最低生活保障制度。此制度自1996年开始，到2001年，全国农村社会保障人数达304.6万人。2002年全国农村社会保障服务网络乡镇达2万个。2004年全国8个省、1206个县建立起农村最低保障制度。新型农村合作医疗制度自2003年开始在全国推行。

2007年中国建立最低生活保障体系和扶贫开发政策相衔接的政策体系。2010年5月7日，国务院办公厅转发了国务院扶贫办、民政部、财政部、统计局、中国残联《关于做好农村最低生活保障制度和扶贫开发政策有效衔接扩大试点工作的意见》，进一步明确了农村最低生活保障和农村扶贫的标准及对象，两项制度有效衔接的基本目标、主要原则、试点范围、主要内容、保障措施等。通过两项制度的有效衔接，农村贫困程度不同的群体都能得到国家的扶持。自此，中国农村反贫事业进入开发扶贫与社会救助"两轮驱动"的新阶段。

国家通过建立新型农村最低生活保障制度、新型农村合作医疗制度等，建立起新的农村救济保障制度，构建成国家救济扶贫的基本框架，作为一种兜底扶贫制度在保障整个社会最低限度的"共享"上起到十分重要的作用。

三 按扶贫主体参与程度分类

在扶贫模式分类上，中国扶贫模式若按扶贫主体的性质、特点，特别是在整个扶贫过程中扶贫主体起到的不同作用，可以分为政府主导型扶贫模式、市场主导型扶贫模式、社会主导型扶贫模式。三种扶贫模式具有不同的功能和特征，在当今世界各国的扶贫中，三种模式起到的作用也各不相同，其中政府主导型扶贫模式主要适用于发展中国家，市场主导型扶贫模式主要适用于发达国家。政府主导型扶贫模式主要是通过政府的动员能力和资源的集中控制，解决大面积、集中性的贫困问题；市场扶贫是通过特定专业群体展开扶贫，在专业性和效率方面具有明显的优势，能达到针对特定对象展开针对性较强的扶贫工作。

（一）政府主导型扶贫模式

政府主导型扶贫模式是指在扶贫过程中政府居于主导地位，整个扶贫过程中的各种要素由政府提供和控制，以政府及其职能部门为主体来组织开展扶贫活动的一种扶贫行为模式。当前中国的扶贫基本模式是政府主导型模式。

20世纪80年代以来，中国政府的扶贫模式基本特征是在政府主导下的扶贫。对此，中国政府在总结自己的扶贫模式时，也公开承认是"政府主导、社会参与、自力更生、开发扶贫"。自20世纪80年代，中国政府就一直把扶贫开发作为国民经济和社会发展的重要任务，列入国民经济和社会发展的中长期规划，并成立从中央到地方各级贫困地区的扶贫开发领导小组，专门负责扶贫开发工作，形成一个以政府为主导、主要依靠行政组织力量、自上而下的贫困治理结构模式。

有学者总结当前中国反贫困项目中的10种模式，认为属于政府扶贫模式的达到8种之多，即区域开发型模式、基础建设型模式、发展生产型模式、发展特色经济型模式、科技扶贫型模式、劳务输出型模式、易地搬迁开发型模式和小额信贷型模式。[1]

政府主导型扶贫模式的特征不同学者的理解基本相同，即认为政府主导型扶贫模式中政府在整个扶贫过程居于主导地位，政府承担扶贫政策的制定、扶贫重点的确立、扶贫资金的筹集、扶贫方向的把握以及扶贫过程及效果的督察与评价等。[2] 有学者认为，政府主导型扶贫模式是政府主导地位体现在政府是扶贫资金来源方、扶贫政策的制定者和执行者，是扶贫资金、项目等扶贫资源的决策者、使用者和控制者[3]。如在扶贫资金来源上，1978—1986年间，全国扶贫资金几乎全来自中央政府财政投入；1986—2000年间，中央和地方政府投入扶贫资金1743亿元，占各类扶贫资源总数的75%；2000—2007年间，中央和地方政府投入的财政和信贷扶贫资金合计1364.74亿元，占各类扶贫资金总数的72%[4]。从这些数据上可以看出，扶贫资金绝对份额来自财政投入。此外，属于社会扶贫资金的很多来源是各级政府、国有企业、事业单位等。这些部门和单位的扶贫资金从本质上也属于财政资金。

在中国扶贫进程中，各级政府一直是农村扶贫中的核心力量，扶贫工作主要通过各级政府来推动实施，政府为使农村贫困地区尽快摆脱贫困，贫困人口比例迅速降低，进行了一系列政策措施设计，从当前全球各国政府为消除贫困而制定的各种制度措施的数量看，中国政府应居于首位。中国政府在扶贫中居于主导地位还体现在成立专门机构以加强领导，具体是成立了上至国务院下至县级的扶贫开发领导小组，同时对应设立各级扶贫办公室作为其执行机构。扶贫工作组织性强，扶贫工作是从中央到地方的一项有组织的

---

[1] 张岩松：《发展与中国农村反贫困》，中国财政经济出版社2004年版。
[2] 岳佐华：《政府主导下的市场化运作扶贫模式研究》，《农村经济与科技》2007年第1期。
[3] 陕立勤：《对我国政府主导型扶贫模式效率的思考》，《开发研究》2009年第1期。
[4] 徐志明：《贫困农户内生动力不足与扶贫政策绩效》，《农业经济》2013年第1期。

政府行为，而非是一项单一的社会事业。国家为此还设立了扶贫专项资金，不断增加扶贫投入，自《国家八七扶贫攻坚计划》(1994—2000年) 实施后，国家向贫困地区投入大幅度增加，并要求各省份依据各自不同的经济财政状况不断加大扶贫投入。整个扶贫资金是以大量的财政资金运作为基础而开展。① 有学者认为，中国政府主导型扶贫模式特点有：实施干部下基层驻村专项扶贫计划，扶贫工作组成为扶贫主体，承担了扶贫的主要工作，扶贫重点是加强村庄基层组织建设，改善村庄基础设施及经济条件，扶贫政策的实施主要采用行政手段，把资助式扶贫作为主要扶贫任务。②

关于政府主导型扶贫模式的优势，学术界有过不少总结，有学者认为其具有四个方面的优势：

第一，政府可以动员大规模的资源用于扶贫。如20世纪80年代中期以来，中央和地方政府投入开发式扶贫中的资金超过3000多亿元，同时还动员了上千亿的各种社会扶贫资金，金融部门的信贷扶贫资金也超过了2000多亿元。此外，各级政府用于农村的社会低保资金达数千亿。整个国家在治理贫困上投入的资金数额十分巨大。

第二，政府利用自己完善的组织系统，能在全国迅速实施扶贫计划和项目。如2001—2010年在"中国农村扶贫纲要"执行期间，对15万个贫困村实施了以"整村推进"为主要内容的综合性开发式扶贫，让贫困地区的农户生产和生活条件有了较大程度的改善。如此大规模的扶贫行动，不依靠现有行政组织系统是不可能完成的。

第三，政府有能力对贫困状况进行全面监测，并根据监测结果

---

① 韩建华：《中国农村政府主导型扶贫运作模式的缺陷及其改进》，《经济研究导刊》2010年第36期。

② 同上。

及时调整扶贫的政策措施。如国家统计局利用农村住户调查数据和592个贫困县的贫困监测数据，对中国的农村贫困人口变化和扶贫政策的实施情况进行系统监测，为国家和全社会的扶贫行动提供信息支持。

第四，政府可以制定长期的扶贫计划，并将扶贫纳入整个国民经济和社会发展中，使扶贫获得较强的可持续性。[①]

然而在现实中，政府主导型扶贫模式存在的问题也十分突出，主要是扶贫资金使用效率低下，原因是政府参与扶贫工作的部门存在各自部门利益考量，导致资金使用的有效性和针对性产生虚化、缺失、低下等问题。有学者总结分析政府主导型扶贫模式存在的问题有：现实中造成贫困原因是多元的，运动式扶贫本身就具有精确性差的问题；政府的行政偏好与市场需求会存在不符，造成资源浪费或增产不增收的问题；扶贫资源集中掌握在政府少数官员手中，导致"寻租"或出于理性人抉择导致"扶贫目标偏离与转换"；政府在扶贫过程中既是运动员又是裁判员，难以建立起科学严格的考评体系等。[②]

有学者认为政府主导型扶贫模式的缺点是：第一，政府行为的持续性难以保证。尽管政府机构是常设的，但政府官员却是流动的，在目前情况下，官员的流动对政府行为的持续性影响十分大。与此同时，政府总是要考虑治理中的多个目标，并根据社会形势的变化不断调整，从而也影响到政府行为的持续性。第二，政府扶贫很难细致化。政府从事扶贫工作的人员是很有限的，有限的人力很难保证将扶贫工作落到实处，这样容易对扶贫工作的实际效果造成负面影响。第三，政府机构的层级性特征不仅容易导致官僚主义，

[①] 汪三贵：《扶贫体制改革的未来方向》，《人民论坛》2011年第24期。
[②] 宫留记：《政府主导下市场化扶贫机制的构建与创新模式研究——基于精准扶贫视角》，《中国软科学》2016年第5期。

而且妨碍信息的流转，容易导致扶贫工作中的信息失真。政府出台的扶贫计划往往同穷人的愿望和需要有较大偏差。第四，在各种腐败的冲击下，政府机构的效率值得怀疑，很难保证其所掌握的资源能够真正有效地用于扶贫工作。第五，政府扶贫由于具有全局性和政策性，试错的成本太高，会抑制扶贫的各种创新活动，不利于创造更加实用的扶贫模式。①

当前学术界认为，政府主导型扶贫模式主要适用于区域作为瞄准目标的扶贫中，因为这种扶贫主要是解决贫困地区社会经济发展的基础性问题，具体是提高公共产品，如交通、通信、供电、饮水、义务教育、医疗卫生和环境保护等方面。但若扶贫瞄准对象是村、贫困户等微观目标时，效果就很难有效发挥。如针对贫困户的扶贫上，当前政府主要是通过建档立卡对贫困户实施管理。建档立卡是按照国家统计局测算的 2013 年低于年纯收入 2736 元/人为标准。按此数据估算出全国共有 8249 万贫困人口，然后再按照各省和县的贫困发生率估算出建档立卡的名额。对此，有两个学者分别对不同地区确立的扶贫户进行过核实调查，指出这种办法存在很大的问题。李小云在云南某贫困县 3 个贫困村调查时发现，村民反映不知道为什么乡里只给几个贫困户的名额，实际的贫困户远远多于乡里给的名额。在名额存在不足的前提下，最后采用的办法是有选择地给予，导致整体扶贫目标的错失。② 汪三贵等对云、贵、川三省的 60 个村 1200 户进行实地调查发现，2013 年建档的农户中 40% 的农户收入高于贫困线，而在非建档的农户中有 58% 的农户收入低于贫困线③。建档立卡的估算方法导致精准认识出现问题。

针对政府主导型扶贫模式存在的问题，有学者提出以下改进措

---

① 郑功成：《中国扶贫问题与 NGO 扶贫的发展》，《中国软科学》2002 年第 7 期。
② 李小云、唐丽霞、许汉泽：《论我国的扶贫治理：基于扶贫资源瞄准和传递的分析》，《吉林大学社会科学学报》2015 年第 4 期。
③ 汪三贵、郭子豪等：《论中国的精准扶贫》，《贵州社会科学》2015 年第 5 期。

施：在扶贫主体的选择上，由政府主导，其他主体共同参与；在扶贫组织的构建上，各扶贫主体应合理定位；在扶贫任务的确立上，可以建立综合扶贫体系；在扶贫管理机制的完善上，应加强对扶贫事务的监管。①

当然，上面指出的问题并不能否认政府主导型扶贫模式在中国扶贫工作中的作用。因为中国的扶贫不仅是解决贫困人口的贫困问题，而且还涉及整个国家的发展、区域性发展的平衡、群体间贫富差异的控制等国家治理上的其他复杂问题。

（二）市场主导型扶贫模式

市场主导型扶贫模式是指政府通过制定政策和法律，根据政策和法律，支持、引导企业参与政府导向的扶贫，或通过政策法律规范非政府组织的扶贫行为，或者政府通过购买非政府组织的服务，让他们参与政府确定的扶贫工作，进而实现针对贫困群体的扶贫模式。

市场主导型扶贫模式可以分为纯粹型和混杂型两种亚模式。较为纯粹的市场扶贫模式主要被欧美发达国家适用，具体措施是政府通过制定法律法规，或通过购买服务，由非政府组织（NGO）进行具体减贫工作，政府不直接参与对贫困群体的帮扶、支持活动。市场主导型扶贫模式中有一种模式是由企业主导，具体是指在扶贫活动中企业占主导地位，由企业根据政府制定的相关政策和措施，扶持、帮助贫困地区和贫困农户开展生产和经营活动以实现脱贫致富的一种扶贫行为。

在扶贫中，政府主导型和市场主导型两者模式各自的优势和劣势都十分明显。针对政府主导和市场主导两种扶贫模式的不足，结合当前中国现有扶贫工作中面临的现实，学术界当前的基本看法是

---

① 韩建华：《中国农村政府主导型扶贫运作模式的缺陷及其改进》，《经济研究导刊》2010年第36期。

中国在扶贫模式上应当采用一种政府主导下的市场扶贫模式。有学者指出此种混合型的扶贫机制包含两层含义：一是政府所掌握的扶贫资源配置机制是通过市场化完成，二是政府主导下的扶贫机制的市场化。提出此种扶贫模式的目的是更加有效地吸引社会力量参与扶贫，形成扶贫过程的良性循环。①

为了更好地让政府主导下市场化扶贫模式运行得有效，有学者提出五个具体措施：

第一，制定《扶贫法》，界定政府和市场在扶贫工作中的边界，推进市场化扶贫机制的顶层设计。

第二，政府积极推动市场化扶贫机制的建设。为此，政府做好以下工作：（1）培育和引导市场主体参与扶贫工作；（2）对市场化扶贫机制进行设计；（3）打破政府对扶贫资源的垄断，对那些可以由市场完成的工作交由市场；（4）加强对扶贫市场的监管。

第三，完善传统市场化扶贫模式，提高传统模式的精准性和效率。

第四，加强对新型市场化扶贫模式的理论研究和推广。

第五，加快当前一些扶贫模式的市场化进程，实施整村推进扶贫，以调动科技人员的积极性，提高扶贫效果。②

以上五个措施对改进当前我国扶贫中政府主导下的问题具有很高的参考价值。

在现实中，中国地方政府也在积极培育市场化扶贫主体和模式。如四川省巴中市在扶贫中引入市场机制就获得显著成绩。③ 赵慧峰等（2012年）分析了"扶贫+科技+市场"的"岗底模式"

---

① 宫留记：《政府主导下市场化扶贫机制的构建与创新模式研究——基于精准扶贫视角》，《中国软科学》2016年第5期。
② 同上。
③ 底瑜：《当代中国反贫困战略的选择与重构——以四川省巴中市"巴中新村"为例的研究》，《中国软科学》2005年第10期。

的成功经验。① 理论界对这种扶贫模式进行了更加具体的模型化研究。如徐志明（2008 年）提出"提高扶贫投资效率的关键是在反贫困中引入市场机制，包括在贫困地区培育市场主体、培育市场经济发生与成长的条件、转变政府在反贫困过程中的职能等"。② 孙文中（2013 年）基于新发展主义主张"建构一种'政府主导、市场运作、主体参与'的扶贫机制：政府以强制性为行为制定依据、规划方向，通过市场运作提高效率，社会、组织和个人依靠互助与合作发挥其服务、筹资、监督等功能，在发展经济的同时消除贫困"。③

总之，学术界希望通过对现有的一些引入市场力量的扶贫经验进行理论总结，形成一种更加有效的市场扶贫模式。从国内实践和理论上看，对市场主导下的扶贫模式中的次种模式研究还不成熟，导致国家整体扶贫中只有单一的政府主导型扶贫模式。

（三）社会扶贫模式

社会扶贫模式在中国是指政府专职扶贫机构以外的所有扶贫工作的总称，包括：中央、省、市、县各级国家机关的定点扶贫，东西部扶贫协作，国际发展援助机构、国际金融机构、国外政府双边合作扶贫，国内和国际非政府机构扶贫等。④ 社会扶贫在当前中国扶贫工作中承担着十分重要的作用，构成了中国扶贫力量的重要一翼。当然，中国的社会扶贫模式与国外的社会扶贫模式是有区别的，国外的社会扶贫主要是指非政府组织开展的、具有慈善性质的扶贫工作，而中国的社会扶贫中参与的社会力量往往具有复杂的性

---

① 赵慧峰、李彤、高峰：《科技扶贫的"岗底模式"研究》，《中国科技论坛》2012 年第 2 期。
② 徐志明：《扶贫投资低效率与市场化反贫困机制的建立》，《乡镇经济》2008 年第 9 期。
③ 孙文中：《创新中国农村扶贫模式的路径选择——基于新发展主义的视角》，《广东社会科学》2013 年第 6 期。
④ 王雨林：《中国农村贫困与反贫困问题研究》，浙江大学出版社 2008 年版，第 157 页。

质,是一种行政目标下的参与,而非真正意义上的社会力量扶贫。

当前中国社会扶贫模式中,参与扶贫主体可以分为两大类,即国家机关性质的社会组织和民间非官方性质的社会组织,后者就是常说的NGO组织。中国社会扶贫中很多参与扶贫的主体具有很强的政策性,如高校、国有企业、政府机关等。它们与NGO扶贫存在本质的不同,因为NGO扶贫是自愿的,而我国前面三类参与社会扶贫的主体具有较强的政治性和政策性。有学者认为社会扶贫模式具有5个组织特征,即组织性、非政府性、非营利性、自愿性、利他性。据民政部的统计,中国民间组织1988年共有4446个,1992年则增加到154502个,截至2004年,中国共有民间组织289432个,比1988年增长了近64倍。据清华大学NGO研究所2000年组织的一项相关调查显示,20.95%的非政府组织活跃在扶贫领域,是国家扶贫力量的重要构成要素。除了国际上一些著名的基金会,如福特基金会、世界自然基金会、爱德基金会、英国救助儿童会等国际非政府组织外,国内非政府组织也越来越成为重要的社会扶贫力量,如中国扶贫基金会、中华慈善总会、中国光彩事业促进会、中国青少年发展基金会、中国人口福利基金会等。

对中国当前参与扶贫的非政府组织,有学者认为可以分为三类,即自上而下的官办型NGO、半官方的新型NGO以及自下而上的草根型NGO,其中官方和半官方的民间组织是社会扶贫活动中的主体,草根民间组织参与扶贫也越来越多,成为重要的社会力量。我国民间组织参与扶贫的领域日益扩大,包括生存扶贫、技术扶贫、教育扶贫、幸福工程、人口扶贫、合作扶贫、实物扶贫、环保扶贫等多个领域[①]。有学者对民间NGO参与的扶贫领域进行分析后,指出民间组织扶贫主要涉及小额信贷、能力建设、

---

① 匡远配、汪三贵:《中国民间组织参与扶贫开发:比较优势及发展方向》,《岭南学刊》2010年第3期。

技术推广、紧急救援、劳务输出、女童助学、妇幼保健、建设希望小学、教师培训、配备教学设备和小型基础设施等方面扶贫工作。①

中国政府对民间社会组织参与扶贫的态度经历了一个发展的过程：从开放到吸收，再到鼓励参与。开放 NGO 参与扶贫始于 1994 年，随着市场经济体制的逐步确立，政府主导的扶贫功效逐步弱化，"八七扶贫攻坚计划"率先突破，让 NGO 参与扶贫工作。2001 年出台的十年扶贫纲领中对 NGO 参与扶贫更加注重。在《国家八七扶贫攻坚计划》扶贫工作中，NGO 和准 NGO 参与扶贫的贡献率在 30%—33%。因为在 1994—2000 年国家提出《国家八七扶贫攻坚计划》的七年间政府投入扶贫资金是 1127 亿元，加上地方配套资金，共计 1364 亿元。同期，NGO 及准 NGO 在扶贫工作中投入了 527 亿元，占政府投资的 40%。② 这个数据反映了中国扶贫中 NGO 的力量和作用。

NGO 在中国参与扶贫在不同时期扶贫形式也存在很大不同，经历了物质救济式扶贫、教育扶贫、能力扶贫和制度扶贫等不同工作中心的演变过程。③ 从当前 NGO 参与扶贫工作上看，物质救济式扶贫越来越不作为优先方式，而是逐渐转向教育扶贫、能力扶贫和制度扶贫。2000 年后，中国的 NGO，特别是非政府性质的 NGO 越来越倾向于技能扶贫和制度扶贫，如形成社区为中心的参与扶贫模式成为 NGO 扶贫工作中的中心。这些扶贫上的创新、转变对整个国家的扶贫工作中心转变产生了重要的影响。

在中国的扶贫过程中，一些 NGO 及其他国际组织长期参与中

---

① 万俊毅、赖作卿、欧晓明：《扶贫攻坚、非营利组织与中国农村社会发展》，《贵州社会科学》2007 年第 1 期。

② 曲天军：《政府组织对中国扶贫成果的贡献分析及其发展建议》，《农业经济问题》2002 年第 9 期。

③ 赵晓芳：《非政府组织的界定及其参与扶贫的战略分析》，《兰州学刊》2010 年第 4 期。

国扶贫，如1995年世界银行在中国实施了一个大型综合性扶贫项目——中国西南世界银行扶贫项目。项目利用国家开发协会和国际复兴开发银行贷款，对中国西南贫困山区进行综合开发，目标是尽快改善广西、贵州和云南三省区石灰岩溶山区贫困农户生活环境。在中国政府的支持下，项目持续了十多年，取得了显著成绩。2012年7月国务院批准开展第六期扶贫项目，世界银行在中国开始第六期扶贫项目，项目涉及西南、秦巴、西部、甘肃、内蒙古的贫困农村地区。它们在扶贫过程中形成的很多扶贫措施和理念，对中国政府及时调整扶贫工作重心起到了积极的作用。

当前官办性质的NGO扶贫组织主要有中国青少年发展基金会、中国扶贫基金会、中国光彩事业促进会、中国青年志愿者协会、中国人口福利基金会等。它们承担了国内大量扶贫工作，开展了形式多样的扶贫活动，其中最著名的扶贫项目有"希望工程""光彩事业""文化扶贫""幸福工程""春蕾计划""青年志愿者支教扶贫接力计划""贫困农户自立工程"等。

中国扶贫基金会成立于1989年，宗旨是扶助乡村贫困人口通过发展摆脱贫困。基金会成立以来，已经开展各类扶贫项目200多项，累计为贫困地区、贫困家庭提供资金和物资6亿多元人民币，有50多万贫困人口直接受益，并逐步走上自力更生、脱贫致富的道路。其中，仅2000年，中国扶贫基金会实施并完成的扶贫项目就有七大类31项。七大类分别是：①贫困农户自立能力建设小额信贷扶贫项目；②母婴平安120行动项目；③科技扶贫项目；④紧急救援扶贫项目；⑤贫困农户自立工程；⑥富民小学捐助项目；⑦妇幼健康网络项目。项目总投资达到5423.38万元，项目受益农户65000多户，受益人口217000人。

中华慈善总会成立于1994年，是一个面向城乡弱势群体并以扶贫济困为宗旨的综合性慈善机构。中国光彩事业促进会成立于

1995年，以民营企业家为主体，主要开展投资式扶贫活动来配合政府实施扶贫战略。中国青少年发展基金会成立于1989年，以资助贫困失学儿童入学为目的的"希望工程"，自1989年以来累计接受海内外捐款近19亿元，资助建设希望小学8355所，资助失学儿童近230万名，对改善贫困地区的教育条件、提高贫困人口素质发挥了重要的积极作用。此外，其他各种NGO，每年从海内外募集到的资金50亿—70亿元，其中绝大多被用于帮助弱势群体度过危机并摆脱贫困。[1]

中国利用外资扶贫的内容和形式大致分为四大类，即大型综合性扶贫项目，试验、试点、示范项目，机构和能力建设项目，合作研究项目。[2] 据统计，1981年至2007年6月底，我国累计接受世界银行、亚洲开发银行、国际金融公司和国际农业发展基金会等国际金融组织贷款639.24亿美元。[3] 这些资金投向特定的扶贫领域，成为中国扶贫中的重要资金来源。

国内一些省区，在扶贫中开始加快培养非政府组织力量参与扶贫，如贵州省在扶贫上现在已经培育出大量社会组织参与扶贫，他们活跃在以下领域：农村发展、教育公平与贫困生救助、弱势群体援助、环境自然与人文资源保护、文化普及、互助、医疗、乡村治理、社区服务、志愿者服务、信息交流平台建设、小项目资助、国际和国家项目的协助落实、技术支持培训等。[4] 这些非政府组织让贵州省的扶贫工作在面上和点上有效互补支持，使整个扶贫工作更加有效。

中国政府在长期扶贫中认识到非政府组织参与扶贫的重要性，

---

[1] 郑功成：《中国的贫困问题与NGO扶贫的发展》，《中国软科学》2002年第7期。
[2] 王晓宁：《论利用外资扶贫》，《广西审计》2000年第5期。
[3] 《中国外资扶贫开发成就斐然》，《财经界》2006年第3期。
[4] 梁景禹：《非政府组织在扶贫中的作用——基于贵州省的视角》，《西部发展评论(2008)》，第12页。

2001年10月15日，国务院新闻办公室发布《中国的农村扶贫开发》白皮书，指出各社会组织、民间团体（包括一些国际非政府组织）积极参与扶贫活动，是中国扶贫事业获得成功的重要力量。中国政府在总结《国家八七扶贫攻坚计划》（1994—2000年）取得的成绩时，明确指出非政府组织是扶贫事业中的重要力量，是国家《国家八七扶贫攻坚计划》（1994—2000年）成功实施的重要支柱。

非政府组织在扶贫中的优势是能够有效解决个体和家庭贫困中的个体性问题，即它们在瞄准上具有更高的精准性，在扶贫措施上更加详细、有效。非政府组织在扶贫瞄准对象上主要集中在微观上，具体在个体、家庭和社区上。超出社区，它们的有效性就会降低，因为它们在资源动员能力上是有限的。相比之下政府主导型扶贫模式的优势则是在大领域瞄准对象上，如在县及以上的区域性扶贫工程，特别是基础设施改进等扶贫措施上。此外，非政府组织在扶贫中主要是针对贫困症状和后果实施扶贫，不能解决贫困中的社会结构性根源问题。所以要从根本上消除造成贫困根源必须由政府主导，进行更深层次上的扶贫支持。这样，非政府组织主导的社会扶贫在微观扶贫上产生的效能高于政府主导下的扶贫，但在宏观上，非政府组织主导的扶贫效能低于政府主导下的扶贫。让两者承担不同领域的扶贫，构建起相互支持的扶贫体系是一个国家扶贫工作取得成功的重要前提。

为此，国内开始在实践和理论上探索新型模式，具体称为社区主导型扶贫模式。该扶贫模式是结合社区主导型模式和非政府组织参与式模式后而形成的一种参与式扶贫模式。此种扶贫模式具有以下优点：第一，把资源的决策权、使用权和控制权完全交给农民，由农民决定实施什么项目、由谁来实施，并由农民掌握、控制项目资金的使用，依靠农民自己推动社区的发展，实现农民的自我组织、自主管理、自我监督和自我服务，政府则主要负责监督、支持和服务；第二，把扶贫工作与村民自治和民主决策结合起来，为基层组织的建立和发展提供支持；第三，开创了政府、国际机构与国际非政府组织合作实施项目的先例，首次将非政府组织纳入政府扶贫工作中，借此探索政府与非政府组织合作的有效模式。[①] 2005年年底，国务院扶贫办和江西省扶贫办在江西省22个重点贫困村实施村级扶贫规划项目时，把具体扶贫工作交由非政府组织负责实施，就是这种扶贫模式的实践。

四　按扶贫瞄准单元类型分类

如何有效、正确地把贫困群体从农村大众中识别出来并找出致贫的原因，是整个扶贫工作的前提和基础，也是让扶贫工作有效的前提。这涉及扶贫工作中的瞄准单元选择问题。正如学者指出的，扶贫资源瞄准机制一直是中国农村扶贫政策及实践关心和争议的核心问题。[②] 因为扶贫瞄准的精准程度影响着扶贫资金和资源的准确投放，进而关系到扶贫的整体绩效。[③] 扶贫工作的有效性受制于扶贫瞄准单元的选择。扶贫瞄准单元是指扶贫工作中对扶贫对象的识别程度，是整个扶贫工作的前提。有学者认为扶贫瞄准是指农村扶贫工作中选择扶贫对象和在扶贫对象确定后实施资金和资源投放的过程。这包括两个方面的内容：一是指扶贫的目标瞄准机制，即瞄准的是区域（集中连片区、县、乡、村），还是具体农户和特定群体（妇女、残疾人、移民和一般贫困者）等。二是指瞄准对象确定后资金和资源的投放形式、途径，主要是指扶贫主体用于扶贫的各项资金的分配、使用和管理以及扶贫政策的制定和落实。扶贫瞄准过程由四个要素组成，即扶贫瞄准

---

① 王国良：《中国"社区主导型"扶贫模式启动》，中国新闻网2006年6月2日。
② 李小云、唐丽霞、许汉泽：《论我国的扶贫治理：基于扶贫资源瞄准和传递的分析》，《吉林大学社会科学学报》2015年第4期。
③ 许源源、江胜珍：《扶贫瞄准问题研究综述》，《生产力研究》2008年第17期。

主体、扶贫瞄准对象、扶贫瞄准资金和资源以及扶贫瞄准环境等。①

对于扶贫瞄准要解决的问题,有学者认为有:扶贫瞄准的衡量指标是什么?扶贫瞄准精度不高的制度性和体制性原因在哪里?贫困农民如何参与扶贫资金和资源的分配?② 在中国的扶贫过程中,理论界和实务界一直存在把扶贫瞄准单元锁定在区域中还是农户或贫困人口中的争议。因为在实践环节中,瞄准单元越具体,需要的成本越高,当然在扶贫效果上也会越有效;相反,瞄准单元越粗,成本越低,但扶贫效果会越低。从中国的实践看,在贫困瞄准单元上,区域上主要有集中连片区、县、乡、村,人口或群体上主要有贫困农户和人口,如妇女、残疾人、移民和一般贫困者。

从历史看,中国扶贫瞄准单元在选择上是不停变化的。1996年以前主要以区域瞄准为主,具体是在集中连片贫困区、贫困县;1996年后逐渐瞄准到村和农户中,其中区域性瞄准的贫困县一直存在。2010年在扶贫瞄准上有集中连片区、贫困县、贫困村、贫困户,其中最大变化是对贫困户进行建档立卡确认,把瞄准单元的重心从此前的贫困村转向贫困户。中国扶贫瞄准机制经历了三个阶段:1986—2000年,扶贫瞄准以区域瞄准为主,主要单元是集中连片区和贫困县;2001—2012年,扶贫瞄准机制增加了村级瞄准机制;2005年以后,实施农户瞄准,开始对贫困农户建档立卡,特别在2013年精准扶贫提出后,以农户为瞄准单元构成整个扶贫瞄准的基本单元。当前,中国扶贫瞄准机制实行四级瞄准,即集中连片区、县域、村级、农户。其中,贫困县是分配各项扶贫资金的主要

---

① 许源源:《中国农村扶贫瞄准问题研究》,博士学位论文,中山大学,2006年,第159页。

② 许源源、江胜珍:《扶贫瞄准问题研究综述》,《生产力研究》2008年第17期,第158页。

依据，贫困村和农户是使用扶贫资金的主体。① 在贫困户瞄准上，又可细分为一般性贫困农户和特殊贫困人口两种。一般性贫困农户是指按国家划定的贫困线标准，在贫困线以下的人户都属于扶贫瞄准的对象。特殊贫困人口是指妇女、残疾人、五保供养户、移民等特殊群体。

当前中国扶贫瞄准基本特点是混合式，即采用区域和人户相结合。区域上分为集中连片区、县、村三种，甚至在区域上还有更大范围的西部地区、东北三省，在小区域上有贫困乡镇。对于中国20世纪80年代以来扶贫开发瞄准单元机制上的变迁，有学者认为经历了以贫困县为主向贫困县与贫困村并举再到集中连片特困地区与贫困县、村并举的转变，扶贫开发瞄准对象也经历了以特定地区农村贫困人口为主向扶贫标准以下全部农村人口的转变，扶贫开发瞄准路径经历了以自然资源开发为主向自然资源与人力资源开发并举的转变。② 这种总结具有一定的合理性，反映了中国在扶贫瞄准对象上的真实情况。

中国扶贫模式若按扶贫对象的瞄准单元划分，可以分为户、村、县、集中连片区和区域五种模式，具体是以贫困户为中心的扶贫模式、整村推进的扶贫模式、以贫困县为中心的扶贫模式、集中连片区为中心的扶贫模式和区域战略开发的扶贫模式。区域战略开发扶贫模式的典型是西部大开发和东北三省振兴计划，集中连片区扶贫模式的典型是20世纪80年代的18个集中连片区和2011年的14个集中连片区，以贫困县为中心的扶贫模式是1986年后认定的592个贫困县，整村推进的扶贫模式是2001年确定的全国15万个贫困村，贫困人口不同时期因为贫困界定标准线不同，数量在不同

---

① 李小云等：《论我国的扶贫治理：基于扶贫资源瞄准和传递的分析》，《吉林大学社会科学学报》2015年第4期。

② 韩广富、李万荣：《当代中国农村扶贫开发瞄准目标的调整》，《社会科学战线》2012年第10期。

时期也存在不同。按最新标准，2014年全国有2948.5万个贫困户。五种扶贫模式在不同时期存在的重点也不同，有些时期以几种瞄准单元为对象，如当前就以集中连片区扶贫模式和以贫困户为中心的扶贫模式为重点，同时兼有贫困县扶贫模式和整村推进扶贫模式。整体看，20世纪80年代中后期至20世纪90年代以贫困县扶贫模式为中心，21世纪前10年以整村推进扶贫模式为中心，2012年至今以贫困户扶贫模式为中心。

（一）贫困户为中心的扶贫模式

以贫困户为中心的扶贫模式是当前我国扶贫模式中的核心模式。从扶贫对象的瞄准上看，当前我国精准扶贫模式就是以贫困户为中心的扶贫。贫困户为对象的扶贫模式是国家制定贫困标准，根据贫困标准识别出农村贫困人户，分析识别出的贫困户存在的致贫原因，针对性地开展扶贫工作。在当前精准扶贫下，以贫困户为中心的扶贫模式由三个步骤组成：首先根据国家划定的贫困线标准，识别出农村贫困户；其次针对识别出的贫困户情况，找出致贫原因；最后针对致贫原因开展系列脱贫工作。在识别贫困户上具体是通过派出扶贫工作组到行政村对贫困户的状况进行调查和建档立卡，程序包括群众评议、入户调查、公示公告、抽查检验、信息录入等，形成完整的贫困户信息档案。为达到精准识别贫困户，现在制定了严格的贫困户确认程序，具体是根据国家公布的贫困标准，先由村民填写申请表，村民小组召开户主会议进行比选，再由村"两委"召开村、组干部和村民代表会议进行比选，拟定名单后张榜公示；根据公示意见，再次召开村、社两级干部和村民代表会议进行比选，再次公示；如无异议，根据村内贫困农户指标数量，把收入低但有劳动能力的贫困户确定为扶贫对象。其次，针对识别确定的贫困户，派出扶贫工作干部，通过进村入户调查，分析掌握致贫原因，逐户落实帮扶责任人、帮扶项目和帮扶资金，通过外在的扶贫支持，实现贫困户增收，进而脱贫。这个过程是以大量人力、物力的投入为前提，虽然不同的地区在识别中存在各种问题，但当前基本上还是较全面地识别出了贫困群体。

以贫困户为瞄准对象的扶贫在对贫困人口的瞄准上起到十分精准的作用，但存在识别成本过高的问题，这一直是很多学者和实务者对此种扶贫模式进行批评的重要原因。对贫困人口识别需要投入大量的人力、物力，这些投入让识别成本有时占到整个贫困投入中十分高的比例。同时，对贫困户的扶贫往往无法整体改变农村社区的发展环境，贫困户的脱贫往往是输血式的，无法获得可持续发展的动力。这就是以户为中心的扶贫必须在整村推进、贫困县为对象等扶贫模式下同时进行的根本原因。

以贫困户为中心的扶贫模式解决了以区域为瞄准对象扶贫模式存在的问题，所识别出的贫困群体具有明显的针对性，同时让扶贫工作能在全国层面上全面覆盖，让所有农村贫困户的贫困问题得到解决，具有以其他任何区域为中心的瞄准所没有的优势。

（二）整村推进扶贫模式

整村推进扶贫模式是国家通过制定认定贫困村的各项指标，地方扶贫机构根据贫困村识别指标认定重点贫困村作为扶贫瞄准对象，在政府主导下，以村民参与方式，制定整村脱贫开发规划，以提高贫困村内公民基本素质和社区自我发展能力为途径，以增加村民收入为中心，以完善基础设施、发展社会公益事业、改善群众生产生活条件为工作对象，以促进经济、社会、文化全面发展为目标，整合各种扶贫资源，集中解决贫困村内突出问题的一种扶贫模式。整村推进扶贫模式属于综合性扶贫，它将扶贫瞄准单元集中到村社农户，通过对村民居住环境的改造、村社组织的制度建设、文化卫生设施完善、村民劳动力培训和产业发展培育、移民搬迁等，使贫困人口生存发展所依存的生态环境、社会环境和产业环境均得到改善和提高,让村级社区获得持续发展的能力。① 整村推进扶贫模式由于十分注重扶贫过程中贫困村民的参与,又称为"参与式整村推进扶贫模式",是我国扶贫工作由以前扶贫主体主导型转向扶贫主体与扶贫对象相互参与、共同行动的扶贫模式。整村推进扶贫模式让村民"参与"扶贫主要体现在让村民参与扶贫项目的选择、参与扶贫项目的实施和扶贫项目效果评估三个环节。整村推进扶贫模式的形成有四个理论支撑,具体是赋权理论、可持续发展理论、内源式发展理论、参与式发展理论。② 这是近代社会治理中社区治理理论在中国贫困治理中的一种新发展。

整村推进扶贫模式在《中国农村扶贫开发纲要(2001—2010年)》中被确定为国家扶贫工作的主要形式。整村推进扶贫模式始于2001年。为了让贫困村确定有依据,2001年9月国家制定了识别贫困村的8个指标,实施精准到村的扶贫模式。根据贫困村的8个识别标准,2001年全国有148131个村被确定为国家扶贫瞄准贫困村。此次识别出来的贫困村分布在除北京、天津、上海和西藏以外的所有省区。其中,全国约30%的贫困村位于中部省区,29%位于西南省区,21%位于西北省区,14%位于沿海省区,6%位于东北三省。从具体省份看,主要集中在云南、贵州、山西、陕西、河南、四川、甘肃、湖北等8个省,占全国贫困村总数的56%。其中,云南85%的村被确定为贫困村,居全国第一,其他三位分别是青海60%,贵州54%,甘肃50%。③ 从识别出来的贫困村的数量和分布看,与全国贫困人口的分布和数量是一致的。

在实践中,中国政府不停调整整村推进扶贫模式的操作机制,以提高实效。2009年,在提高贫困标准下,全国划出18800个贫困

---

① 余昌森、贾利贞:《扶贫要下沉到村、扶持到户》,《人民论坛》2005年第8期。
② 沈茂英:《"整村推进"综合扶贫模式的理论基础》,《郑州航空工业管理学院学报》2008年第2期。
③ 汪三贵等:《中国新时期农村扶贫与村级贫困瞄准》,《管理世界》2007年第1期。

村实施以村为中心的扶贫工作,其中革命老区、人口较少民族聚居区和边境地区的贫困村有9000个。2008年13个部门联合发布《关于共同促进整村推进扶贫开发工作的意见》;2012年国务院公布《扶贫开发整村推进"十五"规划》。这些工作和规划让整村推进扶贫模式得到进一步加强。同时,一些省区为了更好推进本省区整村推进扶贫工作,也制定了自己省区内整村推进工作方案,如《四川省农村扶贫发展纲要(2011—2020年)》,每村计划总投入为300万元。

整村推进扶贫模式以村民参与,社区生存环境、社区发展条件改善作为扶贫的主要内容,在实现脱贫上具有很强的可持续性。参与式整村推进扶贫模式具有以下特点:

第一,可以制定更加有效的脱贫发展规划,实现扶贫发展的针对性。识别出扶贫村后,通过村民大会或村民代表大会,扶贫对象可以通过自己的需要与扶贫主体展开对话,形成有效的村级扶贫规划。

第二,整村推进扶贫注重扶贫村发展条件整体建设和改善,有利于可持续发展。整村推进在村级规划时要明确对基本农田、人畜饮水、道路、贫困农户收入、社会事业改善和村级领导班子建设方面的规划。其中,强化村级基础建设有利于改善贫困村基本生产生活条件,提高抵御自然灾害能力;有利于调整村内产业结构,开发优势产业,可以保证贫困农民增收。

第三,多渠道拓展贫困农户务农和非农收入。如以市场为导向,发展特色优势产业,开展农业专业技能培训,促进和扩大劳务输出,引导贫困村劳动力有序流动等。

第四,创建各种支农资金,解决村民融资难问题。很多地方通过外来资金和内部共筹,成立新型金融组织,解决整个村内发展资金问题。

第五，强调村民参与扶贫发展规划，让扶贫成为村民自己需要解决和发展的事。改变其他扶贫方式中出现的村民等、要、看等问题。同时，让村民参与扶贫管理，可以防止扶贫基金被村中少数人挪用、贪污等问题。

然而，从实施过程看，整村推进扶贫模式对贫困人户和贫困人口的覆盖率十分低，使其在解决贫困人口的贫困问题上所起到的作用大打折扣。从贫困群体覆盖率上看，整村推进扶贫模式并没有提高对贫困户的覆盖率，甚至与贫困县瞄准机制相比，整村推进在贫困户的覆盖率上反而更低。依据汪三贵在2001年研究，以贫困县为瞄准的贫困户错误率是25%，而以贫困村为瞄准的错误率则高达48%。汪三贵等人对此解释，是在村级瞄准中一系列更宽泛的非收入指标被使用，与县级资料相比，村级数据更加有限，所以村级数据误差也更大，同时，县级政府部门更容易受其他非经济因素影响等。当然，村级瞄准错误率存在区域上的差异，对2001年相关数据分析后，会发现在西北、西南地区贫困村瞄准对贫困人口的覆盖率达到绝对贫困人口的60%和76%；沿海、东北和中部地区在绝对贫困人口覆盖上则分别只达到35%、40%、33%。① 此外，李小云等人在广西、宁夏、江西和云南等地区调研发现，村级瞄准扶贫项目对贫困群体覆盖率只达16%，对中等户和富裕户覆盖率则分别为51%和33%。② 这些研究数据，对整村推进扶贫模式的有效性提出了很大的质疑。当然，从实践看，在西南、西北、或山区，此种扶贫模式的有效性十分明显。因为它不管是在对贫困人口的覆盖率还是在让贫困人口获得发展上都更加有效。此外，也有学者认为，对于整村推进扶贫模式的效益分析，应从三个方面考虑，而不是仅

---

① 汪三贵、Albert Park、Shubham Chaudhuri、Gaurav Datt：《中国新时期农村扶贫与村级贫困瞄准》，《管理世界》2007年第1期。

② 李小云、张雪梅、唐丽霞：《我国中央财政扶贫资金的瞄准分析》，《中国农业大学学报》2005年第3期。

从贫困人口覆盖率上考虑。若从效益上分析，它具有以下三个优势：首先，将行政村或自然村作为扶贫开发基本单元，可以解决1986年扶贫开发以来一直存在的以贫困县为瞄准中扶贫资源外溢和非贫困县的贫困农户被排斥在政府扶贫资源享受对象之外的问题；其次，改变过去扶贫方式过于单一的局面，可以根据贫困村致贫因素实施综合性治理，提高贫困地区的发展内生力；其次，村民参与社区扶贫发展，可以提高决策的针对性和有效性。[①] 这些效益可以使整村扶贫推进的贫困户覆盖率低下问题得到一定程度的纠正。

（三）贫困县为中心的扶贫模式

贫困县为中心的扶贫模式是指把贫困瞄准锁定在县域，根据国家制定的人均年收入标准，对全国县域进行识别，某县人均年收入低于全国标准的，识别为贫困县，国家把扶贫资金投向贫困县，通过资助贫困县县域经济发展实现贫困治理。中国以贫困县为扶贫瞄准单元始于1986年。当年根据上年度人均国民收入，加上其他两个标准，全国共识别出258个贫困县，分布在27个省、自治区和直辖市。1986年后，国家先后三次调整作为扶贫对象的贫困县。1994年，国家进行全国性扶贫时，根据《国家八七扶贫攻坚计划》，全国识别贫困县592个。2001年，为了配合《中国农村扶贫开发纲要（2001—2010年）》的出台和实施，国家取消了沿海发达地区所有国家级贫困县，把取消的贫困县名额转给中西部地区，全国贫困县总数仍然保留为592个，并将国家级贫困县作为国家扶贫开发工作的重点对象。此外，作为集中连片贫困区的西藏自治区全部所属县都享受国家扶贫重点县的待遇。

以县域作为扶贫瞄准单元的扶贫模式，主要问题是扶贫资金使用时针对性差，大量需要真正帮扶的贫困人口没有获得有效的支

---

① 吴国宝：《我国农村现行扶贫开发方式的有效性讨论》，《中国党政干部论坛》2008年第5期。

持。有学者指出贫困县瞄准中存在的问题有：首先，它排除了非贫困县的贫困人口，而在全国整个贫困人口中，按592个贫困县统计，大约还有30%的农村贫困人口分散在其他非贫困县中，这些非贫困县的贫困群体无法获得国家扶贫资源的支持。其次，把扶贫资源投向贫困县，导致贫困县中大量非贫困人口受益，偏离扶贫的最初目的。经统计，在认定的贫困县中只有27.8%的农村人口生活在贫困线以下，其他72.2%的人口属于非贫困人口。① 县域扶贫瞄准单元对全国贫困人口的覆盖率不高，有学者估计在2000年，生活在贫困县的绝对贫困人口只占全国总贫困人口的54.3%，此外大约还有一半贫困人口生活在非贫困县。② 这些贫困人口无法获得发展脱贫的支持。这就与国家要全面消除农村贫困人口的政策目标不相符，必须重新调整扶贫瞄准单元，解决大量非贫困县贫困人口的扶贫问题。

（四）集中连片贫困区开发扶贫模式

集中连片开发扶贫模式是中国特色扶贫开发史中创制出的一种扶贫模式。集中连片开发扶贫模式是指在政府推动下，以基础设施和公共事业建设、农业产业组织与产业能力培育为主要的扶贫措施，针对识别出来的集中贫困地区进行总体规划、综合开发，推动贫困地区更好融入市场，进而形成市场竞争能力的一种扶贫开发机制。③ 集中连片开发扶贫模式具有可持续发展、内源式发展、参与式发展等特征。它通过资源整合、产业发展、基础建设改善、市场引导、公共服务水平的提高达到整个扶贫区域的有效的、可持续性

---

① 张新伟：《扶贫政策低效性与市场化反贫困思路探寻》，《中国农村经济》1999年第2期。
② 汪三贵、Albert Park、Shubham Chaudhuri、Gaurav Datt：《中国新时期农村扶贫与村级贫困瞄准》，《管理世界》2007年第1期。
③ 向德平、程玲等：《连片开发模式与少数民族社区发展》，民族出版社2013年版，第5页。

的发展。集中连片扶贫模式是一种政府主导,市场调节和扶贫主体参与的综合性扶贫模式。集中连片开发扶贫模式的核心理念是"区域发展带动扶贫攻坚,扶贫攻坚促进区域发展"。[①] 它也是中央政府解决区域发展不平衡的一种战略选择。集中连片开发扶贫模式对整个国家区域间经济社会协调发展具有十分重要的作用,是解决贫困人口问题和区域经济社会协调发展的有效措施。

最早提出集中连片开发扶贫区是在1986年。当年全国根据扶贫的特点、因素等识别认定出18个集中贫困连片区。2001年《中国农村扶贫纲要》规划时曾划分出25个集中连片贫困区,但由于各种原因,没有把"贫困片区"作为扶贫瞄准机制正式使用。2011年在制定《中国农村扶贫纲要》时,正式把集中连片贫困区作为扶贫攻坚的对象,即作为扶贫瞄准单元。同时,首次确立了识别集中连片区的要素标准,具体有自然生态区划、灾害分布、农林牧渔业产业区划,外加民族、宗教和文化特点,依据以上标准划分出8个类型的集中连片贫困区:岩溶地区、黄土高原、秦巴山区、横断山脉、高寒山区、蒙新草原、中部山地、中部平原。在此标准下,根据地理位置,再划分为11个连片区,即六盘山区、秦巴山区、武陵山区、乌蒙山区、滇桂黔石漠化区、滇西边境山区、大兴安岭南麓山区、燕山—太行山区、吕梁山区、大别山区、罗霄山区。此外,加上三个实施集中连片区政策的西藏地区、四省藏族聚居区和新疆南疆三地州,全国共识别出14个集中贫困连片区。14个集中连片贫困区包括了680个县级行政区,其中370个属于少数民族县,269个县属于限制开发区县或禁止开发的生态脆弱区,这种区分与当前中国发展中的区域性贫困问题呈现出高度重合。国家对识别出来的集中连片区采取特别扶贫支持,主要是根据不同集中连片

---

① 黄承伟、向家宇:《科学发展观视野下的连片特困地区扶贫攻坚战略研究》,《社会主义研究》2013年第1期。

区的致贫原因,由中央部委分别承担帮扶工作。

(五) 区域战略开发扶贫模式

区域战略开发扶贫模式是中国政府根据整个国家发展中呈现出来的区域间的不同特征,针对发展中存在障碍的区域实施特别发展支持政策,通过大区域的特别发展,实现区域内贫困人口的脱贫。中国区域发展中存在障碍的区域往往是贫困人口集中的区域。对这些区域给予特别发展,本质上是一种特别扶贫模式。此种扶贫模式在中国主要有西部大开发战略和东北三省振兴计划。

20世纪80年代以来,随着改革开放的推进,社会经济发展中区域性不平衡越来越明显,其中东部和西部差异成为中国经济发展中的区域性问题,严重影响了国家发展中区域性的平衡。同时,这种区域性经济发展的差距还让西部成为中国贫困人口的集中区,带来严重的社会问题。为解决此问题,1999年中国政府提出"西部大开发战略"。西部大开发包括有重庆、四川、贵州、云南、西藏、新疆、宁夏、青海、广西及湖南的湘西土家族苗族自治州、湖北省恩施土家族苗族自治州和吉林省延边朝鲜自治州等省区、州。2000年1月国务院成立了西部地区开发领导小组。西部大开发作为支持西部贫困地区发展的一种制度性安排,主要采用以下措施:增大财政转移支付,增加投入,加强文化、卫生建设。西部大开发过程中,中央政府投入了4600亿元,在生态方面取得了重大成就,完成退耕还林1.18亿亩、荒山荒地造林1.7亿亩、治理严重退化草原1.9亿亩;在基础建设上,新增公路9.1万千米,铁路4066.5千米[①]。这些成就既为西部发展提供了生态上的保障,又为西部发展提供了基础,成为国家反贫困的重要机制。

东北三省是20世纪中国重要的经济中心,是重工业集中地,

---

① 左常升:《中国扶贫开发政策演变》,社会科学文献出版社2016年版,第196页。

但在改革开放进程中东北三省经济发展越来越跟不上全国发展速度，成为当前中国经济发展中的区域性问题。为解决东北三省的发展问题，2003年12月国务院成立振兴东北地区等老工业基地领导小组，简称"东北办"。"东北三省振兴计划"措施有：首先，全面免征黑龙江、吉林两省农业税，增加粮食生产补贴范围和规模。如中央财政针对东北三省农业税减免、粮食直补、良种补贴达53.1亿元。其次，在东北三省推行完善的城镇社会保障体系建设。最后，增加对破产企业的补贴。国家通过系列优惠、补助政策，让东北三省获得发展。

中国扶贫瞄准机制在扶贫过程中不断调整，国家对扶贫瞄准机制的调整，目标是让扶贫对象识别更加有效，使扶贫工作对贫困人口的帮扶更加有针对性。

五 按扶贫主体对扶贫对象支持形式

中国20世纪80年代以来形成的扶贫模式分类中，按扶贫主体对扶贫对象帮扶支持的形式分类，可以分为东西部对口扶贫模式、机关定点扶贫模式、结对帮扶扶贫模式三种。三种扶贫模式体现我国政府在不同层次扶贫对象上范围的不同。当然，也有学者认为，这三种扶贫模式可以统称为对口帮扶扶贫模式，并指出对口扶贫模式是指由中央政府倡导、各级政府率先垂范、全社会广泛参与的一种扶贫模式。对口帮扶模式分三个层次：一是在中央政府统一安排下以地方政府主导的东西部扶贫协作，即东部发达省市帮扶西部贫困省区；二是各级国家机关、企事业单位帮扶贫困县；三是社会各界自愿捐赠结对帮扶，即民间帮扶或社会帮扶。[①] 广义的对口帮扶扶贫模式具体由三种次扶贫模式组成，即省区间对口支援扶贫模

---

① 张咏梅、周巧玲：《我国农村扶贫模式及发展趋势分析》，《濮阳职业技术学院学报》2010年第1期。

式、机关定点帮扶扶贫模式和个体间结对帮扶扶贫模式。中国扶贫中这三种扶贫模式体现了一种全社会参与扶贫，整个社会相互支持，实现共享发展的特征。

（一）东西部扶贫协作扶贫模式

东西部扶贫协作扶贫模式，又称为东西部省市间对口支援扶贫模式，是指中国东部发达省区与西部欠发展省区形成相对固定的帮扶关系，通过优势互补，在发达省区支持和带动下，使欠发展省区获得发展的资金、技术、人才等方面的支持，实现发展上的支持，最终实现脱贫致富的一种扶贫模式。此种扶贫模式主要采用结对省区政府层面的协作，通过双方省区内的企业合作、民众参与，开展基础设施建设、劳动力培训、产业化扶贫、教育卫生扶贫、企业扶贫等多种措施。有学者指出："东西扶贫协作政策是指改革开放以来党和国家动员组织东部经济较发达省（区）市对西部欠发达地区或部门提供经济援助和技术人才援助，目的是促进贫困地区发展和贫困人口脱贫致富的一种扶贫政策，是改革开放以来党中央、国务院依据邓小平关于共同富裕理论所制定的一项重大战略决策和扶贫政策。"[①]

东西部扶贫协作扶贫模式是中国扶贫模式中较为特别的一种，体现了中国政府在发展中为实现区域均衡发展而作出的努力，是中国扶贫模式和发展模式中的一种形式。东西部扶贫协作扶贫模式中扶贫主体是东部经济发达的省、市和重要城市，扶贫对象主要是西部欠发达的省区或市。此种扶贫模式瞄准的单元是省级区域、市级区域两个级别。如2010年6月，国务院批准国务院扶贫办调整厦门和珠海对口支援甘肃临夏回族自治州、四川凉山彝族自治州的计划。2013年2月4日，国务院办公厅颁布了《关于开展对口帮扶贵

---

① 李勇：《中国东西扶贫协作的政策背景及效果分析》，《老区建设》2011年第14期。

州工作的指导意见》，对贵州省八个州市对口支援城市进行了调整，具体是大连市对口帮扶六盘水市、上海市对口帮扶遵义市、苏州市对口帮扶铜仁市、杭州市对口帮扶黔东南州、宁波市对口帮扶黔西南州、青岛市对口帮扶安顺市、广州市对口帮扶黔南州、深圳市对口帮扶毕节市等。这样让东西部对口支援扶贫模式更加具体、明确。

东西部扶贫协作扶贫模式采取的措施主要有政府援助、企业协作、社会帮扶、产业发展、干部交流、人才培训、劳务输出等。政府援助是东部帮扶主体对扶贫对象进行资金支持，帮助帮扶省市修建学校、卫生院（所）、乡村公路、基本农田、人畜饮水工程等，改进基础设施，提高发展的条件。企业协作是指帮扶主体所在地的优质企业对帮扶对象地企业通过并购、资产重组等方式促进扶贫地企业发展。社会帮扶是帮扶主体动员和组织自己所在地的社会各界力量为扶贫对象捐赠资金、衣被、药品、医疗器械、文化教育用品和其他生活用品，组织支持志愿者到扶贫对象地从事医疗服务、义务支教等。产业支持是双方通过政策引导、资金支持等多种方式鼓励帮扶主体地的企业到扶贫对象地开办企业、发展产业，促进当地产业发展。劳务输出是帮扶主体针对帮扶对象地展开劳务协作，吸收扶贫对象地剩余劳动力到本地区从业。

当前，东西部扶贫协作扶贫模式的运行中形成的基本观点是应由原来的经济、技术合作交流拓展到科教、文化、社会各个领域，在企业合作、项目援助、人才交流等多方面开展多层次、全方位的协作；由原先政府强势主导的扶贫工作体系逐步转变为由政府援助、企业合作、社会帮扶、人力资源建设构成的工作体系。[①] 从当

---

① 参见凤凰国际智库课题组的《宣战2020——中国扶贫报告》中"第六部社会参与扶贫·定点扶贫"部分。http://pit.ifeng.com/report/special/zgfpbg/，发布时间：2016年10月17日。

前东西对口支援发展实际看，也体现了这种转变。

中国省市区域间对口支持扶贫模式始于 1979 年。1979 年 7 月 31 日，中共中央以中发〔1979〕52 号文件批转乌兰夫在全国边防工作会议的报告，要求国家"要组织内地省、市，实行对口支援边境地区和少数民族地区"。① 文件明确规定，北京支援内蒙古，河北支援贵州，江苏支援广西、新疆，山东支援青海，天津支援甘肃，上海支援云南、宁夏，全国支援西藏，标志着省市区域间对口支持扶贫模式开始形成。1983 年，《经济发达省、市同少数民族地区对口支援和经济技术协作工作座谈会纪要》中对对口支援工作的原则、重点和任务等问题作出了规定。这个时期主要采用资金救助和生活物资支持，是一种输血式扶贫。

1984 年 9 月，中共中央、国务院下发了《关于帮助贫困地区尽快改善面貌的通知》，提出改变贫困地区面貌的根本途径是因地制宜发展生产，增强本地区经济发展的内部活力，增加"造血"功能。同年，12 月，中共十二届三中全会通过的《中共中央关于经济体制改革的决定》强调："经济比较发达地区和比较不发达地区，沿海、内地和边疆，城市和农村，以及各行业各企业之间，都要打破封锁，打开门户，按照扬长避短、形式多样、互利互惠、共同发展的原则，大力促进横向经济联合，促进资金、设备、技术和人才的合理交流，发展各种经济技术合作，联合举办各种经济事业，促进经济结构和地区布局的合理化，加速我国现代化建设的进程。"② 这样，省市区域间对口支持扶贫转向了造血式扶贫。

1994 年 3 月国务院颁布实施《国家八七扶贫攻坚计划》，要

---

① 国家民委政策研究室：《国家民委民族政策文件选编（1979—1984）》，中央民族学院出版社 1988 年版，第 242 页。

② 《中共中央关于经济体制改革的决定》（1984 年 10 月 20 日），《人民日报》1984 年 10 月 21 日第 1 版。

求:"从 1994 年到 2000 年,集中人力、物力、财力,动员社会各界力量,力争用 7 年左右的时间,基本解决全国农村 8000 万贫困人口的温饱问题。"① 为加强东部地区与西部地区横向联合和对口扶贫协作,要求"北京、天津、上海等大城市和广东、江苏、浙江、山东、辽宁、福建等沿海较发达的省,都要对口帮助西部的一两个贫困省、区发展经济"。② 1995 年 9 月,中共中央十四届五中全会通过的《中共中央关于制定国民经济和社会发展"九五"规划和 2010 年远景目标的建议》中专门提出了缩小东西部差距的措施,明确建议沿海发达地区对口帮扶中西部的 10 个省区,开展东西对口扶贫协作。其中,天津帮扶甘肃省,上海帮扶云南省,江苏帮扶陕西省,浙江帮扶四川省,山东帮扶新疆,北京帮扶内蒙古,辽宁帮扶青海省,福建帮扶宁夏,广东帮扶广西,大连、青岛、深圳、宁波 4 个计划单列市共同帮扶贵州省,对东西部对口支援帮扶作了更加具体的规定。

1996 年,国务院制定《关于组织经济发达地区与经济欠发展地区开展扶贫协作的报告》,确定东部 6 个省、3 个直辖市和 4 个计划单列市对口扶持西部 10 个省区,具体是:北京市帮扶内蒙古,天津帮扶甘肃,上海帮扶云南,广东帮扶广西,江苏帮扶陕西,浙江帮扶四川,山东帮扶新疆,辽宁帮扶青海,福建帮扶宁夏,大连、青岛、深圳和宁波支持贵州。东西扶贫协作在全国 23 个省、区、市正式启动并蓬勃开展。"九五"期间东部 13 个省市政府和社会各界累计捐款、捐物折款近 21.4 亿元,双方签订项目协议 5745 个,协议投资 280 多亿元,实现投资 40 多亿元,从贫困地区输出劳动力 51.7 万人。此外,东西部地区在干部交流、人才培训、援

---

① 《国家八七扶贫攻坚计划(摘要)》(1994—2000 年),《人民日报》1994 年 5 月 19 日第 2 版。

② 同上。

建学校、建设基本农田、修筑公路、解决人畜饮水困难等方面展开协作。1995—1999年，各地先后有4.6万名干部到贫困县、村挂职扶贫，直接投入资金和物资折合人民币达87.62亿元；帮助引进各类扶持资金103亿元，实施扶贫项目2万余个，帮助引进技术人才1.3万余名，引进技术近7000项。①

2001年国务院制定了《中国农村扶贫开发纲要（2001—2010年）》，对东西扶贫协作有了更高的要求，提出认真总结经验，"进一步扩大协作规模，提高工作水平，增强帮扶力度"，"鼓励和引导各种层次、不同形式的民间交流与合作。特别是要注意在互利互惠的基础上，推进企业间的相互合作和共同发展"。② 为了更好地促进重庆发展，2002年1月，国务院扶贫开发领导小组确定由珠海、厦门两市对口帮扶重庆。2008年十七届三中全会通过的《中共中央关于推进农村改革发展若干重大问题的决定》，就新阶段扶贫开发的方针、政策、标准、重点等提出了具体要求，强调"加大对革命老区、民族地区、边疆地区、贫困地区发展扶持力度。继续开展党政机关定点扶贫和东西扶贫协作，充分发挥企业、学校、科研院所、军队和社会各界在扶贫开发中的积极作用"。③

2009年3月，国务院扶贫办印发了《2009—2010年东西扶贫协作工作指导意见》，明确提出"以科学发展观为指导，认真贯彻落实党的十七大和十七届三中全会精神，紧紧围绕全国扶贫开发工作中心任务和总体部署，进一步明确发展方向，完善工作体系，规范工作机制，科学扶贫协作，把提高贫困人口自我发展能力和培植

---

① 《国家八七扶贫攻坚计划（摘要）》（1994—2000年），《人民日报》1994年5月19日第2版。

② 国务院：《中国农村扶贫开发纲要（2001—2010年）》国发〔2001〕23号，2001年6月13日。

③ 《中共中央关于推进农村改革发展若干重大问题的决定》（2008年10月12日），《人民日报》2008年10月20日第1版。

贫困地区主导产业作为重点，集中力量帮助'三个确保'。贫困村完成整村推进，帮助特殊连片贫困地区解决发展中面临的一些瓶颈制约问题，帮助贫困群众解决生产生活中面临的一些突出困难问题，努力促进贫困地区经济、社会、文化、生态协调发展"。① 2013年帮扶欠发达地区的东部省市增加到18个，对贵州帮扶的省市增加到四个，分别是上海、广州、苏州和杭州。

2016年7月20日，中央召开东西部扶贫协作座谈会，在会上再次强调东西扶贫合作作为我国扶贫重要模式具有十分重要的作用，此种扶贫模式得到再次确认。当前，东西部扶贫协作已形成9省（市）、5个计划单列市和4个大城市对口帮扶西部12个省（区、市）的工作格局，具体是北京、天津、辽宁、上海、江苏、浙江、福建、山东、广东和大连、苏州、杭州、宁波、厦门、青岛、广州、深圳、珠海等东部9个省市和9个城市，帮扶省（区、市）是内蒙古、广西、重庆、四川、贵州、云南、西藏、陕西、甘肃、青海、宁夏、新疆等12个省（区、市）。

通过省区对口帮扶，东部为西部发展提供了大量资金和人才支持。20年间，东部省市通过东西扶贫协作向西部12个省（区、市）提供财政援助资金132.7亿元，动员社会力量捐助款物27.6亿元，引导企业实际投资1.5万亿元。帮助西部贫困地区开展劳动力输出培训621.4万人次，输出劳务707.5万人次；援建学校7325所，卫生院（所）1690个，资助贫困学生42.6万名；帮助修建农村公路2.15万公里。② 在投资合作方面，2009年东西协作双方共签订协作企业1151家，新增112家；签订合作项目1912个，新增1754个，其中实施了1796个项目；协议合作投资1172.5亿元，实

---

① 国务院扶贫办：《关于印发〈2009—2010年东西扶贫协作工作指导意见〉的通知》国开办发〔2009〕24号，2009年3月12日。

② 《深化帮扶精准聚焦——东西扶贫协作谋划新布局》，中央政府门户网站，2016年7月22日19：23，http://www.gov.cn/xinwen/2016-07/22/content_5093950.htm。

际投资 424.35 亿元，比上年增长了 11 倍；吸收 2.4 万人就业；实现税收 9384 万元。再如 2013 年，东西扶贫帮助中东部为西部提供了 11.8 亿元的资金支持。当然，由于东西部对口支援帮扶模式中瞄准对象较大，作用更多是体现在区域层次上，在针对特定贫困户上的作用十分有限。

（二）机关定点扶贫模式

机关定点扶贫模式是各级政府有计划地统筹安排各项财政扶贫资金，组织安排各级党政机关、企事业单位和人民团体通过组织化、制度化的形式定点帮扶特定贫困区域（包括集中连片贫困区、贫困县、贫困乡、贫困村）和贫困户，让它们获得发展所需的资金、技术，通过人、财、物的支持，获得发展，进而实现脱贫的扶贫模式。这里的"机关"包括各级党政机关、企事业单位、民主党派、人民团体组织等。中国参与机关定点扶贫的机关十分全面，从中央到乡镇，包括所有国家财政支持和属于国有资产的企业。参与帮扶的"机关"根据自身能力的大小，承担着从集中连片贫困区、贫困县、贫困乡、贫困村、贫困户五个层级上的定点扶贫支持工作，实现扶贫支持上的全覆盖。参与定点扶贫的机关单位可以分为国家级、省级、市级三个级别。机关定点扶贫中主要通过派出扶贫工作人员到扶贫对象中挂职，成立扶贫工作队，在扶贫对象中发挥引导、指导扶贫的作用。①

对机关定点扶贫模式，2015 年 12 月 8 日，中共中央总书记、国家主席、中央军委主席习近平在总结机关企事业单位定点扶贫工作时，认为党政军机关、企事业单位进行定点扶贫，是中国特色扶贫开发事业的重要组成部分，是中国政治优势和制度优势的重要体现。中国政府认为当前中国扶贫有三大模式，即定点扶贫、专项扶

---

① 周恩宇：《定点扶贫的历史溯源与实践困境——贵州的个案分析》，《西南民族大学学报》2017 年第 3 期。

贫、行业扶贫，其中定点扶贫是社会扶贫的重要力量。

机关定点扶贫模式是通过政府组织各级党政机关、企业事业单位、民主党派、人民团体参与扶贫，负责某一识别出的特定贫困区域，通过点对点的帮扶实现脱贫，这种扶贫模式是中国扶贫事业中的最大创造。此种模式成效显著，成为当前中国扶贫开发的重要方式。机关定点扶贫模式优点是扶贫主体明确，责任清晰，扶贫措施可操作性强。在实践中，机关定点扶贫模式是最见效、最实际、最稳定的扶贫方式，是中国社会扶贫力量中的基本力量。如2014年6月之前，全国有扶贫任务的28个省份中，已经有25个建立并派驻了驻村工作队。省、市、县三级共派出以扶贫工作为主要任务的工作队9.83万个，驻村帮扶干部近40万人。①

机关定点扶贫模式最早开始于1984年。1984年9月，以中共中央、国务院的名义下发了《关于帮助贫困地区尽快改变面貌的通知》，当时以倡导的形式呼吁各级党政机关干部、事业单位技术骨干到贫困地区支援建设和发展。1986年1月，中共中央的《中共中央、国务院关于一九八六年农村工作的部署》出台，提出从中央、省、地三级机关抽调一批优秀干部和组织志愿服务者到贫困地区工作。1994年11月23日，国务院扶贫开发领导小组发布《关于中央党政机关及有关单位和人民团体定点帮扶贫困县的通知》，明确要求"中央和地方党政机关及有条件的企事业单位，都应积极与贫困县定点挂钩扶贫，一定几年不变，不脱贫不脱钩"。这样对定点扶贫模式进行了更加明确的规定和要求。1996年10月23日，中共中央、国务院下发《关于尽快解决农村贫困人口温饱问题的决定》，定点扶贫模式再次得到加强，当时规定"中央党政机关要定

---

① 李海涛：《每村都有工作队每户都有责任人40万干部驻村精准扶贫》，2014年7月11日10：56来源：《农民日报》，http：//www.agri.cn/V20/ZX/nyyw/201407/t20140711_3965376.htm，访问时间：2017—6—10。

点帮扶到县,省、地县机关要定点帮扶到贫困乡和村,并指出这项工作要长期坚持下去,不脱贫不脱钩,逐步做到制度化、规范化"。进入21世纪后,机关定点扶贫得到加强,特别是进入2010年后,此种扶贫模式开始在全国不同级别的机关中推行。

机关定点扶贫模式的主要扶贫措施有促进经济发展、改善基础设施、提高教育水平、加强基层党建、引领文明新风尚五个方面。机关定点扶贫主要通过选派干部到扶贫点挂职。中央机关定点扶贫由于针对的扶贫对象是贫困县,在选择扶贫挂职干部上主要采用两种机制,即出任扶贫县的副职和担任贫困村第一书记。2012年至2016年7月,中央国家机关共向定点扶贫县选派了155名挂职干部,其中50个部门在其所定点县选派了挂职干部。这些挂职干部中,司局级干部有10人,占6.5%;处级干部98人,占63.2%;科级干部33人,占21.3%;其余14人为高级工程师和技术人员等。向定点县选派了93名贫困村第一书记,其中司局级干部3人,占3.3%;处级干部31人,占33.3%;科级干部59人,占63.4%。① 此外,2016年8月,云南省各级参与定点扶贫的机关通过选派驻村扶贫工作队,促进部门"包村"和工作队"驻村"相结合,共选派驻村扶贫工作队员37379名,组建驻村扶贫工作队6770支,对全省4277个贫困村实现了全覆盖。②

机关定点扶贫模式在国家级层次上主要是针对全国贫困县和集中连片区;省级层次上主要集中在乡镇,市县级主要集中在村级。2010年7月8日,中共中央办公厅、国务院办公厅印发《关于进一步做好定点扶贫工作的通知》(以下简称《通知》),强化了定点扶贫机制。《通知》规定参与定点扶贫的机关包括中央和国家机关各

---

① 《紫光阁》记者:《中央国家机关:定点扶贫"各显神通"》,《紫光阁》2016年第12期。
② 瞿姝宁:《云南省"结对帮扶""驻村扶贫"覆盖4277个贫困村》,《云南日报》,https://www.yndaily.com/html/2016/yaowenyunnan_0822/103894.html。

部门各单位、人民团体、参照公务员法管理的事业单位、国有大型骨干企业、国有控股金融机构、国家重点科研院校、军队和武警部队等。这些机构是指定的、必须参与定点扶贫的机关。此外，支持、鼓励各民主党派中央、全国工商联参与定点扶贫；积极鼓励各类大型民营企业、社会组织承担定点扶贫任务。扶贫参与单位的目标是实现对全国扶贫开发工作重点县定点扶贫的全覆盖。制定了《关于进一步加强全军和武警部队参与扶贫开发工作的意见》，要求军队和武警参与全国贫困县的定点扶贫工作。《通知》认为定点扶贫工作实施对象是革命老区、民族地区、边疆地区、贫困地区，定点扶贫单位参与扶贫是国家党政机关企事业单位贴近基层、了解民情、培养干部、转变作风、密切党群干群关系的途径。通过把机关组织参与扶贫工作与内部干部培养、作风改变建设结合在一起，各机关组织参与定点扶贫具有更加丰富的内容。

《通知》发布后，全国从中央到地方，各级各部门机关积极参与定点扶贫。2012年，国家部署开展新一轮定点扶贫工作，各级机关积极参与定点扶贫。到2015年中央机关中参与定点扶贫单位达310个，军队和武警部队参与全国63个县、547个乡镇、2856个贫困村的定点扶贫。首次实现定点扶贫对全国592个国家扶贫开发工作重点县的全覆盖。其中，中央国家机关工委负责牵头联系的89个中央国家机关部门和单位全部参与了定点扶贫工作，定点帮扶173个贫困县。2012年至2016年，累计向定点扶贫县协调和投入帮扶资金、物资约67亿元；89个中央国家机关部门和单位全部向对口联系定点扶贫县派出了挂职干部。[①] 具有扶贫任务的省级政府基本上也实现全面覆盖。如2016年云南省参与开展"挂包帮"定

---

① 《中央国家机关5年投入资金物资67亿元帮扶定点扶贫县》，发布人：杨光，来源：新华社，发布时间：2017年5月4日，http://www.cpad.gov.cn/art/2017/5/4/art_40_62631.html，访问时间：2017年6月10日。

点扶贫的省级机关从之前的 257 家增加到 300 家。①

为了进一步完善定点扶贫工作，2015 年 8 月国务院扶贫开发办公室发布了《关于进一步完善定点扶贫工作的通知》（国开办发〔2015〕27 号）。对中央国家机关、单位参与定点扶贫的机关进行调整，从 300 个增加到 320 个，帮扶全国 592 个国家扶贫开发工作重点县。军队和武警部队继续推进贫困县、乡镇、村的定点帮扶。新《通知》要求参与定点扶贫的单位要选派干部到扶贫点挂职，把培养锻炼干部与定点扶贫工作有机结合。要求选派优秀干部赴定点扶贫县挂职任县委委员或县政府副职，定期轮换，时间一般为 1—3 年；同时每单位至少选派 1 名优秀干部到定点扶贫县贫困村任第一书记。要求参与定点扶贫的单位要改革创新扶贫方式，发挥自身特点和部门优势，利用扶贫地资源，采取培训、转移就业等多种形式，增强当地干部群众自身能力，实现发展脱贫。2012 年以来，参与定点扶贫的中央单位达 320 个，到 2015 年 12 月累计向贫困县选派挂职干部 1266 人次，投入帮扶资金 69 亿元，帮助引进资金 363 亿元。②

省级机构主要承担的定点扶贫对象是贫困县和贫困村，其中贫困村往往是重点。如四川省在 2016 年制定定点扶贫工作的新规划：2016 年 1 月，四川省委办公厅、四川省人民政府办公厅印发了《关于做好 2016—2020 年定点扶贫工作的通知》。《通知》中指明参与定点扶贫的单位有省直各部门，部分中央驻川单位，省内大中型骨干企业，高等学校及部分经济较发达市、县（市、区），共 249 个单位，扶贫对象是"四大片区"88 个贫困县，其中，经济较

---

① 《云南省不断完善社会扶贫工作体系》，2016 年 5 月 15 日，来源：云南日报，http://yn.yunnan.cn/html/2016-05/15/content_4337357.htm，访问时间：2017 年 6 月 10 日。

② 《习近平就机关企事业单位做好定点扶贫工作作出重要指示》，2015 年 12 月 11 日 18:03:05，来源：新华网。http://news.xinhuanet.com/politics/2015-12/11/c_1117436744.htm，访问时间：2017 年 6 月 10 日。

发达的 7 个市负责对口支援 20 个藏区县。从《通知》看，四川省机关定点扶贫主要瞄准对象是贫困县和贫困村。①

（三）结对帮扶扶贫模式

结对帮扶扶贫模式是指国家动员党政机关、国有企业、事业机构中的特定部门或人员在参与扶贫时，根据扶贫部门识别出来的贫困区域中特定部门的特别需要或贫困户致贫的原因，由参与扶贫的部门或人员针对贫困区域的特定部门或贫困户的特别需要给予发展脱贫上相应资源、资金的支持，让贫困区域的特定部门或贫困户获得发展动力，实现脱贫的扶贫模式。结对帮扶扶贫模式瞄准对象是贫困区域内的特定部门或贫困户，扶贫主体主要是党政国家机关、国有企业、事业机构中的特定部门或工作人员，特别是领导干部，扶贫措施十分具体，较有针对性。结对帮扶扶贫模式属于中国社会扶贫模式中的一种。此种扶贫模式又称为"挂包帮"。

结对扶贫模式在措施上有一对一结对扶贫和多对一结对帮扶两种。一对一结对帮扶模式就是一个扶贫主体定点对一个扶贫对象进行发展支持的扶贫；多对一是指几个扶贫主体对一个扶贫对象进行发展支持的扶贫。如贵州推行"5321"结对帮扶活动：即厅级领导帮 5 户，县级领导帮 3 户，科级领导帮 2 户，一般干部帮 1 户。如云南省 2015 年提出通过省市县乡四级联动，组织 40 万干部职工挂职 4 个集中连片特困地区、93 个贫困县（包括重点县和片区县），包括 476 个建档立卡贫困乡（镇）、4277 个建档立卡贫困村，帮扶 194.5 万贫困户、574 万贫困人口。② 云南提出使 194.5 万贫困户都有结对帮扶的主体。2016 年 10 月，云南省有 300 家省级、2087 家州级、10948 家县级单位的 63.46 万名干部结对帮扶贫困户，实现

---

① 《关于做好 2016—2020 年定点扶贫工作的通知》，http://jzfp.swpu.edu.cn/info/1010/1051.htm，访问时间：2017 年 6 月 10 日。

② 李丹丹：《云南 40 万干部职工结对帮扶 194.5 万贫困户》，《昆明日报》，http://xw.kunming.cn/a/2015-08/25/content_3999963.htm，访问时间：2017 年 6 月 10 日。

对全省贫困户在结对帮扶上的全覆盖。①

  结对帮扶扶贫模式在具体措施上，对特定部门，如在医疗、教育方面，主要给予设备、技术、人员上的支持。对贫困家庭者则根据不同情况采取不同措施。对有劳动能力的贫困家庭，根据致贫原因给予资金、项目、技能、就业等方面的支持，让扶贫对象获得发展的资源和能力，进而提高收入，实现脱贫。对因子女上学致贫的家庭，给予长期助学资金，帮助孩子完成学业，增加家庭发展能力。对无劳动能力、无生活自理能力的特困家庭，通过资金支持，改善生活状况，提高生活质量。此外，结对帮扶还承担着新道德风尚、社会精神文明方面的建设帮助和支持。

---

① 李丹丹：《云南63.46万名干部结对帮扶贫困户》，《昆明日报》，2016年10月15日，http://yn.yunnan.cn/html/2016-10/15/content_4576912.htm，访问时间：2017年6月10日。

第六章

精准扶贫

第一节　精准扶贫概述

我国扶贫开发始于20世纪80年代中期，通过近几十年的努力，取得了举世公认的辉煌成就。但是长期以来，我国扶贫工作中一直存在贫困居民底数不清、具体情况不明、扶贫资本和项目指向不准、贫困群体主观能动性不高和分类指导待加强的问题。在具体的工作中存在"谁是真正的贫穷百姓""致贫的原因是什么""怎样精准帮扶""帮扶效果又怎样"等一系列问题，另外，由于全国目前还没有建立统一的贫困信息管理系统，因此对于具体贫困居民、贫困农户的帮扶工作存在许多盲点，特别是扶贫对象的精准性、因贫施策的科学性不足、评估体系不全面的问题，使得真正的贫困农户和边缘贫困居民仍然没有得到实际的帮扶。

一　精准扶贫贵在"精准"

2010年随着扶贫工作规划发展计划的完成，国家根据扶贫工作的需要于2011年制定了《中国农村扶贫开发纲要（2011—2020年）》。新《纲要》是在总结此前扶贫工作的经验后重新制定的国家扶贫目标。国家根据全国贫困人口集中区域的不同特点，划分14个集中连片特困地区作为扶贫工作的主战场。在扶贫目标上制定可操作性的量化标准,即实现"两不愁、三保障",即不愁吃、不愁穿,义务教育、基本医疗和住房安全有保障。为了实现此目标,国家在2013年提出了精准扶贫。

扶贫开发贵在精准,重在精准,制胜之道也在于精准。习近平总书记强调,"我们注重抓六个精准,即扶贫对象精准、项目安排精准、资金使用精准、措施到户精准、因村派人精准、脱贫成效精准,确保各项政策好处落到扶贫对象身上"。具体而言,习近平精准扶贫思想的主要内容可从三个方面进行阐述。

(一)"精准化"是精准扶贫思想的关键

扶贫工作应多做一些惠及广大贫困百姓的实事,贵在看真贫、扶真贫、真扶贫,少搞一些"盆景"。当前,中国扶贫工作非常缺乏精准化理念,不论是在贫困人群的建档识别,还是在扶贫政策的制定实施上,都不够精细。长期以来,我国扶贫的主要缺点是以贫困地区的区域开发为主要手段进行区域式瞄准;2011年划定了14个集中连片特困地区进行重点扶贫,农村扶贫的主要缺点是根本没有识别到户,识别到人。这种帮扶模式在短期内集中了政策和资金资源,能够切实帮助部分贫困人口脱贫,或创造部分贫困群体脱贫的硬性基础设施条件。但"大水漫灌"后,贫困地区有两类现象值得关注:一是一直未实现过脱贫的群体,或是不适应同质性的扶贫政策,或是自身根本不具备脱贫的能力素质等,这类群体往往就是现阶段的重点关注目标,脱贫难度较大;二是一度脱贫后又返贫的群体,或因病、因学、因经营不善等,此类现象很普遍,导致扶贫工作成效不持久,显得重复而又效率低下。①

(二)精准扶贫思想的基础工具是分批分类理念

习近平在2015年详细论述了其分批分类扶贫理念,并概括为

---

① 国家行政学院编写组编著:《中国精准脱贫攻坚十讲》,人民出版社2016年版,第73—79页。

"四个一批",即"通过扶持生产和就业发展一批,通过移民搬迁安置一批,通过低保政策兜底一批,通过医疗救助扶持一批"。

通过发展生产和就业帮扶一批,就是要加强业务培训和培育计划,因地制宜制定特色扶持政策、机制,帮助一批具备软硬件基本条件的群体迅速脱贫;通过移民搬迁安置一批,有计划地进行移民搬迁,把部分居住地自然条件恶劣、不具备扶贫脱贫的基本自然资源的贫困群体安置到自然条件相对较好的居住地,并继续对口帮扶直至真正脱贫;通过低保政策兜底一批,对于部分劳动能力低下,或是丧失劳动能力的贫困人群,不再以就业培训为主,而是果断通过低保等民政救助的方式保障其基本生活;通过医疗救助扶持一批,帮助部分群体缓解医疗压力,杜绝因病致贫增加贫困人口,也防止因病返贫使得扶贫工作倒退。

(三) 精神脱贫理念是精准扶贫思想的战略重点

扶贫先扶志,不论有何种直接原因造成贫困,精神贫困始终是主观上的首要根源。精神贫困首先体现在缺乏脱贫致富的勇气、信心等主观意愿。树立脱贫信心、营造脱贫环境,帮助贫困群体充分认识到自身优势以及主观能动性的重要性,拿出敢想敢干的毅力和决心,在精神上与贫困绝缘,是习近平精准扶贫思想的战略重点。

二 精准扶贫的概念

到底什么是精准扶贫?目前为止,还没有一个明确的定义,多数是国家领导人及相关领导者在讲话时提到这一词。"精准扶贫"最早提出是在2013年11月。当时习近平在湖南湘西考察时首次指出扶贫工作应"实事求是、因地制宜、分类指导、精准扶贫"。精准扶贫是相对于以集中连片区、县和村为中心的扶贫瞄准模式而言,把扶贫单元瞄准单元集中在"户"上的一种扶贫模式。这是中国自20世纪80年代中期以来政府扶贫进程中的一种必然结果,是中国扶贫工作推进中，随着连片区、县、村工作的推进，在三个层级区域上扶贫工作基本实现后，需要识别更精细的扶贫对象，以消除贫困而形成的一种机制。2014年1月，中共中央办公厅详细规制了精准扶贫工作模式的顶层设计，推动了"精准扶贫"思想转变成具体扶贫措施。2014年3月，习近平参加两会代表团审议时强调，要实施精准扶贫，瞄准扶贫对象，进行重点施策，进一步阐释了精准扶贫的理念。2015年1月，习近平新年首个调研地点选择云南，在调研中强调坚决打好扶贫开发攻坚战，加快民族地区经济社会发展。5个月后，习近平来到与云南毗邻的贵州省，强调要科学谋划好"十三五"时期扶贫开发工作，确保贫困人口到2020年如期脱贫，并提出扶贫开发"贵在精准，重在精准，成败之举在于精准"。2015年10月16日，习近平在2015年减贫与发展高层论坛上全面阐述了精准扶贫的内容，同年被写入中国共产党十八届五中全会决议，成为中国"十三五"期间扶贫工作的基本政策。精准扶贫基本内容是建立精准扶贫、精准脱贫方略，提出内源扶贫、科学扶贫、精神脱贫、教育脱贫、生态脱贫、社会保障兜底脱贫等。

从理论界与实务界看，精准扶贫形成了具体包括"六个精准""四个切实""五个一批"三个方面的基本内容。"六个精准"解决的是"扶持谁""怎么扶"和"谁来扶"的问题，具体是扶贫对象识别的精准、因村派人精准、措施到户精准、项目安排精准、资金使用的精准、脱贫成效精准；"五个一批"解决的是具体扶贫措施问题，在扶贫措施上确定发展生产脱贫一批、易地搬迁脱贫一批、生态补偿脱贫一批、发展教育脱贫一批和社会保障兜底一批；"四个切实"是保障机制，具体是切实落实领导责任、切实做到精准扶贫、切实强化社会合力、切实强化基层组织。此外，精准扶贫以发展特色产业为主导，实现可续性发展；加大生态保护，获得发展的保障；加强建设基础设施，获得发展的条件；改革贫困地区的结构性问题，获得发展的内生动力。当前的精准扶贫是中国 30 年扶贫工作的各种经验的集大成就，是集开发式扶贫和救济式扶贫为一体的扶贫模式。

　　精准扶贫主要是解决扶贫对象的识别和认定问题，现在采用的措施是"建档立卡"。"建档立卡"确定扶贫对象最早始于 2005 年。当年国家开始对贫困农户进行"建档立卡"，目标是通过对贫困农户准确识别，改善扶贫瞄准机制上存在的问题。2013 年随着精准扶贫的提出，"建档立卡"成为精准扶贫中六个精准之一和精准扶贫施行的前提条件。"建档立卡"是对贫困农户的精准识别、帮扶、管理和考核等扶贫工作的基础。然而，由于建档立卡需要大量的投入，国家通过强制性投入，虽然让各地扶贫的建档立卡工作得到落实，但由于当时政策力度不够，工作并没有做得很深入。此外，由于建档立卡成为一种识别后，一系列扶贫资源相应配套，让特定人户获得相应的一系列利益和标识功能，产生了很多复杂影响。加上，地方政府希望扶贫工作有成绩，于是，建档立卡户的选择受到各种非贫困因素影响越来越明显。如湘西州花垣县十八洞村在评定贫困户时采用"九不评"，具体是指在城镇购有商品房的不评、违反计生政策的不评、打牌赌博成性的不评、不务正业的不评、不赡养老人的不评、阻挠公益事业建设的不评、全家外出打工的不评、家里有拿工资的不评、拥有经营性加工厂的不评。[①] 这当中第二至第六种人户中的贫困户往往是农村贫困户中最难扶贫和最需要扶贫的对象。这种识别策略选择让扶贫工作转变成一种道德评价和标签识别，对整个扶贫目标的实现产生难以估计的负面影响。"建档立卡"制度作为我国目前规模最普遍的贫困个体瞄准机制中的措施，是实施精准扶贫的基础和前提，出发点是掌握贫困人口的

---

① 郑流云、佘路：《武陵山片区农村精准扶贫的问题与对策探析——以花垣县十八洞村为例》，《山西高等学校社会科学学报》2016 年第 8 期。

特征、致贫原因，以及监测扶贫效果。但当前一些学者指出，此类精准扶贫实施后往往会加剧贫困群体的分化、污名化和负向激励等，对长期有效消除贫困产生难以估计的影响。

学术界对精准扶贫内涵的理解也不尽相同，而且多数都是停留在领导者讲话的层面上，或者是以单独的某个地区进行分析得出结论，不具有普遍性和适用性。到目前为止，对精准扶贫实质性深入性的研究少之又少。

从文献资料来看，邓维杰（2014）指出精准扶贫在实际执行中效果并不令人满意，主要原因是在精准识别和精准帮扶过程中出现了对贫困户的排斥现象。① 李鹍和叶兴建（2015）发现精准扶贫面临五大实施困境，即"层级式"纵向识别与"水平式"横向识别的矛盾、政府管理与村民自治的矛盾、政府主导与社会参与的矛盾、脱贫退出与返贫再生的矛盾、"输血式"短期扶贫与"造血式"常态效应的矛盾等。② 这里提出的五大困境反映了精准扶贫中存在的真实问题。汪三贵和郭子豪（2015）认为精准扶贫难点在于精准识别难。③ 葛志军和邢成举（2015）基于地方实践发现精准扶贫面临多方面困境，包括贫困户参与不足、帮扶政策缺乏差异性和灵活性、扶贫工作遭遇上访困扰、扶贫资金有限和驻村扶贫工作队这一模式产生的成效较差；导致困境的主要原因有农民的社会流动、自利性和信息的缺乏、精准扶贫的内在矛盾、维稳工作的优势地位、结构性贫困的挑战、驻村扶贫干部的双重身份和扶贫资金筹集渠道的单一等问题。④ 唐丽霞等（2015）从贫困农户识别的政

---

① 邓维杰：《精准扶贫的难点、对策与路径选择》，《农村经济》2014年第6期。
② 刘解龙：《经济新常态中的精准扶贫理论与机制创新》，《湖南社会科学》2015年第4期。
③ 汪三贵、郭子豪：《论中国的精准扶贫》，《贵州社会科学》2015年第5期。
④ 葛志军、邢成举：《精准扶贫：内涵、实践困境及其原因阐释——基于宁夏银川两个村庄的调查》，《贵州社会科学》2015年第5期。

策和技术困境、乡村治理现状、贫困农户思想观念的变化以及扶贫政策本身的制度缺陷四个方面分析了精准扶贫机制面临严峻的挑战。[1] 左停等（2015）认为精准扶贫机制是为了解决此前扶贫开发工作中存在瞄准目标偏离和无法精准捕获问题，但其面临着规模控制所引起的规模排斥、乡村内平均主义思想、农村劳动力转移和市场化背景下的扶贫开发有效手段不足、村庄间贫困户实际识别标准差异等挑战。[2] 王国勇和邢溦（2015）指出我国精准扶贫工作机制存在贫困对象识别不精准、干部驻村帮扶机制不健全、产业化扶贫内生动力不足、扶贫资金整合困难、扶贫资源配置不均衡等问题。[3] 这些批评对精准扶贫作为一种扶贫模式的有效性提出强有力的质疑。

综合多方面观点，精准扶贫即是粗放扶贫的对称，是指针对不同贫困区域环境、不同贫困农户状况，运用科学有效程序体系对扶贫对象实施精确识别、精确帮扶、精确管理、精准考核的治贫方式。一般来说，精准扶贫主要是就贫困居民而言的，谁贫困就扶持谁，谁的贫困程度深对谁的扶持就多。精准扶贫的要义，可简单理解为"对症下药，药到病除"。精准扶贫，需要齐心协力、凝心聚力、合力实现。做到任务到人、责任到人，各司其职、各尽其责，协调运转、协同发力，落实到位、考核到位，而不能各唱各调、各管各段，更不能推诿扯皮、敷衍了事。目前多数地方政府对精准扶贫的内涵还没理解到位，导致开展扶贫工作不够理想，事与愿违，不符合国家政策初衷，达不到较好的效果，所以非常有必要对精准扶贫概念进行阐述和梳理，为我国的扶贫工作开展提供强有力的支

---

[1] 唐丽霞、罗江月、李小云：《精准扶贫机制实施的政策和实践困境》，《贵州社会科学》2015 年第 5 期。

[2] 左停、杨雨鑫、钟玲：《精准扶贫：技术靶向、理论解析和现实挑战》，《贵州社会科学》2015 年第 8 期。

[3] 王国勇、邢溦：《我国精准扶贫工作机制问题探析》，《农村经济》2015 年第 9 期。

撑作用。

按照《中国农村扶贫开发纲要（2011—2020年）》提出的总体目标，到2020年，稳定实现扶贫对象吃穿不愁，义务教育、基本医疗和住房安全基本得到保障，全国人民过上小康生活。贫困地区农民人均纯收入增长幅度高于全国平均水平，基本公共服务主要领域指标接近全国平均水平，不断缩小贫富差距。

在"十三五"期间实现以上目标还需下足功夫。目前，我国扶贫攻坚已到了啃硬骨头、攻坚克难的冲刺阶段，剩下的都是贫中之贫、困中之困，采用以前的套路按部就班是根本不可能成功的，必须改变思路，下定决心，以更精准的措施对症下药，用超常规的力度实现脱贫攻坚。点穴的根本在祛病，扶贫的目的在脱贫。精准扶贫重在解扶贫中的难题，破脱贫中的瓶颈。只有减少盲目性，增强针对性，突出协作性，提高实效性，才能真正让贫困群众去贫根，奔富路。

三 精准扶贫内容分析

经过多年不懈努力，我国贫困情况已得到明显改观，扶贫人口已减去大半，我国已成为全球首个实现联合国千年发展目标贫困数减半的国家。但是，由于贫困地区贫困程度深，分布区域不均匀，贫困所在地多为山区、半山区，扶贫攻坚工作仍然刻不容缓，精准扶贫更是要加快步伐，"深快准"地推进。自国家领导人提出"精准扶贫"一词后，近年来各个领域也在不断探索关于精准扶贫如何开展新模式。随着精准扶贫内涵越来越清晰明了，国家和相关部委针对精准扶贫的趋向也更加清晰，具体的精准扶贫内容发展如表6—1所示：

表 6—1　　　　　　　　　　精准扶贫内容发展趋势

时间	颁布的部门	政策或行动	精准扶贫的主要内容、目标
2011.12	国务院	《中国农村扶贫开发纲要（2011—2020）》	提出了扶贫开发的目标：到2020年稳定实现扶贫对象不愁吃、不愁穿，保障其义务教育、基本医疗和住房
2013.11	习近平		首次提出"精准扶贫"这一概念
2014.1	中央办公厅、国务院办公厅	《关于创新机制扎实推进农村扶贫开发工作的意见》	建立精准扶贫机制，开展贫困人口识别及建档立卡工作，实现有进有出的动态管理
2014.5	国务院	《建立精准扶贫工作机制实施方案》	针对精准扶贫顶层设计、总体布局和工作机制作出详细规划
2015.10	第十八届中共中央第五次全体会议	《中共中央关于制定国民经济和社会发展第十三个五年规划的建议》	建议提出实施精准扶贫、精准脱贫，因人因地施策，提高扶贫实效
2015.10	国务院	调整扶贫开发领导小组成员	新增统战部、中组部、国新办等成员单位
2015.11	中共中央国务院	《关于打赢脱贫攻坚战的决定》	确定五年七千万贫困人口实现精准脱贫目标
2015.11	中央扶贫开发工作会议	中西部22个省区市党政主要负责同志向中央签署脱贫攻坚责任书	2020年实现贫困县全部摘帽，解决区域性整体贫困问题
2016.2	中央办公厅、国务院办公厅	针对中西部22个省（自治区、直辖市）的《省级党委和政府扶贫开发工作成效考核办法》	将扶贫成效作为领导考核评价的重要依据，出现问题的将对负责人进行约谈，甚至问责
2016.5	审计署办公厅	《关于进一步加强扶贫审计促进精准扶贫精准脱贫政策落实的意见》	突出扶贫审计重点，进一步做好扶贫工作
2017.9	教育部	《职业教育东西协作行动计划滇西实施方案（2017—2020年）》	加快构建滇西职业教育体系，以职业教育促发展，打赢脱贫攻坚战
2017.10	第十九次全国代表大会	《十九大报告》	提出了扶贫攻坚的新任务、新要求、新方法、新手段、新责任、新担当

第二节 精准扶贫的对象

推进精准扶贫，加大扶贫力度，精准确定扶贫对象，是缓解贫困、实现共同富裕的内在要求，也是全国实现全面小康和现代化建设的一场攻坚战。精准扶贫、精准脱贫，关键在准，重在实效。准确识别贫困人口，摸清贫困程度，找准贫困原因，是精准扶贫的第一步。在此基础上准确掌握贫困人口规模、分布情况、居住条件、就业收入来源、身体健康状况等，方可精准施策、精准管理。

一 精准扶贫对象的瞄准

精准识别是精准扶贫的重要前提。扶贫工作必须到村到户，首先要了解哪一村贫，哪一户穷，摸清底数，建档立卡，被称为精准扶贫的"第一战役"。按照国家指定的统一的扶贫对象识别办法，通过有效、合规的程序，科学划分"扶贫开发户、扶贫低保户、纯低保户、五保户"四种贫困户类型。在识别过程中，总的原则是"县为单位、规模控制、分级负责、精准识别、动态管理"；采取群众评议、入户调查、按收入倒排、公示公告等方法，开展逐村逐户摸底调查和精准复查，以家庭收入为依据，对以往建档扶贫对象进行再次入户摸底识别，还处于贫困级别的纳入农户信息管理系统。对于各乡镇、各村上报的帮扶贫困户名单，要层层严格把关审核，确保建档立卡户是真贫困，让政府进一步做到扶真贫。

(一) 以区域划分进行瞄准

2011年国家制定了《中国农村扶贫开发纲要（2011—2020年）》。《纲要》在总结扶贫工作的经验后重新制定了国家扶贫目标，根据全国贫困人口集中区域的不同特点，划分为14个集中连片特困地区作为扶贫工作的主战场，每个部委定点联系一个连片特困地区，一种以区域为对象进行扶贫的模式从此展开。

对象瞄准是精准扶贫的首要决胜因素，从区域划分来看，中国扶贫对象瞄准单元基本由四个层级构成，具体是区域（西部、集中连片区）、县域、村域和贫困户。从集中连片区到县、到村再到贫困户，是一种层级式的识别方式，政策从上往下传达，相对简单，但是经过层层传达，有时到基层就会出现对扶贫政策理解的偏差，以致扶贫效果不如人意，比如广西马山县扶贫把孩子上大学作为贫困判定的标准，这是完全不对的，也不符合国家扶贫政策方针。

当需要统计整个集中连片区或整个县的贫困情况时，先是各个村干部自行统计然后上报乡镇，乡镇再上报县里、市里，最后汇总给集中连片区，这就容易出现一个问题：基层的村干部在统计时，由于对上层政策理解偏差或者完全随意填写上报，导致数据出错，真正的贫困户无法得到帮扶，不贫困的反而得到扶贫资本支持，根本没体现扶贫的"精准度"。扶贫工作的重要意义在于帮助贫困地区的人民早日实现伟大的"中国梦"，消除贫困、改善民生、实现共同富裕。为此，在进行贫困户识别时必须经过申请评议、公示公告、抽检核查、信息录入等环节，识别出真正的贫困户、贫困村、贫困县。

（二）以对象类别进行瞄准

分类进行贫困对象识别也是经常采取的一种方法，根据不同对象因地制宜，分别动态管理。先根据人员特点划分到具体类别，再按照不同县域、不同致贫原因分类管理。

比如：对于贫困残障群体，可采用帮、助、扶、给、康复等国家政策，在给予一定保障的基础上助其实现自食其力；对于因病致贫的群体，在医治费用上医院应给予减免，病好后政府帮助推荐就业机会，实现早治疗、早康复、早脱贫；对于劳动力不足的贫困村可依托当地本土的产业基础开发优质高效的农业扶贫项目；对于丧失劳动力的村民，政府给予最低生活保障扶持，根据相关政策做到"应保尽保"；对于有特色产业但没有资金的村镇，政府应帮助其和银行搭建信誉平台，获得小额贷款，助其发展特色产业，以产业促进资金增长，进一步脱贫致富，同时形成"一村一特色"模式；对于生存条件比较恶劣，但是生态条件又较好的村落，可通过易地搬迁的方式给村民重新划分地方建房安置，或搬入城市商品房居住，前提是必须发展相关产业解决村民搬迁后的就业问题；对于劳动力过剩的县域或村镇，要免费开展技能职业培训，鼓励年轻劳动力"走出去"，同时要积极挖掘本地的特色，看能否发展成相关产业，以解决劳动力过剩问题；对于有劳动能力和劳动意愿的低收入户，要通过"宜农则农、宜商则商、宜游则游"的原则，帮助制定脱贫措施和年度目标，采取各种扶贫开发方式和方法，扎实开展针对性强的帮扶。

把对象按类别瞄准必须找准特点，不能随便应付，一定要结合各类别的特点进行比对。有时一个对象可能同时属于两个类别，在进行扶贫过程中，绝不能顾此失彼，必须找到贫困问题源头，逐个突破解决。

（三）以贫困程度进行瞄准

判定每户村民是否贫困，都必须按照相应的标准进行判定。在多维角度判定是贫困户后，还需进行深一步分类，分析是边缘性贫困户、一般贫困户还是深度贫困户。贫困程度不同，帮扶的先后顺序、资金分配、帮扶措施也不尽相同。如果是边缘性贫困户，可能无法享受到一些政府的扶贫政策，但是作为帮扶人员要找到致贫的原因，帮助贫困户解决根本问题；对于深度贫困户，政府部门要不定期探望、帮助其解决困难，充分利用国家扶贫政策，多手段、多方位地采取措施帮助其脱贫奔小康。在帮扶过程中，不能一味地给予，要引导村民自力更生，找到致富生财之道，做到授之以渔，而不是授之以鱼。

目前工作人员在判定贫困程度时，存在诸多问题。判定是否贫困的依据多数来自贫困户本身陈述的事实和周边村民的反馈，具有一定主观性，缺乏相应的标准体系；工作人员责任心不够，传统人情关系思想根深蒂固，没有按照精准扶贫识别标准体系进行识别，而是上报自家亲戚或关系较好的，就出现了所谓的"人情对象""关系对象"。目前我国贫困识别还存在一个普遍现象——"宁做贫困户，不愿奔小康"。成为贫困户后，会享受到国家一系列政策及相应的资金扶持，利益的诱惑导致部分百姓不愿如实告知收入情况，冒充贫困户，甚至联合起来欺骗上级政府。基层干部如果在识别过程中不公正公平，不把好质量关，就会使整个扶贫工作变得本末倒置，不仅起不到真正的作用，还助长了不良的社会风气。

总之，在识别过程中，不管采取何种方式，都要充分提高群众的参与度，让整个程序尽可能透明化，把识别权交给基层群众，避免个别干部弄虚作假，让同村老百姓自己识别周边谁是穷人，以保证贫困户认定的公正、公平。

二 精准扶贫对象的管理

（一）实施建档立卡式管理

在贫困对象识别的过程中，要严格"按照对扶贫对象进行指标分解、自助申请、入户核实、村级评议、审核和公示、县级审批和公示的基本程序扎实推进"。[1] 最重要的就是我们的精准扶贫干部，不管是当地的，还是临时挂职或借调在当地负责推动扶贫工作的，都必须要亲自深入贫困地，了解贫困村、贫困户及贫困

---

[1] 罗讲月：《扶贫瞄准方法与反思的国际研究成果》，《中国农业大学学报》（社会科学版）2014年第4期。

人口基本情况，做到挨家挨户了解情况，摸底排查，同时填写《入户评估表》，准确掌握贫困户的经济收入、人口情况及教育程度等详细情况。在掌握了详细情况之后，及时将每户贫困户情况进行建档立卡，填写相关表格，以便下一步录入电子信息系统，实现电子化动态管理。

在了解情况时，必须尽量详细，如实记录。了解情况的对象也不能只限于贫困户本身，还要多向村干部、周边的邻居及村民进行了解，全方位地获取贫困户的真实信息，以便下一步扶贫工作能得到有效地开展。这种识别过程尽管详细可靠，可成本开支也特别大，贫困地区多集中在交通不便的山区或半山区，想获得详细准确的数据，势必会增加时间、资金、人力等成本。这将导致扶贫资金的一大部分被花费在贫困户识别的过程中，并未真正用于贫困户本身的脱贫开发，如何规避这一问题还有待进一步探讨。

（二）采用联网信息系统实施动态管理

1. 完善农户信息管理系统，做到真正的建档立卡

及时建立全国联网农户信息管理系统，将最新的扶贫对象信息、动态情况录入系统，实现动态管理。为保证后期扶贫工作的顺利开展，信息管理系统的数据模板尽量全国统一，有利于不同片区之间、不同县市之间可以相互对比学习。另外，在贫困户识别完成以后，对贫困户实施一户一本台账、一个脱贫计划、一套帮扶措施，因地制宜，确保帮扶到最需要帮扶的百姓，帮扶到最需要帮扶的地方。

另外，还需定期对系统里的人员进行更新，对贫困程度发生变化的，要及时更新动态信息；对于已经脱贫的百姓，要及时从系统里去除；发现新的贫困对象，要将贫困对象信息及时纳入系统；做到系统有进有出，返贫再进，实现真正的系统动态管理。做好上下左右对接，加强与相关行业部门信息平台有效对接，实现扶贫信息

资源共享，为精准扶贫提供有力信息支撑。

2. 分析原因，精确帮扶

明确了帮扶对象之后，最重要的就是找准每个家庭的致贫原因。全国汇总而来的致贫原因总结来看主要有：生存环境制约和自然灾害致贫、基础设施落后致贫、上学致贫、地方病和突发重病致贫、残疾失去劳动能力致贫、孤寡老人无人供养等等。在精准扶贫中，我们要在贫困户识别的基础上，将他们归到不同的贫困户类别，然后针对不同家庭分析具体的致贫原因，再根据致贫原因制订相应的扶贫计划、脱贫措施。

对于每户贫困户，在帮扶过程中，要建立结对帮扶台账，内容包括帮扶责任人、年度目标、帮扶措施、投入资金、实施过程、帮扶结果和帮扶对象收入变化等内容和指标。

3. 动态监测，分级管理

以年度或半年度为节点，根据脱贫出、返贫进的原则，及时对农户信息管理系统的贫困户数据进行更新，做到有进有出、逐年更新、分级管理、动态监测，随时保证系统显示最新的数据信息，做到真实、可靠、管用，有利于政府在制定扶贫开发策略上进行正确决策。

在系统管理上，实现网络一体化，至少保证各省、各州市、各县能清楚摸清自己负责的贫困户状况，分析各种扶贫措施所带来的成效，清楚了解每笔扶贫资金的去向，实现了阳光操作管理。在行政管理体制上，要做到对贫困户分级管理、层层落实，并具体落实到村、到户甚至到个人。

只有精准识别到具体的贫困户及准确的致贫原因，才能实现扶贫开发由"漫灌"改为"滴灌"，才能提高扶贫工作的针对性和有效性。

第三节　精准扶贫的责任人

俗话说"火车跑得快，关键车头带"，能否选派出一批"立足基层、深入基层、服务基层"的工作团队，是推进精准扶贫取得成功的关键因素。同时，推进精准扶贫，要更好地发挥政府的作用，从中央到地方，各级党政领导要将脱贫攻坚的责任落到实处。按照"中央统筹、省负总责、县抓落实"的原则，逐级分解落实，做到分工明确、责任清晰、任务到人、考核到位，既各司其职、各尽其责，又协调运转、协同发力。

一　精准扶贫工作机制

实行中央统筹、省（自治区、直辖区）负总责、市（地）县抓落实的工作机制。党中央、国务院根据全国贫困情况，负责统筹制定扶贫开发方针政策，出台重大举措，规划重大项目和资金支持。各省（自治区、直辖区）党委和政府对本省的扶贫开发工作负总责，抓好目标任务、项目下达、资金投放、组织动员协调、监督考核等工作。市（地）党委和政府则要做好上下衔接、域内协调、督促落实检查工作，特别是对于本市的贫困县，要重点做好如期摘帽工作。县级党委和政府承担基层责任，书记、县长是第一责任人，做好扶贫工作进度安排、项目落地、资金使用、人力调配、各部门协调配合、推进实施、监督检查等工作。

扶贫部门要抓好精准扶贫工作的顶层设计、沟通、协调、指导和服务工作；要从上往下层层签订脱贫攻坚责任书，特别是扶贫任务重的省（自治区、直辖市）党政主要领导要和中央签署脱贫责任书，每年要向中央做扶贫脱贫进展情况的报告。同时，省（自治区、直辖市）党委和政府要向市（地）、县（市）及乡镇提出要求，具体工作必须责任落实到人。相关行业、部门要发挥自身职能和行业优势，切实加大对贫困村和贫困户的扶贫力度。

各级领导干部要自觉践行党的群众路线，认真贯彻落实党的扶贫开发文件精神。在领导考核上，可以把扶贫开发工作实绩作为选拔使用干部的重要依据，对表现优秀、符合条件的可以就地提级。加大选派优秀年轻干部特别是后备干部到贫困地区挂职工作的力度，各省（自治区、直辖市）党委和政府也要选派厅级后备干部到贫困县挂职任职。每年都要有计划调整人员情况，对于县级领导班子应保持稳定。另外，健全贫困县精准扶贫考核机制，建立贫困县约束机制。

二 精准选配工作队员

2015年4月，中央组织部、中央农办和国务院扶贫办印发了《关于做好选派机关优秀干部到村任第一书记的通知》，要求从各级国家机关、企事业单位选派优秀干部和工作队员到村任第一书记，着力解决了精准扶贫谁来扶的问题。

精准扶贫，必须根据贫困村的实际需求，坚持选派德才兼备和专业对口的优秀人员到村挂职扶贫锻炼，要求工作队员政治素质好、工作能力强、干事劲头高，善于做群众工作，有一定的协调能力，不怕苦不怕累，能为国家精准扶贫作出贡献。在情况允许的前提下，可考虑每个贫困村配备一名善于做群众的党政干部、一名懂技术的农业人才、一名懂法律的政府干部和一名懂信息技术的农村指导员，以达到工作人员在工作上的互补性，对贫困村的综合发展也能起到促进作用。选派的工作人员驻村后要实实在在为百姓脱贫出谋划策，而非下乡"镀金"；干部下乡帮扶，必须实施群众"点菜"、政府"下厨"的方式，从国家扶贫政策、村情、户情等角度，来侧面帮助贫困户梳理自家情况，确定发展思路，真正落实目标责任制,做到不脱贫不脱钩。为此各个单位在选派人选时要综合考虑工作队员的工作能力和相关个人情况,优先选派优秀能干的年轻干部。对于愿意驻村的高校毕业生,也要多给予机会,让年轻的血液注入农村,参与到扶贫开发中来。特别是第一书记人选,更要做到精准选配,要求有政治素质、工作能力、工作经历和身体条件等基本要求,切忌形式主义。第一书记的主要职责是在乡镇党委领导下,带领村"两委"成员开展扶贫工作,一切从贫困村实际出发,抓住主要矛盾,解决主要问题。农办、扶贫办要定期对第一书记开展涉农、扶贫等政策和技能的培训,加强业务指导。同时保证第一书记经费问题,做其坚强后盾。对在一线干出成绩、群众欢迎的第一书记,要重点培养使用。

对于驻村工作队员和第一书记要实施全新的科学考核体系,采取定性和定量综合考核、平时检查和临时抽查相结合、注重群众评议,建立适当的奖惩机制。对于挂职干部,要将挂职期间的扶贫工作成绩和原单位绩效考核相结合,由原单位和挂职单位共同给出年度考核意见。另外,还需保证工作队员的生活待遇问题,对于深入贫困村驻村、参与精准扶贫的干部,工资应仍由原单位支付,并每月给予适当的生活补贴,购买人身意外险等,以解决大家的顾虑从而安心为我国扶贫开发事业作出贡献。

三 加强乡镇和村级领导班子建设

加强贫困乡镇和村级领导班子建设,有针对性地选配政治素质高、工作能力强、熟悉"三农"工作的干部担任贫困乡镇的主要党政领导,充分发挥基层党组织带领群众脱贫致富的战斗堡垒作用。抓好以村党组织为领导核心的村级配套设施建设,集中整顿组织涣散的党组织,提高贫困村党组织的凝聚力、创造力和战斗力,充分发挥群众作用。

结合各个贫困乡镇的实际情况和精准扶贫需求，有针对性地对乡镇和村级领导班子加强专项培训，提高扶贫意识，推进乡镇和村级领导班子精准扶贫的专业化程度，具体形式可采取专题培训、实地考察、交流访问、现场培训等方式。通过各种形式的培训，让基层领导班子对精准扶贫的重要意义、主要内容、方式方法有所了解和掌握，才能更好地在群众面前做好宣传指导、全面服务、精准帮扶工作。另外，不同乡镇的领导班子要经常一起交流学习关于精准扶贫的好思路，在可以借鉴的前提下取长补短，做得较好的乡镇要给其他乡镇展示具体帮扶方法，供其他乡镇领导班子学习探讨。

四　完善社会扶贫帮扶形式

在以政府发挥主体作用的精准帮扶模式下，要完善社会扶贫帮扶形式，鼓励引导各级定点扶贫单位、社会团体、基金会、民办非企事业单位等组织积极投入扶贫开发建设中来；鼓励各类企业到贫困地区通过资源开发、产业培育、村企共建等形式投资兴业、捐资助贫、吸纳就业；鼓励广大社会成员和港澳同胞、台湾同胞、华侨及海外人士，通过志愿服务、爱心捐款、结对帮扶等多种形式到贫困地区进行帮扶。争取做到帮扶重心下移到贫困村、贫困户及个人，帮扶措施能到位有效，而不是只做表面工作，以实现社会帮扶形式的精准化。1997年，治沙企业家王文彪走进中国第七大沙漠库布其沙漠，在沙漠上修公路，彻底改变了沙漠上游牧民族的生活，让游牧民族从以前的骑着骆驼到今天的驾驶越野车，通过政府和治沙企业的帮助，老百姓彻底摆脱了没电没水的生活。

五　严格执行扶贫开发逐级督查问责

精准扶贫需要责任落实到人，各省（自治区、直辖市）党委和政府要加快出台对贫困县扶贫问责制度，建立扶贫工作责任清单，不管是省、市还是县一级领导、工作人员，都要实施逐级问责。对未完成年度减贫任务的省份要对省级党政主要领导进行约谈，查明原因；市级党政领导要向省级领导作工作汇报；县级党政领导处于帮扶一线，对帮扶情况最为了解，遇到未完成的任务要及时向市级党政领导汇报，自我检讨，确定下一步实施计划。同时，积极落实贫困县约束机制，严格控制"三公"经费，严禁铺张浪费，杜绝一切形象工程。

扶贫资金要保证专项专用，精准拨付，每一笔资金都只能用于贫困地区和贫困群众，坚决避免资金分配的随意性。每次使用都必须登记在册，严格监管。按照"项目跟着规划走，资金跟着项目走，监督跟着资金走"的原则，强化项目监督管理，未经批准不能擅自更改项目的建设内容和用途，确保每一个项目都落实到贫困户身上。

第四节 精准扶贫的方式

精准扶贫怎样扶，必须根据精准识别到的扶贫对象不同的实际情况，制定出具体的帮扶措施，并确保具体的帮扶措施和效果落实到户、到人。在制定措施时，要以国家扶贫政策为导向，从贫困户实际的贫困情况出发，帮助贫困户理清未来发展思路，制定明确的帮扶计划，确定下一步工作重点，并将责任落实到人，保证做到不脱贫不脱钩。具体帮扶措施可从以下几个方面落实：

一 特色产业助发展，产业脱贫奔小康

中国贫困地区多数分布在农村，农村要想脱贫，离不开产业稳定发展和农民收入的持续增长。农业生产稳定发展，劳动生产率稳

步提升、农民增收渠道不断拓宽，农民的经营性收入、工资性收入和财产性收入日益提高，是推进精准扶贫从"输血"到"造血"，实现精准脱贫的根基。

贫困地区虽然多数基础设施落后，交通不便，但都有着较好的自然资源和丰富的物产。为此，结合实际制定贫困地区特色产业发展规划，出台专项政策，加大政策支持力度，实施贫困地区特色产业发展，鼓励贫困户根据本村特色实施"一村一户"产业推进行动，扶持建设一批贫困人口参与度高、受益面大的特色农业基地。引导社会上的央企、外企到贫困地区投资，开展产业园区建设、资源开发、新型城镇化建设等项目。

另外，还需不断推进农业现代化建设，促进投资企业和当地农民合作经营，探索企业与贫困户建立利益联结机制，促进贫困户经济收入稳定增长。不断调整贫困地区产业结构，大力发展具有本地特色和广阔市场前景的优势产业。同时打造农产品特色品牌，支持农民合作社、农民土地入股和其他经营方式，不断带动贫困户增收，争取在2020年初步构成特色支柱产业体系，实现产业脱贫。

十八洞村的扶贫模式就是一个值得借鉴的例子。十八洞村，位于湖南湘西州，是精准扶贫的首倡之地。3年多的时间，通过发展特色生产、乡村旅游等方式摘掉了深度贫困区的帽子，老百姓们在扶贫工作队的指导和帮助下，自力更生，发挥本村优势，寻找特色产业，打造了黄心猕猴桃这一特色品牌，并与天猫、京东、苏宁易购等20个电商平台开展合作，打开市场，解决了销售难题。目前，十八洞村的村民通过自己的双手不仅脱了贫，生活还迈上了一个新台阶。

中国贫困地区虽然经济落后，但普遍都有丰富的特产和物资。最大的问题就是本地的产品无法被外人知晓，而且山路崎岖，丰富的物产无法销往外地。在"互联网+"时代，通过电商扶贫模式解决人民的贫困问题是一个非常直接有效的办法。全国各地已有多个地区通过电商平台为本地的特色农产品打开销路，甚至走向世界。比如东北的黑蜂蜜、四川大凉山的橄榄油、河南信阳的毛尖都已在京东平台上获得一席之地并走向全国，成为老百姓喜欢的产品。

二 推进教育扶贫，阻断素质化贫困

素质化贫困一直是多数贫困地区致贫的主要原因，治贫先治愚，扶贫先扶智，教育扶贫是扶贫开发的重要任务，也是阻断素质化贫困的治本之策。"十三五"期间，应以精准扶贫、精准脱贫为基本方略，以14个集中连片特困地区和建档立卡的贫困人口为重点，采取符合实际情况的措施，精准对准教育最薄弱领域和最贫困群体，让贫困山区的孩子都能接受素质教育，达到教育强民的目的，从源头上阻断贫困的代际相传。

首先，政府要全面保障落实教育扶贫政策，强化经费保障，国家教育经费要多向贫困地区倾斜。健全教育教学制度，加大贫困地区师资投入力度，特别是特岗计划、国培计划指标要多向贫困地区基层倾斜，保障贫困地区教师工资水平和生活补助政策，尽快解决贫困地区老师少、好老师更少的问题，多为贫困地区乡村学校定向培养留得下、稳得住的优秀教师。同时，还需建立城乡教师流动机制，推动城乡教师合理流动和对口支援。多为贫困地区乡村教师提供培训、学习机会，建立乡村教师荣誉制度。

其次，针对不同教育群体分类施策。学前教育一直是农村多年被忽视的教育阶段，多数贫困地区基本上没有学前教育。为此，在贫困地区要逐步保障每个人都有机会接受三年学前教育，逐步建成以公办幼儿园为主体的农村学前教育服务网络，解决资

源分配不足的问题。对义务教育阶段儿童，保障每个儿童都能享受到有质量的义务教育。城镇和乡村学校教育资源要实现共享，不断优化教育资源布局，切实解决农村留守儿童、随迁子女、残疾儿童等特殊群体的教育问题。对于高中阶段学生，城乡学校差异性不能太过明显，重点解决高中教育资源不足的问题。对于未能进入普通高中学习的学生，要鼓励进入中职学校，学习一技之长，掌握一门技能，促进家庭脱贫。2017年9月，教育部办公厅印发了《职业教育东西协作行动计划滇西实施方案（2017—2020年）》，充分发挥职业教育在实施"五个一批"工程中的重要作用，鼓励一部分人通过职教摆脱贫困。对于高等教育阶段群体，要不断拓宽就业渠道，多为大学生提供就业机会，尽力使其避免一毕业就失业的状态，否则不仅不能脱贫，反而加剧家庭负担。对于学龄后贫困人口、职业农民和进城农民工等群体，政府更要加大职业培训力度，免费提供一些培训机会，提升劳动者职业技能和创业能力，以便尽早地脱贫致富。

最后，广泛动员社会力量参与教育对口帮扶。发挥教育系统优势，动员广大社会爱心人士、企业、基金会对贫困地区学生捐资助学，利用资源、资金支持贫困地区教育发展。根据贫困地区实际情况，找准帮扶领域，在产业合作、科技成果转化、人才帮扶、决策咨询等方面加大支持力度，积极争取社会支持。

三 推进健康扶贫工程，医疗帮扶惠民生

贫困地区目前多数自然条件差，发展起步晚，医疗水平比较落后。贫困家庭收入主要靠外出打工或主要的劳动力种植农田所得，收入来源比较单一，一个家庭如有一人患上大病，不仅花去多年积蓄，还会负债累累，面临巨大的经济压力。实施健康扶贫工程，让贫困地区人口"看得起病、看得好病、看得上病、少生

病",保障贫困人口享有基本医疗卫生服务,防止因病致贫、因病返贫。

首先,政府应加大农村医疗保障政策的落实,建立农村合作医疗保险、大病保险、医疗救助等制度的衔接机制,发挥协同互补作用,力争使贫困患者看得起病。第一,新型农村合作医疗保险制度应覆盖所有贫困人口并对因病致贫的家庭予以政策倾斜。第二,加大医疗救助力度。对于符合条件的农村贫困户,全部纳入医疗救助范围,全面开展特大疾病救助,进一步减轻贫困家庭经济负担。同时,积极发动公益组织、社会爱心人士开展慈善救助,呼吁社会力量一起帮助贫困家庭。第三,对于农村贫困家庭残障人口,按规定纳入基本医疗保险支付范围,提高农村贫困残疾人的医疗保障水平。争取到2020年,县域就诊率提高到90%,基本实现"大病不出县"。

其次,精准识别农村贫困人口中患有大病或慢性病的患者,让贫困人口看得好病。识别的关键是对象要精确,要精确到户、到人、到具体病种,重点是要实施分类救治,让患病的贫困人口能够得到有效的治疗。主要措施如下:第一,开展因病致贫、因病返贫情况核实工作。以县为单位,对"因病致贫、因病返贫"的贫困家庭数、患病人数及病种进行统计,录入农村信息管理系统,实行动态管理。第二,建立贫困人口健康卡,对贫困人口实施分类救治。第三,加大贫困地区传染病、地方病、慢性病防控力度。第四,全面提升妇幼健康服务水平。

最后,让农村贫困人口"看得上病并少生病"。多数贫困地区分布在边远山区、深山区,交通十分不便,一旦患有重大疾病需要进城治疗,会增加交通、食宿等必需的生活开支,又加剧家庭困难。为此,政府应想办法解决医疗资源均衡化问题,有效提升贫困地区医疗卫生服务能力。可采取以下几项主要措施:第一,实施全国三级医院和贫困县医院一对一帮扶。三甲医院要轮流派各个领域的专家到县级医院坐诊,帮助指导县级医院医疗服务工作。县级医院医生每年定期到三甲医院进修学习,掌握较先进的医疗技术。第二,加大县级医院医疗设施投入,引进一些较为先进的设备,便于开展医疗服务工作,也便于三级医院医生远程协助完成一些高难度的手术。第三,强化人才综合培养。加强乡村医生队伍建设,鼓励优秀人才到贫困县服务,对长期在贫困地区基层服务的卫生技术人员在薪酬待遇、教育培训和职称晋升上给予政策倾斜。

另外,还需改善贫困地区健康卫生状况。广泛宣传居民健康基本知识和技能,创建良好卫生环境,引导重点人群改变不良生活习惯,形成健康的生活方式。加快农村卫生厕所建设进程,做好改厕后续服务和管理。实施农村饮水巩固提升工程,推进农村垃圾污水治理,改善用水卫生,早日实现农村贫困人口少生病、不生病。

四 易地搬迁,奔向幸福

据数据统计,目前全国大约有1000万贫困群众居住在深山、石山、高寒、荒漠化等生存环境恶劣、不易开发的地方。道路不通、信息闭塞、与世隔绝也是致贫的一大原因,为此实施易地搬迁也是一个解决办法。

政府要充分做好调研工作,因地制宜选择易地搬迁方式,深入贯彻落实中央农村危房改造、棚户改造政策,积极响应抗震安居工程,认真做好精准扶贫规划,结合地区民族特色,改善住房条件。易地搬迁会导致就业、教育等各种问题,作为政府部门,应做好搬迁户的思想工作,解决他们的后顾之忧,做好安置区公共设施配套建设和迁出区生态修复,同时协调各个部门积极解决棚户改造户可能面临的问题,要保证搬得出、稳得住、有事做、能致富,真正实现造血式帮扶。

云南省昭通市镇雄县芒部镇松林村村民易地搬迁以前，住房以茅草房居多，村民吃的是酸菜苞谷加洋芋坨坨。在省委领导关心下，实现了易地搬迁，老百姓们从穷窝搬进了新房，不仅有了新房，村里还有了公共厕所、活动广场，还在计划发展农家乐、果园等，进一步解决农民的就业问题。贵州省大方县凤山乡幸福二村的村民原住在大山里，各家有着几块"望天田"，生活较为艰苦。在政府调研、专家论证后，选取合适的搬迁点，村民逐步搬出大山，走向幸福。村民住进新房后，对蔬菜合作社特别感兴趣，多数都在合作社里找到了自己能做的工作。

易地搬迁是好事，也是一大难事。广西都安、田阳、龙州和平桂等县（自治县、区）分享了在实施易地搬迁时的一些好的做法。都安县提出，选址时必须科学布局，结合本地区实际土地情况进行布局，集中分散两相宜。田阳县在进行易地搬迁项目后，深化政企合作，促进壮乡河谷集团、农贸批发市场、古鼎香物流园、农民工创业园等企业和园区发展壮大，直接、间接提供近2万个就业岗位。龙州县创新实施"易地搬迁+边贸扶贫"模式，4个安置点的搬迁户除享受0—3公里范围内边民每月130元补助外，还可依托口岸边贸城和互市点开展边贸运输、装卸、货物进出代理等边贸服务增加收入。当然，政府还要同时加强产业规划，搞好多种经营，发展特色种植养殖、乡村旅游、农产品加工等，帮助群众增收致富，确保如期完成脱贫迁建任务。

五　因地制宜，生态扶贫

在进行扶贫开发中，要深入贯彻落实"创新、协调、绿色、开放、共享"的五大发展理念，决不能以牺牲环境为代价，必须坚持生态环境保护和脱贫攻坚相结合，走出一条致富道路。

因地制宜，实施生态旅游脱贫。贫困的地区由于未遭受破坏，生态环境都保持得较好，可在原有的基础上发展旅游产业，打造旅游特色；建立国家公园体制，利用生态补偿资金新增生态保护人员岗位，安置闲置的劳动力，间接解决贫困人口的收入问题；在打造旅游产业的同时，因地制宜，不破坏生态环境，尽最大可能保留原本的生态圈，要深入贯彻绿色发展理念，把生态环境永远放在第一位，让大家都明白绿水青山就是金山银山。

在生态资源基础上实施特色产业脱贫。结合贫困地区的生态环境，瞄准市场发展动向，将贫困地区的生态优势转为产业发展优势。依托贫困地区独有的民族特色、地方特产、民间文化等资源，培育发展乡村旅游、中草药、农产品等特色产业。同时，打造生态产业链，支持贫困地区可再生能源开发，实现太阳能、风能、生物能的再利用。积极实施"七改三清"环境整治行动，实施"改路、改房、改水、改电、改圈、改厕、改灶"，"清洁水源、清洁田园、清洁家园"综合行动，在脱贫的同时实现人畜分离、厨卫入户，切实改善农村人居环境。

政府要高度重视生态环境的重要性，为生态产业发展提供政策支持，大力推进生态建设产业化，在扶贫过程中探索生态脱贫新办法，实现产业发展生态化，构建全新的生态产业体系，让贫困人员在脱贫致富的同时，人居环境也得到根本性改变。

六　社会保障兜底扶贫

首先，完善社会保障体系。对于贫困人口中真正丧失劳动能力的居民，应由政府保障其生活。低保标准的确定，要统筹结合其是不是贫困人口，贫困人口低保标准应适当降低，特别是贫困人口中的残疾、智障人群更应由低保来加强保障，对残障人士要多开展残疾人特殊技能培训，解决其就业创业问题，优先扶持残障人士家庭解决就业问题,将其纳入精准扶贫支持范围。儿童如果有残疾问题,要加强康复治疗,增加康复器械的配置。同时,帮助联系红十字会等公益机构,尽量解决治疗费用。

其次,加大其他形式的政府救助力度,加大医疗保险和医疗救助。贫困人口因病致贫、因病返贫现象特别严重,对于这些人员,政府应及时给予有效的救助。一要建立健全医疗保险和医疗救助制度,新型农村合作医疗、大病保险政策、门诊统筹应向贫困居民倾斜;二要加大医疗救助、临时救助、慈善救助等帮扶力度,使重特大疾病救助覆盖所有贫困居民;三要保障贫困居民有基本医疗卫生服务,鼓励医生到贫困地区就业、提高乡村医生医疗救治水平。

再次,完善特殊群体救助体系。对于农村的"三留守"人员,即留守儿童、留守妇女、留守老人要经常进行摸底排查,完善信息台账,将建档立卡的农村留守儿童及其家庭及时纳入精准扶贫项目的重点支持范围。增强农村社会救助力度,当"三留守"人员遇到困难时,保证能求助有门,及时得到救助。动员村(居)民委员会、村小组和社会福利院、养老院、社区基层服务组织对"三留守"人员及时送温暖、送关爱,了解他们的困难和需求,并做好相关服务型工作。云南省昭通市绥江县通过挂钩帮行动,实行科级以上领导干部联系帮扶贫困学生制度,各单位到对应挂钩村认领贫困学生和留守儿童,做他们的爱心爸妈。定期开展"双互""双访"活动,对留守儿童或困难学生进行走访,以电话、见面等形式与孩子和监护人联系,为结对贫困学生送温暖,开展文体活动,建立感情,并力所能及地给予适当资金帮扶。

最后,完善养老服务体系。农村和城市相比,严重缺乏老年人活动场所及活动设施。政府应加强农村老年人活动中心建设及娱乐设施的配备,关爱农村老年人养老生活。各村(居)民委员会要充分发挥村民自治组织作用，动员村民和社会力量参与养老机构运营服务，为农村老年人就地提供生活照顾、休闲娱乐等综合性日间照料服务。各类医疗卫生服务机构、志愿者服务组织也要加强对老年人的关心和帮助，提高贫困村居家养老的质量。

第七章

贫困治理评估

　　总体来说，对于贫困治理的评估从时间选择上可以分为事前评估、过程评估、事后评估。事前评估是在一个项目或政策正式实施前对政策目标制定是否具有指向性、项目需求是否紧迫、该项目的实施条件是否已经具备等方面进行论证。事前评估可以分为需求评估和逻辑评估两个部分，需求评估是项目设计或政策规划的第一步，用来回答什么样的公共服务是穷人最需要的，或是检验现有服务是否已经满足目标人群的实际需求。逻辑评估又称理论评估，关注的是项目的概念化和设计方法相关的问题，描述项目可以产生的预期收益以及为完成这些预期目标所采取的行动策略。逻辑评估主要依靠各种方法检验行动理论的合理性、可行性和道德伦理性。过程评估就是评估项目在实际的执行或实施中的程度与效果，在扶贫治理中也成为项目监测与督导的一种方式。它是一种项目督导形式，保证项目在执行过程中按预期的设计发挥作用。过程评估致力于解决那些和项目实际运行紧密关联的问题，包括服务和项目目标的一致度、政策的干预手段是否瞄准到目前群体、项目管理的绩效、项目资源的使用效率等类似的问题。事后评估包括影响评估和效率评估，前者主要涉及项目是否达到了预期产出、项目对环境的干预是否发生了实际作用、项目是否还产生了设计之外的影响。效率评估也可以理解为绩效评估，分析项目成本和绩效之间的对比关系。

第一节 贫困治理的事前评估

公共政策的事前评估是在政策执行前所进行的一种带有预测性质的评估，主要包括对政策实施对象发展趋势、可行性、预期政策效果的预测。著名政策评估专家 Peter Rossi 认为任何公共政策事前评估都应包括四个方面："评估要解决的问题、解决评估问题所采用的方法和程序、评估者与政策相关者的性质（评估者与政策相关者的有效互动）、评估结果的发布程序。"从此定义中不难看出事前评估主要涉及两个方面的内容：一是对评估要解决的问题的描述，即评估要解决的社会问题的现状是什么、是否具有实施必要性，可称之为需求评估；二是解决评估问题所采用的方法和程序对于所瞄准的社会问题是否得当，可称之为逻辑评估。要完成这两个步骤，评估者必须要和政策相关者，包括政策制定者和政策干预对象有效互动，这就涉及事前评估的一些技术方法。

一　事前评估的理论基础

（一）需求评估（Needs Evaluation）

准确描述项目意图解决的社会问题性质对于项目评估而言非常重要。解答这些问题的评估活动通常被称为需求评估。从项目评估的角度看，需求评估是一种手段，是评估者确定实施项目的需求的必要性——如果确实存在这种需求，那么什么样的项目设计最适合满足这种需求。这样的评估对于新建项目的有效设计是重要的，在很多情况下不能简单假定项目是必须实施的或者该项目提供的服务能很好地契合需求的性质。需求评估之所以重要，是因为如果在开始时所定义的需求根本不存在或者项目所提供的服务与实际问题无关，那么项目就不能有效地解决问题。因此下面的讨论将涉及评估者在需求评估中所扮演的角色，讨论评估者如何通过系统的程序来完成这一任务。

对于中国的扶贫评估来说，特定的时期、特定的贫困区域和群体有着自己独特的脱贫需求，需求评估的主要目的是评价政府扶贫政策的目标是否能满足贫困群体的内在需求，评价政府回应的那些需求是否具有重要性、长期性和紧迫性，而且项目是不是优先、及时地回应了那些需求，与此同时回应的这些需求是不是符合党的执政宗旨和政府的职责。

评估者在需求评估中的基本任务就是以尽可能谨慎、客观和长远的方式描述项目所瞄准的问题，以帮助诊断问题并为后面构建有效的干预方式奠定基础。因此需求评估的步骤为：界定评估的问题，评估社会问题存在的范围，定义和识别干预的对象，准确描述干预对象所需要提供的服务。

1. 界定项目问题

一般来说社会项目或是公共政策都有其特定针对的社会问题和服务的目标人群。因此评估的首要基础就是要描述清楚针对社会问题的性质，只有对问题的诊断和对目标人群的描述已经很好地、令人信服地建立起来之后，后面的评估才有意义。评估的目的在于根据所要解决的问题对现有政策进行变动、修改或者提出一项新的政策。但难点在于社会问题本身并不是客观现象，而是与所观察环境相关且有一定政治意义的社会构建。比如说贫困问题是一个公认的社会问题，可以观察到的事实是关于收入和财产分布的统计资料，这些数据并没有界定贫困的概念，数据只能描述有多少人处于贫困状态而不能把贫困确立为一个社会问题。由于不同阶段对于贫困问题界定的不一样，减贫的干预手段也不一样，如有就业、教育、赋权等措施。对问题的界定一方面涉及当时实际的社会及经济环境,如在"八七扶贫攻坚"之前国家的财力有限,对于贫困的定义也很简单,减贫目标是基本维持在最低生活保障线附近,而今的减贫目标则扩展到"两不愁、三保障"。另外,一个社会问题的提出还涉及特定政治环境下的回应,评估者弄清楚其中的政治意义是非常有益的。如中国的扶贫涉及"两步走,共同富裕"的政治纲领,同时也是政府重要的职责,具有强烈的正当性与合法性。

2. 界定和识别干预对象

从项目各方面最早开始对社会问题下定义到项目运行的整个时期,确认干预对象对于社会项目的成功至关重要,是探明项目需求的先决条件。一个项目,想要更加有效,就必须清清楚楚地知道它的目标人群,这样才能使所提供的服务有指向性,而不是漫无目的针对所有人群。将服务准确地提供给干预对象,就需要准确地定义干预对象的范围,从而确保以相对清晰和有效的方法把干预对象与其他非目标人群区分开来。在贫困治理中这就是贫困人群的识别工作。首先,通过前面章节所介绍的识别技术手段和标准来确定贫困人群,政策针对的对象既可以是个人,也可以是家庭,还可以是特殊人群,如春蕾计划针对的就是农村贫困女童。其次,根据干预服务是即时还是长期的,干预对象也可以分为直接的还是间接的。一般来说项目所针对的对象都是直接的,如对劳动技能的培训计划。但是也不排除这些受过劳动技能培训的人之后再相互传授,这样项目也对间接目标起到了作用。

3. 描述目标人群

完成对干预对象的识别后的另一项重要工作是对干预对象的准确描述。项目意图服务的目标人群属性,对于项目干预方法的选择和项目成功实施的可能性都会产生巨大的影响。通常来说贫困发生率、贫困人群规模、贫困深度对于项目设计和实施都有重要意义。

4. 描述服务需求的特征

需求评估的一个重要作用就是提出所针对的贫困问题和贫困人群的贫困严重程度和贫困分布情况的估计。因此提供目标人群的需求的具体特征就很重要。通常来讲，针对特定社会问题和目标人群，某一扶贫项目仅仅按照统一模式提供标准化服务仍然是不充分的。这一点之所以重要是因为，一个旨在对特定问题或需求作出回应的社会项目为了能有效实施，还需要使其提供的服务适合问题的本土特征和需求者的独特环境；反过来这又需要了解需求群体经历问题的过程、对于相关服务和项目的理解及平衡，甚至还要清楚地知道目标群体在得到这些服务过程中会遇到的可能的障碍和困难。

（二）逻辑评估（Capability Poverty）

逻辑评估是对项目的理论进行评估，如果项目建立在错误的理论或是混乱的设计逻辑基础之上，那么要得到预期的干预结果的可能性就很小。项目所要解决的社会问题，通常是十分困难和复杂的，即使付出很大的努力，也很可能只带来很小的改进。项目理论是一种概念体系，是关于为实现预期的社会效益应该做些什么的设想，也是项目执行的基础。好的项目理论使我们知道要怎样做才能达到项目目标，哪些事情事项是必须做的。而差的项目理论就算执行没有问题，也不能产生预期的结果。逻辑评估的目的就是评价项目理论的优劣，评价项目理论是否有清晰的逻辑、表达是否清晰和完整、是否提供了合情合理的改善社会状况的方案。逻辑评估的步骤分为可评估性评价、描述项目理论、评价项目理论。

可评估性评价。通过可评估性评价，评估者可以明确项目的设计和项目执行情况，它不仅告诉我们项目是否可以进行有效的评估，还可以告诉我们，通过评估是否能改进项目的进程。可评估性评价必须遵循的标准是：

1. 项目的目标、目的、重要的附带性影响以及信息需求必须有明确的界定。

2. 项目目标必须是合理的。

3. 可以获得有关项目执行进程的资料和数据。

4. 评估结果的应用者对评估结果如何应用达成共识。

可评估性评价的基本步骤为：

1. 对项目模型特别事项目标进行描述。

2. 评价项目模型界定的准确性和可测量性。

3. 确定项目各方在项目评估中的利益所在，和他们对评估发现的应用方式。

可评估性评价提供了描述和评价项目理论的一系列概念及程序，通过这个步骤可以知道项目设想是做什么，以及为什么这样做。

描述项目理论主要工作有三个部分：项目影响理论、服务利用计划、项目组织计划。

项目影响理论就是有关项目运行导致改变，并在改变中改善社会状况的项目假设。其中最重要的是项目和目标人群之间的关联，包括项目到达预期效果所需要使用的运作方式。为了获得项目理论所期望的变化，项目首先必须为目标人群提供计划好的服务。这些从目标人群的角度来衡量项目，关注是否准确地为目标人群提供了服务，以及整个服务提供的程度。关于这些问题的假设和期望就是服务利用计划。在研究完项目的提供方式之后，项目必须用特定的方式组织起来，使其能够真正地为人民提供服务，并产生预期的收益。这就需要了解项目资源、人力、执行情况等组织计划内容。组织必须首先具备一定的资源、人员、设备，并且这些东西能被有效地利用，这样的系统才能使服务成为可能。

评价项目理论分为社会需求评价和逻辑性、适当性评价两部分。评价项目理论的最重要框架必须建立在需求评估基础之上。其分析的基础是在整体上把握项目所要解决的社会问题，评价项目是否能满足目标群体的需求。项目影响理论包括项目服务与目标、社会环境得到改善的结果之间的因果链。比较项目理论和社会需求的关键，是看项目理论预期对社会环境的改善是否符合目标群体的需求。

全面描述项目理论应揭示项目设计本来就存在的关键假设和期望，特别是对项目各组成部分的逻辑性和适当性进行审查。逻辑性和适当性的评价包括以下四方面问题：

1. 项目目标是否界定明确？项目所获得的结果应该得到清晰明确的陈述以便判定项目是否达到了预期的效果。

2. 项目所设想的改进程序是否合理，项目所设想的给目标群体带来的收益是否依赖于其设计的因果关系链而发生？这一个因果链条的每一个环节是否合理？

3. 项目用来界定目标群体、提供服务并在项目完成之前维系服务的步骤是否清晰？项目理论应该涵盖具体的步骤和功能，并且确定目标群体能够享受相应的服务。

4. 分配到项目及其不同组成部分和项目活动的资源是否足够？项目资源包括资金、人力物力等，这些资源是否得到了有效的利用？

二　事前评估的技术方法

（一）常用的需求评估信息获得方法

在需求评估时获得相关数据的一个途径是社会指标，一些现有的资料来源能够提供定期测量的数据以用来绘制历史发展趋势。如国家统计局公布的数据，历年发布的农村贫困监测报告，还有人口普查等公布的数据。

在许多情况下，现存资料来源没有提供具体问题的描述数据。例如国家发布的统计数据不能分解到相应的地方层次上去运用。如果有关资料不存在或者不充分，那么评估者就必须收集新的资料，这时候就要采用抽样调查、主要知情者调查、专题小组讨论、滚雪球调查等方法。

抽样调查（Sample Survery），从一定群体中抽取一定量的样本进行系统分析，通过统计方法测算结果，进而反映整个群体的特征。抽样调查有以下三个突出特点：一是按随机的原则抽取，在总体中每一个单位被抽取的机会是均等的，因此，能够保证被抽中的单位在总体中的均匀分布，不致出现倾向性误差，样本代表性强。二是以抽取的全部样本单位作为一个"代表团"，用整个"代表团"来代表总体，而不是用随意挑选的个别单位代表总体。三是所抽选的调查样本数量，是根据调查误差的要求，经过科学的计算确定的，在调查样本的数量上有可靠的保证。抽样调查有简单随机抽样、分层抽样、整群抽样、等距抽样等方式。

主要知情者调查（Key Informants），对于那些无法用数据回答的社会问题的严重程度和重要性进行评估的最简单方法，就是询问主要的知情者。这些人的立场和经历使他们对于问题的重要性和分布状况有一定的见解。遗憾的是，用这个方法得到的结果通常并不十分准确，通常知情者的观点和看法有强烈的主观色彩，缺少客观的证据支持。但是主要知情者所提供的关于问题程度的资料总能给评估者一些有用的信息，这是评估者在缺乏资金支持进行大规模抽样调查时，一个有效的替代方法。在这种情况下评估者必须仔细判断，确保主要知情者可靠，要仔细地选取被调查对象，用专门的知识、小心谨慎的方式来询问问题。

专题小组讨论（Focus Group Discussion，FGD），根据评估问题拟定一系列相关主题和开放式问题，邀请事先选定的专家学者、服务机构领导、项目执行人、目标群体等相关方对拟定的问题进行讨论。所拟定的问题必须按一定的逻辑顺序来安排，确保一个问题建立在另一个问题基础之上。问题必须是开放式的，问题要具有吸引力并且适合参与者，问题的设定要使专题小组能够作出共同的回应。

滚雪球抽样（Snowball Sampling），滚雪球抽样是指先随机选择一些被访者并对其实施访问，再请他们提供另外一些属于所研究目标总体的调查对象，根据所形成的线索选择此后的调查对象。这一过程会继续下去，形成滚雪球的效果。滚雪球抽样主要是用于估计十分稀有的人物特征，滚雪球抽样的主要优点是可以大大地增加接触总体中所需群体的可能性。

（二）PIA 法[①]

事前贫困评价法（Poverty Impact Assessment，PIA）是由 OECD 发展援助委员会开发，借以帮助捐助方和伙伴国解决影响它们针对贫困人口的政策、项目效果和产出的关键性问题。该方法的目标是尽可能使干预方法达到其预期目标。

只有少数的干预活动（项目、政策）是直接瞄准穷人的。通常情况下，干预的目标是经济增长和环境可持续发展。我们应仔细地了解针对贫困人口的干预活动所产生的影响和结果。

PIA 是一个让人们聚焦的过程，借此让捐助方伙伴国了解干预活动可能产生的预期结果和意外情况。它能帮助政策制定者确定公共行动的政策选择，从而最大限度地减少贫困并让穷人受益。PIA 让人们更好地理解一项干预活动潜在的受益人和受损人，从而强化以结果为导向的方法。

PIA 的信息来源。PIA 通常利用现有的二手数据，包括研究、

[①] 内容节选自张磊《贫困监测与评估》中第三章，中国农业出版社 2008 年版。

普查和官方数据，而不是大规模的调查。如果有需要的话，也可以使用现有的定性数据。只有这些数据都缺乏的时候，才需要收集额外的数据。这时候就可以采用上面提到的关键信息者调查法和专题讨论法。评估的详细度应由使用 PIA 的组织需求来确定。在一些情况下，特别是对大规模的干预活动，我们要做的工作必须更细致，报告必须把信息来源的属性、质量和缺点清楚地写出来。

PIA 框架和模块。图 7—1 展示了 PIA 框架的主要步骤，帮助理解一个干预项目的影响以及怎样去改善干预活动。步骤的推进，也意味着因果链的升级，最初的投入经过干预活动及选择的传输渠道，发展为传输渠道所产生的结果，然后发展成为与能力改善有关的长期结果，一直到最高级的对实现千年发展目标产生影响。在每个阶段，都需要考虑有可能影响项目实施和项目结果的风险。另外，还应评估信息的质量和信息缺口。在每个评估阶段作出的建议都是建立在事实证据的基础上，来指导如何改善干预措施。

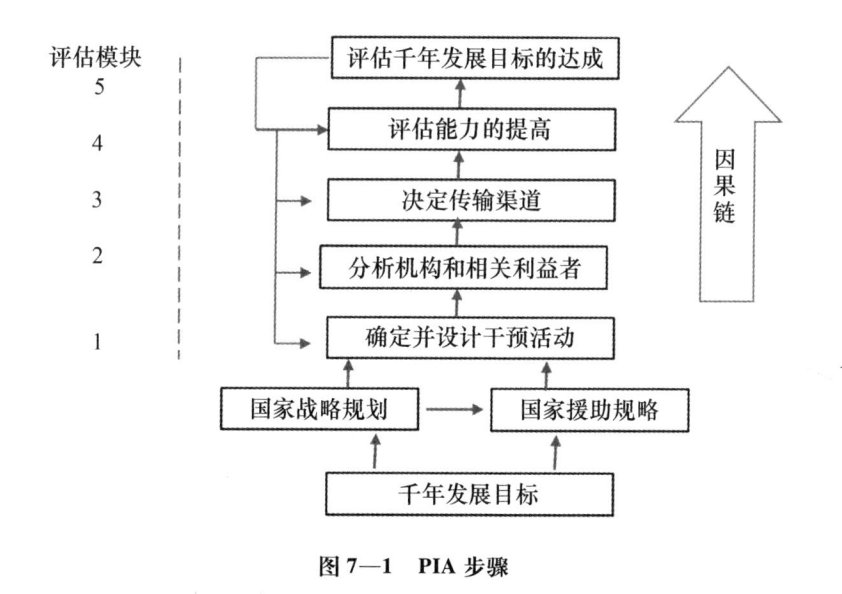

图 7—1　PIA 步骤

表 7—1 PIA 模块

模块	
模块 1 贫困状况以及国家战略和规划的相关性	评估整体贫困状况以及干预措施与国家战略和规划的相关性。 有计划的干预，会解决这些贫困问题吗？这种干预是否能与现有的项目协同配合，或是成为已有项目的重复？我们应该怎样调整干预，以更好解决致贫原因并支持现有的政策和现有的政策项目，并支持现有的政策和项目？
模块 2 相关利益者分析和机构分析	考察那些对干预活动有影响或者受到干预活动影响的机构和利益相关者，他们各发挥了怎样的作用，还有他们在干预合同上的利益如何？谁是主要的利益相关者和机构？关于干预他们主要的作用和任务是什么？他们主要的利益在哪？哪些方面是他们不愿意支持有利于穷人的工作？
模块 3 传输渠道的确认以及渠道带来的整体效果	传输渠道是干预活动经由某种路径在不同层次和时间跨度出发的结果。一级渠道是被干预直接激发的，而二级渠道是被利益相关者的行为变化激发的。主要传输渠道是价格、就业、财政转移、公共服务的可获得性、正式或非正式的权威、各类资本。 干预活动通过怎样的过程，影响利益相关者？每一个渠道预期的整体结果是什么？
模块 4 评估利益相关者和目标群体的能力	描述干预对于贫困不同方面有关的利益相关者可能产生的影响。 五个层面是经济、人力、社会文化、政治和保护。分析人员尤其关注性别、赋权和平等的问题。不同群体是怎样受到干预活动积极和消极的影响？为了能增强贫困和弱势群体的能力，我们能做什么？
模块 4 千年发展目标和其他战略目标的结果评估	评估干预对千年发展目标或者其他国家发展目标的影响。 对千年发展目标可能的短期和长期的影响主要有哪些？哪些风险可能降低对千年发展目标的积极影响？

对评估的总结和建议。为了帮助决策者决策，建议开辟一个总结和建议专题，强调 PIA 最重要的结果。

第二节 贫困治理的执行评估

从评估的角度来看，逻辑评估所面对的是"纸面"上的设计，需求评估是评判干预手段与需求之间是否有直接因果关系，逻辑评估判断项目设计能否从理论上保证项目有效地运转。但过程评估所要解决的问题是，理论设计与现实执行的差异，而现实是衡量理论的依据，"实践是检验真理的唯一标准"，因此必须回答：制度设计在现实中落实得如何，存在什么样的问题？

一　执行评估的理论基础

为了有效地实现政策和项目的预期目的，不仅在项目设计和理论上要保证正确、合理，项目还要能保证按照其设计的方向进行，即必须实质性地按照预期的方法实现其设计的功能。实际中项目未必会按照预期的设定进行，同时还会产生一些负面的影响，这些影响甚至会阻碍预期目标的达成。所以一个项目或政策评估的重要方面就是过程评估，对项目日常运行中实际发生的活动和实际提供的服务进行审视。

理解执行评估要和产出评估（也即事后评估）相区别开来，执行评估（program process monitoring）只是审视项目是否按照预期的设计执行、服务是否提供给干预对象以及系统的、持续地观测服务所产生的绩效。这种测量并不是事后对项目总体是否达到预期目的的评测。执行评估关注的是服务利用涉及对预期目标人群接受预期服务程度的绩效观测，只需要比较设计和实际完成的服务。执行评估最关注的问题有：正在接受服务的人群数量；所接受服务的人群是目标人群吗？他们接受服务的质量、类型符合之前的设计吗？是否有应该瞄准的人群没有接受到服务或者现有接受服务的人群不属于瞄准群体？接受服务的人群意识现在接受服务吗？项目人员的数量足够吗？都具备必须的执行能力吗？执行项目或政策的组织相互协调吗？项目的资源是否得到了充分的使用？不同实施地之间项目的绩效是否一样？接受服务者对服务满意吗？

过程评估作为项目评估的一种方法，在整个评估中一般起着两个作用：首先就是前面所提到的了解项目运作、服务提供和类似项目的绩效。特别是对于一个新开展的项目来说，过程评估就是评估的重点，目的是为项目的管理者如何更好地运行项目和提供服务提出更好的反馈意见。其次，过程评估也是事后影响评估的重要组成部分。项目设计的前提意义就是项目活动被认为能够对需要改善的社会问题产生影响，而项目的顺利实施并按预期设计的发挥作用并不是自然而然的。项目所解决的社会问题通常都是十分复杂的，尤其是扶贫问题更涉及了方方面面，所以维持项目的运作，并把恰当的服务提供给目标人群的过程中必然会有许多挑战。因而充分的影响评估就需要过程评估的辅助来确认项目所提供服务的质量和数量，掌握了这些信息才能去综合影响评估的信息。

执行评估相关的概念有：

项目可及性（accessibilty）：主要用于判断项目的组织安排和结构性安排有利于提高项目人群参与的程度。

偏差（bias）：目标人群中不同群体接受项目干预的程度差异。

覆盖面（coverage）：项目对达到预期目标人群的覆盖程度。

责任能力（accountability）：主要指项目人员提供项目运行资料能说明项目是有效的，其覆盖面、服务、财务等和设计要求的一致性。

执行评估的分析一般有以下三个方面：

项目绩效的描述：主要评估项目按照执行的程度，例如覆盖面的估计和参与偏差、提供服务的类型、反应给主要参与者的服务强度和参与者对服务的反应。这类描述多采取叙述性的形式，因为资料多来源于定性资料。

不同项目之间的比较：通常来说项目的实施不限于某一个区域，执行评估要关心项目绩效在不同区域之间的差异。这样的比较有利于找出项目执行中的偏差和一些特殊情况，以做出及时的更正促使项目有效运行。

项目的执行与设计一致性：这是执行评估最重要的一点，项目的设计与执行之间产生差距是不可避免的，如果项目功能或者运行状况不像所预期的那样好，自然会与预期目的产生差距。这样评估就可以为项目设计者提供有用的信息，以帮助项目改善和重新设计。

二 贫困监测的一般方法

执行评估的目的是系统地、长期地对项目进行监测以督促项目运行，所以执行评估也称之为项目督导或项目监测。下面围绕贫困监测的一般方法来展示执行评估的过程。

所谓监测是指在一定时段内跟踪事物的变化，所以贫困监测就是在一定时间段跟踪贫困状况的变化。贫困是一个世界性的问题，通常发展中国家都会将减贫战略作为国家发展战略的重要组成部分。这些减贫战略是否有效，减贫战略中的每项措施贡献度分别是多少，都是政策制定者比较关心的问题，所以必须要有一套能够测量减贫进展和执行程度的指标监控系统来定期提供信息。一项好的贫困监测是有助于改善政策和项目设计及实施、增强责任感和对话交流的信息监测系统，这样的监测系统可以从总体上提高减贫略实施机构的绩效。贫困监测通常包括确定目标、选择指标、制定目标、贫困监测数据等几个方面。

确定目标：贫困监测包括一系列关键因素，如测量贫困状况、识别贫困人群、描述减贫政策和评估执行能力。因此贫困监测要求非常清楚地去理解如何测量贫困，测量标准如何监测测量的间隔，收集哪些数据？由谁来收集？对如何界定和测量贫困有一个明确的认识，是制定贫困监测目标的基础。贫困是一个多维的概念也是一个动态变化的概念，多维性包括收入、健康、教育、卫生能力和赋权等，动态性涉及脆弱性导致返贫。确立减贫的目标就要考虑这些不同的维度合适和要素。要实现这些目标，就要及时进行贫困监测，提高减贫专项资源的使用效率。

选择指标：通常检测指标分为两类，一类是成果指标，用以衡量减贫的政策结果和对福利等各方面的影响；另一类是绩效指标，用以衡量项目的投入和产出。因此贫困监测应包括过程监测和成效监测两方面，后者是以结果为导向的。通常绩效指标比成果指标变化快，公众对绩效指标的反应也更加迅速，而且容易测量。贫困监测的指标设定还要考虑一个国家的现实条件，指标的设定要符合国家现有的资源能力。由于贫困是一个多维的概念，因此对监测指标也要进行分解，例如按地区、性别、民族、宗教等因素，或者按收入支出水平等。指标分层的选择也具有减贫的政治性特征，也很敏感。如按种族之间的分层设定指标，就会反应出不同种族之间的收入和贫困差距，这样就会加剧种族之间矛盾。

制定目标：为减贫设立具体目标，一是可以使决策者认清重点，从而有效率地分配资源；二是强化责任。在设立减贫目标方面的建议是，用明确没有歧义的术语确立几个目标，这些目标要与国家发展总体规划相协调，同时又能保证其在既定的国家总体经济发展水平和实施能力下是可以实现的，并有足够的资源能够保证减贫战略的实施和管理系统的正常运转。

贫困监测数据：数据的可获得性和质量是决定贫困监测系统是否有效的关键因素。贫困监测系统的设计和实施的很多环节都会影响到贫困监测的效果，但是其最基本的要素是贫困监测和数据的质量。扎实的家庭调查和生活水平衡量调查是获得高质量数据的基础，而高质量的数据是生成有关贫困问题的数据的基础。不管是用消费还是用收入来衡量贫困程度，对数据的要求都是非常高的，需要定期对贫困的特点和分布进行监测。另一种工具是参与式贫困监测，这种方法正越来越多地用于村级贫困监测。它是通过采取走访的方式收集民众对于谁贫困和谁不贫困的定性信息，监测指标则依据贫困的概念而改变。这种监测方法获得的信息是定性的，可以作为抽样调查方法的有效补充。

贫困监测系统：它包括数据采集者（国家统计部门和其他官方和非官方的数据生成者）；数据分析人员，通常是各种政府机构、大学、研究部门；数据使用者，主要是政府决策者和相关研究人员。

第三节　贫困治理的事后评估

上一节我们谈论了项目的执行评估及对具体减贫项目的监测问题，然而评估的最终目的是评价政策（项目）最后对社会问题的改善情况。不论之前项目在定位项目问题、社会需求、制定完善的实施计划、在瞄准目标人群和服务提供上做得多么好，都不能据此判断此项目是成功的。对于扶贫项目来说，必须回到最初锁定的目标人群那里，观测其本初设计的目标的完成情况才能作出判断。社会问题的改变是项目的预期产出，评估项目获得这些产出的程度才是评估的主要工作，所以在很多情况下对项目评估多理解为事后评估。下面介绍怎样测量项目产出以及如何评价。

一　事后评估的基础理论

在事后评估中项目的产出并不是所提供的服务，也不是服务直接产生的效果，而是整个项目实施的干预对所瞄准的社会问题的状况的改变。比如在一项扶贫项目中，对目标人群进行某方面技能的培训，他们获得的技能只是手段，只是项目服务的送达，而最终目标是他们要能依靠这种技能脱贫致富。另外对于产出的认识也要注意到，目标人群的变化并不意味着项目已经导致他们以某些方式产生了变化，这些变化的发生未必是项目因素导致的，可能和项目无关，没有项目也会发生同样的结果，也有可能是项目和其他因素共同作用的结果。因此，影响评估最大的挑战在于对项目实际产出的识别，还要找出产出中的何种程度的变化是项目的干预所致。所以，影响评估一般只能获得一个相对接近真实情况的评估结果，评估设计越严格，干预效果的估计值就越真实。

在社会学的研究中通常是采用对照组的方法来解决类似的问题，即随机在目标人群中挑选一群人，保证这群人按照以前自然的状况发展，不受其他任何外界因素的干扰（创造一个不受其他干扰因素影响的环境）。未实施项目的人群为控制组，实施项目的人群称为干预组。在项目结束的同一时间点对比控制组和干预组在某一问题上的异同，两者最后结果的区别就是项目的实际产出。这种方法称之为随机实验法。

（一）随机实验（randomized field experiment）

随机实验法是最有效的的确定干预效果的方式，它的实验条件建立在相似构成基础上。评估对象被随机分派进控制组和干预组，干预组接受项目的服务，控制组则不接受项目的服务。有时候干预组和控制组的数量并不是一个，干预组可能有不同干预强度的组，控制组也会进行不同的控制——无干预或给"安慰剂"干预。

随机实验的关键在于控制组和干预组的完全对等，除干预手段之外将受到完全相同的外界因素影响，这样才能保证产出的影响来自干预手段。对等要求：控制组和干预组人群来自同一个目标人群；干预组和控制组面对同样的项目环境；在整个观测过程中，干预组和控制组经历同样的时间的过程。要做到对等，最好的方法就是做到随机选择，在实践中可以选择随机数字表、掷骰子、电脑随机程序等方式。

尽管随机实验能够最有效地阐明干预效果，但是在影响评估中，随机实验法的运用比例并不是很多。因为在实际运用中存在着以下缺陷：政治和伦理的考虑会排斥随机化过程，特别是当干预违反伦理和法规而被拒绝时。即使随机化不涉及政治和伦理的考虑，大规模的实验也面临耗费大、耗时长、需要专门技术参与者的配合等等方面的困难。最引人关注的伦理性问题是与控制组的状态有关。如测试一项新服务的有效性，必然会撤销以前的服务，这样就涉及改变干预组以前的生活方式，这就是不道德的。当项目资源不充足和不符合要求时，实验控制条件下的随机分组会出现伦理上的两难困境。一方面这个过程会导致随机选择那些不太合格对象接受干预，另一方面如果不能将干预送达所有合格的对象，随机性要求就难以满足。应用随机实验时一个突出的问题就是耗资耗时，特别是大规模的实验的完整性就会受到威胁，因为会有参与者由于各种不同的原因退出。

（二）准实验（Quasi-experiment）

鉴于上面提到的随机实验对随机性要求度比较高，在实际中很难保证对照组和控制组的对等。即使最大限度地做到了随机化，在实验过程中也会受到很多方面的挑战从而影响实验效果。所以在实际应用中影响评估更多采用非随机的准实验的方法，这样的设计方法通常用于不能将参与和不参与项目的对象进行随机分组的情况。

由于准实验无法满足随机性的要求，做不到无偏估计，实验结果自然会产生偏差。准实验面临的最大挑战就是对项目产出偏差的估计，这些偏差会系统地增大或者缩小项目的效果，甚至还会影响项目效果向反方向发展。因此，在准实验设计中，必须采用恰当的方法调整在项目净效果中产生的偏差。这些方法要达到两个目的：一是在多大程度上能够确定项目产出；二是产出在多大程度上可归因于项目的实施，而非其他原因。通常会用到配对控制、多变量统计分析、反身控制等技术方法来解决这两个问题。

配对控制是人为地构建一个控制组，由评估者通过干预组的一些特征（变量）来匹配建构控制组。对于评估者来说这种方法的难点在于匹配变量的选择，控制组的特征要尽量与干预项目的特点相关。比如教育干预的评估者可以基于智力水平对学生进行匹配，也可以利用各年级学生的考试平均成绩进行匹配。

在准实验中评估者也多采用多元统计方法来同时控制控制组与干预组之间的各种差异。这种方法通过建立统计模型来表达控制变量与产出变量之间的关系，通过解释干预组和控制组之间的原始差异，减去完全属于原始差异的部分，剩下的最终差异就是项目的净产出。

二　事后评估的技术方法

（一）定量方法与定性方的比较

定性方法主要采用非概率抽样方法，根据某一研究目的，寻找具有某种特征的小样本人群进行调查。定性调查可以指明事物发展的方向及其趋势，但却不能表明事物发展的广度和深度，可以得到有关新事物的概念，但却无法得到事物的规模的量的认识。定性方法在评估中主要用于来测量因果关系，它是建立在被研究人群或个人的改制过程、动机、行为和状况基础之上的。定性分析也可以使用小样本的方法采集数据，这些数据通常是被量化的，而且经常嵌入了有个人和团体参与的主观评价，如焦点小组讨论、采访案例研究。定性方法可以帮助理解和解释定量方法的结果，使研究者对所研究的问题有较为客观、全面的解释。它是定量评估的重要补充。但是单纯地使用定性方法也有缺陷，因为数据的收集是具有主观性的。在数据的采集过程中数据的质量和评估者采用的技巧和能力相关，加上是小样本，故定性分析方法缺少统计的稳健性，不适用于大量人群，只能成为定量方法的补充，而不能成为其替代。

定量方法是将数据定量表示，并通过统计分析，将结果从样本推广到所研究的总体。定量方法在评估中的缺陷是不足够了解项目所处的环境、项目影响的行为、项目执行的过程，它只能找到因果关系，而不能发现原因。特别是在对社区主导的发展项目进行评价时，关键是要解决政策过程以及决策过程与结果之间的联系，这个时候就要用到定性的方法。

可见，单纯的只使用定性分析和定量分析都不足以进行影响评价，"好的评估是在所有能够获得的工具中选出有效的工具通常采用相结合的方法"。[①] 定性和定量方法混合评估的原则是：

1. 如定性分析已明确告知了定量调查问卷的设计，则使用"参与式计量经济学"。需用实地调查发现拓展了的结果设置或可解释变量设置。

2. 定性问题必须是开放的，回答者在答题时不受限制。这些问题必须能拓宽讨论的范围。

3. 数据分析者应该随时密切关注数据收集过程。

4. 定性分析应该遵循和定量分析工作相似的评估设计原则；评估者应该"按定量方法思考，按定性方法操作"。

5. 定性分析样本的规模应足够反映人群异质性的要素。

6. 在社区中用足够时间做深度调查，这可能意味着随着社区规模大小不同和异质性程度，调查需要花费一周到几周的时间。

7. 由定性分析工作推定的假说，必须通过更具代表性的定量分析数据加以测试，以证明其广泛性。

8. 使用定性分析信息解释定量分析的调查结果，并将其应用

---

① Ravallion：《贫困监测与评估》，中国农业出版社2008年版，第56页。

于具体环境中。

9. 能力差且缺乏经验的定性分析团队可能会影响定性分析的信息质量，这种不利影响可能比对定性分析的影响更严重。

10. 不应认为定性分析方法是大型调查的廉价替代品，定性方法是收集难以用定量法收集和分析的信息的工具。

（二）多元回归分析

多元回归分析法主要是解决在影响政府扶贫绩效多个因素变量中孰先孰后的问题，主要是检验影响政府扶贫绩效的多个变量因素到底有无贡献和贡献程度的大小问题。在扶贫项目实施过程中，扶贫资金绩效分析的研究者就用了多元回归的方法。[①] 研究者利用国家统计局农调队 2000 年的数据分析了国家扶贫资金投入效率。分别从农业总产值、人均收入、贫困人口数、贫困人口比例等与政府的扶贫资金投入进行回归分析来讨论政府扶贫资金的使用绩效。首先扶贫资金对于农业总产值的影响，回归方程为 $\hat{y} = 5469.35 + 24.86x$，x 为政府扶贫资金投入，y 为农业总产值。回归系数 $p < 0.05$，农业总产值贡献显著，每投入一元钱农业总产值增加 24.86 元。其次，对于具体不同项目的投入（以工代赈、贴息贷款、发展资金）分别对农业总产值的回归分析，只有以工代赈对农业总产值的效果显著，贴息贷款和发展资金效果都不明显。最后，在对农民人均纯收入的回归分析中，扶贫资金对农民纯收入的贡献是显著的，以工代赈和发展资金对收入的影响都很显著，其中以工代赈的贡献系数为 23.11、发展资金为 19.7，而贴息贷款的贡献并不显著。

（三）偏好匹配值法

实验法的随机选择评估方法在理论上仍然是最完美的事后影响

---

① 朱乾宇：《政府扶贫资金投入方式与扶贫绩效的多元回归分析》，《中央财经大学学报》2004 年第 7 期。

评估方法，因此在准实验中虽然不能做到完全随机，但是仍然要最大限度地模拟情景以接近随机选择。匹配法的核心就是尽量根据各种特征创建一个与处理组尽可能类似的反拟情景（控制组）。具体思路是从一个更大的群体中找出与项目参与者在项目实施前特征类似的个体，用类似的控制组与项目组进行配对，再比较两组的平均影响以得出项目的产出。具体操作可参见世界银行首席经济学家 Shahidur R. Khandker 主编的 *Handbook on Impact Evaluation* 中第 4 部分 Propensity Soure Matching。[1]

（四）双差分析法

上面介绍的偏好匹配估计主要论述了需要某个适合横截面调查数据的单差分估计量。下面将探讨双差分估计法，一般使用面板数据，但应引起注意的是双差分法也可以用于横截面分析。双差分法消除了参与者和非参与者在项目实施前后两个时期观察值数据缺失的麻烦。实质上双差分法要比较的是处理组与控制组在某一时期由项目导致相对于干预前期情况的结果差异。

双差分估计量假定选择偏差（控制和非控制单元之间反拟，结果均值无法观测到的差异）不随时间变化，在此情况下非参与者的结果变化就反映了反拟情形的结果变化。在对项目进行双差分估计时我们应按照下述步骤操作：（1）在项目实施前组织一个"基线"调查，该调查必须包括非参与者和参与者；（2）在项目实施后开展一个或多个后续调查。这些调查应与基线调查高度可比（在问卷和访谈方面），理想情况是后续调查应与基线调查样本相同，如果做不到这一点的话，两种调查应在相同的地点或有相同特征的社会阶层进行；（3）计算每个处理组和对照组结果指标，前和后两个值的

---

[1] Journal of Development Effectiueness Vol. 2, No. 3, September 2010, 387 – 390.

差异均值;(4)计算两个差异均值之间的差额即为项目影响的一个估计量。关于该方的进一步了解请参见世界银行首席经济学家 Shahidur R. Khandker 主编的 *Handbook on Impact Evaluation* 中第 5 部分 Double Difference。[①]

[①] Journal of Development Effectiueness Vol. 2, No. 3, September 2010, 387 – 390.

第八章

贫困退出机制

2016年4月,中共中央办公厅、国务院办公厅印发《关于建立贫困退出机制的意见》(厅字〔2016〕16号),[①] 明确了我国贫困退出的指导思想、基本原则、退出标准和程序以及相关工作要求。认真学习、全面把握上述文件的精神要求,推动建立严格、规范、透明的贫困退出机制,既是当前脱贫攻坚工作中的一项重要任务,也是值得扶贫理论工作者关注的一项重要课题。

第一节 贫困退出机制概述

一 贫困退出机制的基本含义

贫困退出机制的基本含义是指认定扶贫对象达到脱贫标准、退出贫困行列的各种制度化、规范化的方式方法的有机集成。据此,对贫困退出机制的理解应着重从以下几个方面把握:

其一,在性质上,贫困退出机制是对扶贫成效的评价。经过一段时间的帮扶工作,扶贫对象是否已经达到脱贫标准,这是贫困退出机制所要回答的首要问题。而对该问题的回答,很大程度上反映

---

① 全文参见《中办国办印发〈关于建立贫困退出机制的意见〉》,《人民日报》2016年4月29日第4版。本章凡提及《关于建立贫困退出机制的意见》以及关于该文件内容的引用和概括,其出处均与本注释出处相同。

的是扶贫工作的结果和成效。换而言之，若扶贫对象已经达到脱贫标准，则意味着扶贫工作扎实有效；反之，则意味着扶贫工作效果欠佳。在此意义上，贫困退出机制实质上是对扶贫工作成效的一种评价机制，对扶贫对象是否达到脱贫标准进行评估认定的过程，事实上同时也是一个对扶贫工作是否有效进行评价的过程。理解贫困退出机制的上述性质，就能更加深刻地把握其背后隐藏的基本逻辑：扶贫工作干得好（效果好）→扶贫对象达到脱贫标准→扶贫对象退出帮扶行列；扶贫工作干得差或一般（效果欠佳）→扶贫对象未达到脱贫标准→扶贫对象不能退出帮扶行列，需改进和加强扶贫工作。

其二，在范围上，贫困退出机制适用于农村扶贫对象。我国城市的贫困问题主要通过相对完善的最低生活保障、养老保险、失业保险等社会保障制度来解决，而农村的贫困问题则主要通过有组织、有计划、大规模的扶贫开发来解决。从中央相关文件看，贫困退出机制是专就农村扶贫开发工作提出来的，针对的是农村扶贫对象。农村扶贫对象可大致区分为整体性和个体性两类。整体性扶贫对象主要包括贫困县、贫困村，在扶贫实践中，云南等一些地方还实施整乡推进、整州推进、整族帮扶等举措，因此贫困乡、贫困州、贫困少数民族等也属于整体性扶贫对象。由于整体性扶贫瞄准的对象主要是区域，虽然能够通过区域性综合开发从面上整体性解决区域贫困问题，但同时也存在着贫困人口从中直接受益不很明显等不足。因此，近年中央提出精准扶贫战略，强调对贫困人口、贫困户进行直接帮扶。综上所述，贫困退出机制既适用于贫困县、贫困村、贫困乡、贫困州、贫困少数民族等整体性扶贫对象，也适用于贫困人口、贫困户等个体性扶贫对象。但就中央《关于建立贫困退出机制的意见》的相关规定看，建立贫困退出机制主要针对的是贫困人口、贫困村、贫困县的退出问题。①

其三，在内容上，贫困退出机制的核心是退出标准和程序。建立和运行贫困退出机制的首要和直接目标是判断并得出特定扶贫对象是否已经脱贫或是否应该退出帮扶行列的结论，而得出结论则必须以预先设定的脱贫标准（即退出标准）作为参照对比的依据。也就是说，退出标准是退出机制运行的必备前提，无此则不可能作出是否退出的结论。同时，作出是否退出的结论理应是一个科学评估判断和认定的过程，这个过程必须要有相应的程序步骤作为保障，而不是随口而说、随意而为。只有设置和遵循科学、严格、透明的退出程序，才能最大限度地确保得出结论的公正性、可靠性，也才能够获得相关各方的认同和接受。

其四，在运作上，贫困退出机制强调退出的制度化和规范化。长期以来，扶贫对象有没有脱贫、是否脱贫谁说了算的问题一直说不清道不明，而2020年全面建成小康社会时间节点的日益临近，数量庞大的扶贫对象又亟须脱贫认定。针对这种情况，中央提出建立贫困退出机制，其意在通过制度化、规范化的方法实现扶贫对象合理、有序退出。与此相适应，中央《关于建立贫困退出机制的意见》强调贫困退出工作要有制度作为依据，要求国务院扶贫开发领导小组制定统一的退出标准和程序，要求各地制定脱贫规划、年度计划、实施办法、退出的具体方案和工作程序；强调规范操作，要求严格执行退出标准、规范工作流程，切实做到程序公开、数据准确、档案完整、结果公正。

---

① 2016年全国贫困县832个、贫困村12.8万个；国家统计局抽样调查估计2015年全国贫困人口5575万，在此基础上全国建档立卡认定贫困人口为5623万。参见张钟农《为给这五千余万人"摘帽"，中央专门出台意见为啥？》，央视网，http://m.news.cntv.cn/2016/05/10/ARTIt-TFCwKrFPvFyfItANwIz160510.shtml，2016年10月21日。另外，根据国家统计局贫困监测调查，2017年农村贫困人口3046万人，比上年末减少1289万人；贫困发生率3.1%，比上年下降1.4个百分点。参见《中华人民共和国2017年国民经济和社会发展统计公报》，国家统计局网站，http://www.stats.gov.cn/tjsj/zxfb/201802/t20180228_1585631.html，2018年4月12日。

二　建立贫困退出机制的意义

国务院扶贫办主任刘永富指出，建立贫困退出机制是我国扶贫开发的重大改革，是实施精准扶贫精准脱贫方略的重要内容，对确保按期退出和确保退出质量、打赢脱贫攻坚战具有重大意义。[①] 具体来说，建立贫困退出机制有以下现实意义。

（一）建立贫困退出机制有助于提高扶贫工作的针对性。扶贫瞄准对象精准，扶贫工作才能精准发力、有针对性地开展。一直以来，我国扶贫瞄准的对象是区域而没有落到具体的贫困人口上。受此影响，尽管每年有多少贫困人口、有多少人脱贫可以通过统计局抽样调查估算出来，但具体到哪些是贫困人口、哪些脱了贫则说不清楚。扶贫对象底数不清、情况不明，使得扶贫的精准性大打折扣。作为精准识别扶贫对象的一个重要内容，贫困退出机制的基本要义是认定脱贫与否，有助于解决脱贫"糊涂账"、确保该退的退该留的留，进而有针对性地优化配置扶贫资源、提高扶贫效果。同时，通过常态化运行贫困退出机制，能够实时掌握扶贫对象情况，形成有进有出、进出有序的动态管理，有助于及时调整扶贫瞄准对象和措施，实现更高层次的动态精准扶贫。

（二）建立贫困退出机制有助于促进脱贫摘帽。长期以来，贫困帽由于附随着更多更优惠的资金政策扶持，成为争相抢夺的"香饽饽"；同时，贫困退出机制的缺失，使得戴上贫困帽的要么"等靠要"思想严重，内生动力不足，迟迟不能脱贫，要么担心优惠消失，即便已经脱贫也要千方百计保住贫困帽。显然，这些不良现象都会对如期实现脱贫攻坚目标造成消极影响。为此，中央提出建立贫困退出机制，一方面要求地方制定脱贫规划、年度计划和实施办

[①] 李国辉：《国务院扶贫办主任刘永富：贫困退出要防止"急躁症"和"拖延病"》，《金融时报》2016年5月11日第4版。

法并辅以考核、监督问责等措施，这种压实目标任务的安排，无疑会促使地方认真履责、按期甚至提前脱贫；另一方面，明确"正向激励"原则，脱贫摘帽后一定时期内国家原有扶贫政策保持不变、支持力度不减且可对早摘帽的贫困县给予奖励，这种"摘帽不摘政策""扶上马再送一程"的机制无疑有利于贫困人口、贫困村、贫困县打消顾虑，促使它们主动、争先脱贫摘帽。

（三）建立贫困退出机制有助于保证脱贫质量。目前，从中央到地方各级都高度重视脱贫攻坚工作，减贫脱贫情况被作为一项考核、评价主要领导和领导班子政绩的重要内容。如果没有机制上的保障，一些地方和领导为博取政绩，就有可能犯"急躁症"，片面追求脱贫进度，揠苗助长，弄虚作假，搞"假脱贫""被脱贫""数字脱贫"。因此，建立和完善严格、规范、透明的贫困退出机制对于确保脱贫质量、防止虚假脱贫十分重要。从中央关于建立贫困退出机制的指导性意见看，分类明确了贫困人口、贫困村、贫困县退出的标准和层层把关的基本程序步骤，强调运用民主评议、公示公告、第三方评估等体现民主、透明、中立的方法，要求通过巡查、督导、专项检查、问责等方式强化监督管理，这些都能够有力确保脱贫反映客观实际、真实可信、经得起检验。

第二节　贫困退出的标准

一　贫困人口退出标准

中央《关于建立贫困退出机制的意见》明确，贫困人口退出以户为单位，主要衡量标准是该户年人均纯收入稳定超过国家扶贫标准且吃穿不愁，义务教育、基本医疗、住房安全有保障。从中可看出，我国贫困人口的退出采用的是综合性标准，主要为"两不愁、三保障"，"两不愁"主要通过收入标准即超过国家扶贫标准来衡量,"三保障"则由地方制定量化标准或指标;同时,在"两不愁、三保障"之外,地方可结合本地实际情况增加其他衡量标准。

(一)"两不愁"标准

"两不愁"是与国家扶贫标准紧密关联的,理解"两不愁"首先要对国家扶贫标准有个清晰的认识。1986年,我国首次制定扶贫标准,采用恩格尔系数法,以每人每日2100大卡热量的最低营养需求为基准,再根据最低收入人群的消费结构来进行测算,由此得出扶贫标准为年农民人均纯收入206元;2001年,在食品需求的基础上,计算了部分非食品消费需求,将年农民人均纯收入865元确定为低收入标准;2010年,将农民人均生活水平2300元作为新的扶贫标准。2011年以来,随着消费价格指数等相关因素的变化,国家统计局逐年更新的国家贫困标准分别为2536元、2625元、2736元、2800元和2855元;若按每年6%的增长率调整,2020年全国脱贫标准约为人均纯收入4000元。[1] 从国家扶贫标准的制定和调整的情况看,扶贫标准解决的是贫困人口吃穿等基本生存问题,而现行的国家扶贫标准(2010年不变价2300元)可以满足贫困人口维持生存的基本需要,即每人每天摄入2100大卡热量和60克左右蛋白质的需求,在此基础上还能保障一定数量的非食品支出。[2] 因此,"吃穿不愁"可以通过贫困户年人均纯收入超过国家扶贫标准来衡量。

另外,需要说明的是,国家扶贫标准只是我国最低扶贫标准,各省区市还可以制定高于国家扶贫标准的地方扶贫标准。目前,有12个省市制定了高于国家标准的地方标准,一般在4000元左右,

---

[1] 韩俊:《关于打赢脱贫攻坚战的若干问题的分析思考》,《行政管理改革》2016年第8期。

[2] 同上。

高的到了 6000 元以上。①

（二）"三保障"标准

中央《关于建立贫困退出机制的意见》下发后，有脱贫攻坚任务的省区市大都结合本地实际，相继出台"实施意见""实施方案"或"实施细则"等。② 在地方制定的这些文件中，有的已对"三保障"的具体衡量标准作出明确。

在义务教育有保障方面，大多把贫困因素与义务教育阶段的辍学关联起来，要求"家庭无因贫辍学学生"，如河北、黑龙江、安徽、湖南等。有的地区则作出了适当扩展，不把贫困与辍学关联，如陕西要求"无义务教育阶段辍学学生"，云南要求"适龄青少年就学得到保障"，规定"原则上义务教育阶段无辍学"，相对更严格。同时，云南还把"两后生"的教育保障问题纳入考量，规定"初中毕业后不因贫困影响继续接受高中或职业院校教育、高中毕业后不因贫困影响继续接受大学或职业院校教育"。

在基本医疗有保障方面，主要衡量参加医保情况和大病救助情况。如河北、安徽要求家庭成员全部参加新型农村合作医疗，黑龙江要求"参加新型农村合作医疗，大病得到救助"，陕西要求"家庭成员全部参加新型农村合作医疗和大病保险"，云南要求"家庭

---

① 张雪花：《刘永富：12 个省市制定了高于国家扶贫标准的地方标准》，新华网，http：//news.xinhuanet.com/politics/2016-05/10/c_128973256.htm，2016 年 10 月 21 日。

② 本章关于各地贫困退出规定的文件名称及其内容引用、概括，除非另有说明，其出处如下：黑龙江《关于建立贫困退出机制的实施意见》，《黑龙江日报》2016 年 9 月 19 日第 11 版；《四川省贫困县贫困村贫困户退出实施方案》，《四川日报》2016 年 8 月 24 日第 3 版；《新疆维吾尔自治区贫困退出实施意见》，《新疆日报》（汉）2016 年 7 月 10 日第 3 版；《陕西省贫困退出实施意见》，《陕西日报》2016 年 10 月 17 日第 3 版；夏海军：《省委办公厅省政府办公厅印发〈关于建立扶贫对象退出机制的实施意见〉》，《安徽日报》2016 年 9 月 23 日第 1 版；柳德新、万良骏：《湖南建立贫困退出机制》，《湖南日报》2016 年 8 月 23 日第 1、2 版；《河北省贫困退出机制实施细则（试行）》，邯郸市政府信息公布平台，http：//hdzfxxgkpt.hd.gov.cn：81/content.jsp?code=402589102/2016-00097&name=，2016 年 10 月 21 日；《云南省贫困退出机制实施方案》，昆明市扶贫办网站，http：//fpb.km.gov.cn/c/2016-07-10/1518600.shtml，2016 年 10 月 21 日。

成员百分之百参加新农合或城镇居民医疗保险,符合条件的参加大病统筹"。

在住房安全有保障方面,云南衡量的是"住房遮风避雨,房屋结构体系整体基本安全"。河北则分类衡量,对原有房屋,要求达到住建部 2009 年印发的《农村危险房屋鉴定技术导则(试行)》中的 A、B 级标准,C 级标准(局部危房)、D 级标准(整幢危房)均被认为住房安全不达标;对新改造房屋,要求执行住建部 2011 年印发的《农村危房改造抗震安全基本要求(试行)》,达到相关的抗震设防标准;对特色民居,其是否达到安全住房标准由住建部门按相关规定认定。

(三) 其他标准

除"两不愁、三保障"外,有的地区还把其他一些生产生活基本条件保障纳入贫困人口脱贫退出衡量的范围。如河北要求"参加城乡居民基本养老保险""有安全饮水""有生产生活用电保障",黑龙江要求"实现饮水安全",四川要求"做到户户有安全饮用水、有生活用电、有广播电视",云南要求"符合条件的家庭成员百分之百参加农村养老保险或城镇居民养老保险",并把帮扶情况作为贫困户脱贫认定的标准之一,明确要求贫困户需"得到易地扶贫搬迁、农村危房改造、产业带动、教育帮扶、资产收益、就业培训、有序转移就业、金融扶持和生态扶持等一个以上资金项目帮扶"。总体看,"两不愁、三保障"之外的考量因素主要集中于养老保险、饮水安全、用电保障等方面,与贫困人口的生产生活密切相关,可对贫困人口脱贫退出的认定起到较好的补充衡量作用。

二 贫困村退出标准

根据中央《关于建立贫困退出机制的意见》,贫困村退出以贫困发生率为主要衡量标准,统筹考虑村内基础设施、基本公共服务、产业发展、集体经济收入等综合因素。贫困发生率（即特定区域内贫困人口数占人口总数的比重）是一个硬性标准，中央的要求是原则上贫困村贫困发生率降至2%以下（西部地区降至3%以下）。至于其他衡量因素和标准，中央《关于建立贫困退出机制的意见》未具体明确，对此，主要就一些地方的相关规定进行梳理分析。

黑龙江省《实施意见》规定：贫困村的中心屯通水泥（沥青）路，通宽带、通广播有线电视，有卫生室、有医生，有文化活动场所。

安徽省《实施意见》规定：有1项以上特色产业；村集体有稳定经济收入来源，年收入在5万元以上；村内基础设施和基本公共服务明显改善。

湖南省《实施意见》规定：贫困村当年村集体经济收入达到4万元以上（不包括转移支付收入），通村道路畅通，人畜饮水安全，生产生活用电有保障，住房安全，就学就医方便，新农合及养老、低保、五保等政策落实到位。

四川省《实施方案》规定：做到村村有集体经济收入、有硬化路、有卫生室、有文化室、有通信网络。

陕西省《实施意见》规定：农村居民人均可支配收入达到当年全省农村居民人均可支配收入60%以上；有集体经济或合作组织、互助资金组织；行政村通沥青（水泥）路；有安全饮水；电力入户率达到100%；有标准化村卫生室。

河北省《实施细则》提出除贫困发生率外的9项退出指标：村内主要道路硬化、亮化，住房安全贫困户比率，饮水安全贫困户比率，有标准化村卫生室，有综合性文化服务中心，有农村股份合作组织，村级集体经济年收入（≥2万），新型农村合作医疗参合率（≥95%），城乡居民基本养老保险参保率（≥95%）。

云南省《实施方案》提出除贫困发生率外的 8 项退出考核内容和标准：道路硬化到村，县城、乡（镇）到行政村通硬化道路，且危险路段有防护措施；贫困村通电，通 10 千伏以上的动力电；贫困村通广播电视，覆盖率达到 99%；贫困村通网络宽带，覆盖到行政村、学校和卫生室；农村饮水有保障，通自来水或饮水安全有保障，取水半径不超过 1 千米；卫生室建设，建有标准化农村卫生室，每千常住人口医疗卫生机构床位数达到 1.2 张，每千服务人口不少于 1 名的标准配备乡村医生，每所村卫生室至少有 1 名乡村医生执业；公共活动场所，行政村有公共服务和活动场所；适龄儿童有学上，贫困家庭适龄儿童义务教育入学率达到国家规定标准。

综合前述地方相关规定，除贫困发生率外，其他综合衡量因素分解细化的标准主要集中于道路硬化、集体经济收入、经济性组织、通电、通广播电视、通宽带网络、饮水安全、住房安全、卫生室、公共活动场所、义务教育入学率、新农合参保率、养老保险参保率等方面。这些方面的标准可大致区分为两类，一类是有无判断，对数量不作要求，可视为定性标准，另一类是程度判断，有具体的数值要求，可视为量化标准。

三 贫困县退出标准

根据中央《关于建立贫困退出机制的意见》，贫困县退出的主要衡量标准与贫困村的相同，均为 2% 以下（西部地区 3% 以下）的贫困发生率。从地方规定看，除贫困发生率之外，一般还对其他衡量因素和标准作出规定，主要集中于以下几个方面：

（一）贫困县的农民人均可支配收入。一种是考量收入值，如湖南要求贫困县农民人均可支配收入达到省委十届十三次全会确定的目标（按照农民人均可支配收入 2017 年实现 8000 元、2020 年突破 10000 元的要求，测算到年份作为验收标准）；陕西要求贫困县农村居民人均可支配收入达到当年全省农村居民人均可支配收入70%以上。另一种是考量收入增幅，一般要求贫困县农村居民人均可支配收入增幅高于省级平均水平，如安徽、新疆等；而云南有所不同，针对的是农村常住居民，要求"贫困县农村常住居民人均可支配收入增幅高于全省农村常住居民人均可支配收入增幅"。

（二）贫困县的基本公共服务。一类是提出总体性要求，如安徽要求贫困县基本公共服务主要领域指标接近全省平均水平，新疆则要求接近全国平均水平。另一类是提出某些单项性要求，如陕西要求通沥青（水泥）路行政村比例达到97%、农村自来水普及率不低于90%、电力入户率达到100%、有安全住房农户达到97%，河北考核新型农村合作医疗参合率、城乡居民基本养老保险参保率等，云南要求贫困县义务教育均衡发展达到国家评估验收标准、学生辍学率在国家规定范围内。

（三）贫困县内的贫困村扶贫脱贫情况。即把贫困县所辖贫困村的扶贫脱贫情况与贫困县的退出挂钩关联。如安徽要求"贫困村全部出列"，云南规定"到2019年，全省4277个贫困村全部退出，2018年退出的贫困县当年贫困村退出比例必须达到90%以上"。而河北则在考核"未退出的贫困村所占比率"的同时，对"贫困村村内道路硬化、亮化比率""贫困村农村股份合作组织覆盖率"等也提出考核要求。

（四）贫困县内的贫困人口扶贫脱贫情况。即把贫困县内的农村贫困人口的扶贫脱贫情况与贫困县的退出挂钩关联。如河北将"住房安全贫困户比率""饮水安全贫困户比率""建档立卡贫困学生享受教育救助政策比率""实行低保线与扶贫线'两线合一'"等纳入贫困县退出考核；云南则要求"扶贫政策、项目、资金精准到户"，规定"易地扶贫搬迁、农村危房改造、产业带动、教育帮扶、资产收益、就业培训、有组织的劳务输出、金融扶持和生态扶持等项目、资金至少有一项对建档立卡贫困户进行扶持，实现扶贫政策、项目、资金对建档立卡贫困户百分之百覆盖"。

第三节 贫困退出的程序

一 贫困人口退出程序

中央《关于建立贫困退出机制的意见》明确，贫困人口退出以户为单位，由村"两委"组织民主评议后提出，经村"两委"和驻村工作队核实、拟退出贫困户认可，在村内公示无异议后，公告退出，并在建档立卡贫困人口中销号。围绕此要求，地方性规定大多就以下几个步骤作出不同程度的细化：

（一）明确退出计划。目前，扶贫脱贫工作具有很强的目标性、计划性并层层分解和考核。因此，贫困人口退出实际上是与一定的脱贫目标计划紧密关联的，即贫困人口的退出是一种有计划的退出，实际退出数量往往不会低于计划数量。出于这个原因，有的地方明确将确定目标任务作为贫困人口退出的第一个步骤。如四川规定"每年11月底前，县级脱贫攻坚领导小组根据'十三五'脱贫攻坚规划，将下一年度贫困人口减贫任务下达到有关乡镇和行政村；行政村确定预脱贫户并在省脱贫攻坚'六有'大数据平台中标注"。有的地方虽未将确定目标任务列为贫困人口退出的基本程序，但另外作出了明确。如新疆《实施意见》中的"退出方案"明确"在2015年对76万人脱贫验收基础上，2016年脱贫63万人，2017年脱贫59万人，2018年脱贫28万人，2019年脱贫22万人，2020年脱贫13万人"；云南《实施方案》中的"退出目标任务"则是：2016—2018年，每年退出120万，2019年退出111万。

（二）提出和公示拟退出名单。该环节指向脱贫情况的具体调查和认定，做得好不好、扎实不扎实直接关系到贫困人口退出的质量是否有保证,因此是贫困人口退出机制的核心环节。按中央要求,在该环节中,退出名单由村"两委"组织民主评议后提出,经村"两委"和驻村工作队核实、拟退出贫困户认可,并在村内公示。主要涉及以下问题:

一是对贫困户脱贫情况的调查核实和意见征询。从地方规定看,有两种方式:一种是放在民主评议之前。如云南规定"在县(市、区)扶贫开发领导小组统一领导下,组织乡(镇)干部、村两委成员、驻村扶贫工作队员,对年度计划脱贫户进行入户调查。达到退出标准的,经拟退出贫困户认可,入户调查人员填写《贫困户脱贫销号双认定表》;贫困户不愿退出的,也要做好脱贫情况调查,填写《贫困户帮扶情况认定表》,一并提交评议"。另一种是放在民主评议之后。如河北要求"按照'三看三步走'(三看:入户看收支情况,看生活条件,看保障状况;三步走:民主评议,测算核实,村级公示)程序实施。由村'两委'组织民主评议后提出全村拟退出贫困人口初选名单;村'两委'和驻村工作组逐户调查、测算拟退出贫困户的退出指标得分,对初选名单进行核实"。

二是村"两委"组织民主评议。从基层民主运作的一般情况看,民主评议之前往往需要村"两委"有初步意见,因此有的地方明确要求民主评议之前需经村"两委"商议。如云南规定"村党支部就入户调查情况组织召开'两委'会议,由支部书记主持,对入户调查情况初步意见进行充分讨论和发表意见。根据不同情况,可采取口头、举手、无记名投票等方式表决,按照少数服从多数的原则形成商议意见。驻村工作队必须全程参与商议"。有的地方虽未明确规定,但实际运作中村"两委"成员仍可能在民主评议之前进行小范围沟通讨论。对如何进行民主评议(尤其是参加范围、程序等)地方大多未作明确规定,仅有个别地方提出一些原则性要求。如黑龙江提出"由村'两委'组织召开具有广泛代表性的村民代表大会进行民主评议"。

三是拟退出名单村内公示。大多仅简单规定，村内公示无异议后报乡（镇）党委、政府，而对出现异议如何处理缺乏程序性规定。个别地方对公示的时间和地点提出要求，如黑龙江规定"拟退出贫困户名单在村内公示，公示时间不少于7天"，云南规定"在自然村或村民小组村民活动较集中场所进行公示"。

（三）审定和公告退出。从地方的规定看，一种是将贫困人口退出的决定权交给乡（镇）一级。如安徽规定"公示无异议的，由乡镇党委、政府审定并公告"。另一种是将贫困人口退出的决定权交给县级、乡（镇）一级作核查、审核或复核，此种方式较为多见。如云南规定"乡（镇）政府对各村报送的初步名单，对照检查核实，并填写乡（镇）核查意见，脱贫户名单在乡镇和该行政村公告退出，由乡（镇）党委书记、乡（镇）长、分管领导、扶贫站站长或扶贫专干签字确认，上报县（市、区）扶贫开发领导小组……县（市、区）扶贫开发领导小组对乡（镇）报送的脱贫户名单及退出程序进行审查，县（市、区）委书记、县（市、区）长、分管领导、扶贫办主任、统计局局长对全县汇总名单签字认定"；四川规定"县级脱贫攻坚领导小组对拟退出贫困户组织有关部门或第三方评估核查。对符合退出条件的贫困户，由县级政府批准退出，并在贫困户所在行政村公告"；新疆规定"经村'两委'、住村工作组确认无误的贫困户退出名单，在村内公示无异议后，由乡镇党委、人民政府复核，汇总申请县市扶贫开发领导小组核查，核查无误后审批确认"；河北规定"乡（镇）人民政府组织村'两委'和驻村工作组、乡镇干部组成验收组……对各村上报的拟退出初选名单进行入户审核验收……乡（镇）人民政府汇总后，确定全乡（镇）贫困人口拟退出名单，报县扶贫开发领导小组……县扶贫开发领导小组组织相关部门采取抽样核查与重点审查相结合的形式对拟退出名单进行综合审定，抽样比例不低于拟退出贫困人口的10%，对新增和返贫贫困户的退出要进行重点审查。审定通过后县级人民政府公告退出名单"。

（四）标识贫困人口退出。贫困人口公告退出后，通常要加以标识，以便管理和开展下一步精准扶贫脱贫工作。从地方规定看，有以下方式：一是销号。如云南规定"县（市、区）委书记、县（市、区）长、分管领导、扶贫办主任、统计局局长对全县汇总名单签字认定，并在建档立卡贫困人口中销号"；黑龙江规定"经公示无异议后，公告退出，并在全国扶贫开发信息管理系统贫困人口中销号"。二是备案。如河北规定"退出名单经县委书记、县长签字后报省、市两级扶贫开发领导小组备案"；四川规定"县级脱贫攻坚领导小组将贫困户退出结果逐级上报省脱贫攻坚领导小组备案"。三是其他方式。如安徽规定"贫困户脱贫后，由县级扶贫开发领导小组颁发脱贫光荣证"。

二 贫困村退出程序

中央《关于建立贫困退出机制的意见》对贫困村退出程序的规定较为简略，仅要求"在乡镇内公示无异议后，公告退出"。在此基础上，地方规定普遍进行了完善，主要就以下几个步骤作出细化：

（一）明确退出任务。与贫困人口退出相似，贫困村的退出也是在预先确定的目标任务牵引下进行，因此明确退出目标任务实际上往往是贫困村退出的第一个步骤。四川规定"每年11月底前，县级脱贫攻坚领导小组根据'十三五'脱贫攻坚规划，将下一年度贫困村退出任务下达到有关乡镇和贫困村，并在省脱贫攻坚'六有'大数据平台中标注"；新疆的目标是"在2015年对476个村验收退出基础上，2016年退出810个，2017年退出800个，2018年退出450个，2019年退出303个，2020年退出190个"；云南的计划是2016年退出1253个村、2017年和2018年各退出1100个村、2019年退出824个村。

（二）确定和公示拟退出的贫困村。对于哪些贫困村进入退出程序，地方规定的方式主要有两种：一种是由政府组织研究或调查评估后提出。有的规定由乡镇一级主导，如陕西规定"镇（乡）结合上年度脱贫计划，组织各村'两委'负责人民主评议，提出脱贫退出贫困村名单，征得拟退出贫困村'两委'同意后，初步确定脱贫退出贫困村"。有的规定由县级主导，如黑龙江规定"县扶贫开发领导小组组织相关部门，按照年度贫困村退出计划，对拟退出的贫困村入村调查、摸底核实，拟定贫困村退出名单"；河北规定"县扶贫开发领导小组组织有关部门及相关乡（镇）人民政府，按照贫困村退出计划和退出标准逐村评估脱贫情况，测算各贫困村退出指标得分，提出全县贫困村拟退出初选名单"。另一种是由贫困村申请、政府审核后提出。一般的做法是村申请、乡镇审核，如安徽规定"村'两委'对照出列标准，向所在乡镇党委、政府提交出列申请和相关资料……乡镇党委、政府对申请出列贫困村的贫困发生率、产业发展、基础设施、基本公共服务、村集体经济收入等情况开展入村调查核实，形成审核报告，提出贫困村出列名单报县级扶贫开发领导小组"；云南规定"列入当年退出计划的贫困村，当年12月上中旬根据贫困村退出标准，召开村党支部会议和村民代表大会进行自检自评，填写《贫困村退出认定表》，提出退出申请……当年12月中下旬，乡（镇）党委、政府组织相关部门，开展入村调查、摸底核算、逐项核查村填报的《贫困村退出认定表》"。但也有由县级政府审核的情况，如四川规定"每年11月底前，根据拟退出贫困村'两委'提出的申请，县级脱贫攻坚领导小组进行初审"。

确定拟退出的贫困村后，地方一般都规定要进行公示，而公示的范围大致有三种：一种是在乡镇公示，如黑龙江、新疆、四川、河北；一种是在乡镇和贫困村公示，如陕西、云南；第三种是在县级范围公示，如安徽规定"对拟出列的贫困村在县级主要媒体进行公示"。

（三）审定、批准和公告退出。对贫困村的退出，大多规定由县级审定或批准，如陕西、云南、安徽、新疆。也有的规定由市级审定或批准，如四川、河北。同时，为严格起见，一些地方明确规定在审定、批准、公告退出之前，本级或上一级应进行评估检查、核查、抽查。如陕西规定"市级脱贫攻坚领导小组成立核查组对各县（市、区）贫困村脱贫退出情况进行专项评估检查，评估认定为符合退出条件的贫困村，由县级政府批准退出"；云南规定"次年1月，县（市、区）扶贫开发领导小组对各乡（镇）贫困村退出申请进行复审，并在县级媒体和政府门户网站及该乡（镇）公告，公告无异议后由县（市、区）政府批准退出"；四川规定"市级脱贫攻坚领导小组对拟退出贫困村组织有关部门或第三方评估核查。对符合退出条件的贫困村，由市级政府批准退出，并在贫困村所在县公告"；河北规定"市扶贫开发领导小组组织有关部门组成验收组，采取部门检查或县区交叉检查等方式对各县拟退出贫困村进行综合验收审定……省扶贫办组织抽样核查，抽样比例不低于拟退出贫困村的10%；同时委托第三方独立对拟退出的贫困村进行抽样评估，抽样比例不低于拟退出贫困村的10%。结合评估结果核查审定后，安排贫困县组织进行销号，并由县级人民政府公告退出名单"。

（四）标识贫困村退出。贫困村退出后的标识，与贫困人口退出后的标识大致相同，主要是进行销号和备案。如新疆规定"贫困村退出后及时在建档立卡信息系统中标识"；四川规定"市级脱贫攻坚领导小组将贫困村退出结果报省脱贫攻坚领导小组备案，县级扶贫部门负责在全国扶贫开发信息系统和省脱贫攻坚'六有'大数据平台中对退出贫困村进行销号标注";安徽规定"县级扶贫开发领导小组将出列的贫困村名单报省、市两级扶贫开发领导小组备案,并在扶贫开发信息管理系统中统一标注";黑龙江规定"由县扶贫开发领导小组报市(地)扶贫开发领导小组和省扶贫开发领导小组备案,并在全国扶贫开发信息管理系统中进行脱贫出列标注"。

三 贫困县退出程序

根据中央《关于建立贫困退出机制的意见》,贫困县(国家扶贫开发工作重点县区和国家集中连片特困地区县区)退出的基本程序是：县级申请、市级初审、省级核查、社会公示、审定报告、国家评估、批准退出。总体看,中央对贫困县退出的程序规定较为完善、严格,体现了层层把关的思路。而地方也围绕上述基本程序,结合本地实际作出了一些细化规定。

(一)县级申请。贫困县的退出由县扶贫开发领导小组提出,但理应有一定的依据。因此,有的地方明确规定提出退出申请之前,应首先进行自查自评、自我评估。如陕西规定"县(区)结合上年度脱贫计划,按照贫困县(区)的脱贫退出标准和指标要求,调查收集贫困县(区)脱贫退出信息数据,自查自评本县(区)脱贫退出结果……自查自评达到脱贫退出标准的县(区),向市级脱贫攻坚领导小组申报脱贫退出";云南规定"列入年度脱贫计划的贫困县(市、区),当年12月上中旬由县(市、区)扶贫开发领导小组组织相关部门,根据贫困县(市、区)退出标准进行自检自评,填写《贫困县退出认定表》,编制年度《脱贫攻坚报告》,提出退出申请,报州(市)扶贫开发领导小组";河北规定"贫困县对照退出标准进行自我评估,测算退出指标得分后,由县扶贫开发领导小组向所在市扶贫开发领导小组提出退出申请"。

（二）市级初审。初审的方式一般是由市级扶贫开发领导小组组织政府相关力量进行，如陕西规定"市级脱贫攻坚领导小组成立核查组开展核查，初步认定脱贫结果"；云南规定"当年12月中下旬，州（市）扶贫开发领导小组组织检查，逐项核实县填报的《贫困县退出认定表》"；河北规定"所在市扶贫开发领导小组采取组织有关部门检查或组织县区交叉检查等方式，对验收指标进行初审"。也有一些地方规定运用第三方力量，如四川规定"市级脱贫攻坚领导小组对拟退出贫困县组织有关部门或委托第三方机构进行初审"；黑龙江规定"市（地）扶贫开发领导小组根据贫困县退出申请，组织相关力量，对照贫困县退出标准，对贫困县退出进行初审并组织第三方评估"。对于初审的结果，一些地方明确要求形成初审报告，如云南、四川、新疆，云南还要求"在市级媒体和政府门户网站公告"。

（三）省级核查、公示及审定报告。相较市级初审，省级核查在强调省级扶贫领导小组组织政府相关力量进行考核检查的同时，更加注重开展第三方评估。如云南规定"次年1月，省扶贫开发领导小组组织对申请退出贫困县进行检查考核，并委托第三方评估"；安徽规定"省扶贫开发领导小组组织相关部门对申报情况进行核查，提出核查意见，并开展第三方评估"；四川规定"省脱贫攻坚领导小组对拟退出贫困县组织开展第三方评估核查"；新疆规定"自治区扶贫开发领导小组对拟退出贫困县进行核查，开展第三方评估"；河北规定"省扶贫开发领导小组组织省直有关部门组成验收组，对拟退出的贫困县验收指标进行核查验收……同时委托第三方独立对拟退出的贫困县采取进村入户的形式进行抽样评估，进村抽样比例不低于全县行政村的10%，其中贫困村占比不低于全部抽样的80%"。核查结果出来后，即进入社会公示程序，云南、黑龙江等地明确规定应在省级主流媒体或政府门户网站公示。对于公示无异议的,一般规定由省级扶贫开发领导小组审定后,向国务院扶贫开发领导小组报告。

(四)国家评估与批准退出。中央《关于建立贫困退出机制的意见》规定,国定贫困县的退出由省级政府批准,但批准前应通过国务院扶贫开发领导小组组织的专项评估检查。根据2017年9月30日国务院扶贫办印发的《贫困县退出专项评估检查实施办法(试行)》(国开办发〔2017〕56号),[①]专项评估检查由国务院扶贫办会同国务院扶贫开发领导小组有关成员单位组成的评估检查工作组具体组织实施,基本步骤和内容如下:一是报告审核。评估检查工作组对各省区市贫困县退出情况报告进行审核,主要是:审查退出程序是否完整履行,材料是否完备或有明显缺陷;检查贫困发生率是否高于2%(西部地区高于3%)。二是实地评估检查。该项工作委托第三方评估机构开展,主要围绕综合贫困发生率以及脱贫人口错退率、贫困人口漏评率、群众认可度三项参考指标,采取抽样调查、重点抽查、村组普查、座谈访谈等方法掌握情况,并据此进行分析测算、作出评估结论。三是综合评议及结果运用。在上述工作基础上,评估检查工作组对各县退出情况进行综合分析,形成年度贫困县退出专项评估检查情况报告,提出评估检查结果建议,提请国务院扶贫开发领导小组审议。对于综合贫困发生率低于2%(西部地区低于3%),提出同意退出的建议;对于综合贫困发生率高于前述指标的,提出当年不予退出的建议;对于脱贫人口错退率高于2%、贫困人口漏评率高于2%、群众认可度低于90%的贫困县,则要求组织整改,并适时组织复查。经国务院扶贫开发领导小组审议同意后,对符合退出条件的,由省级政府批准退出并向社会

---

① 《国务院扶贫办关于印发贫困县退出专项评估检查实施办法(试行)的通知》,德宏傣族景颇族自治州人民政府网站,http://www.dh.gov.cn/Web/_F0_0_28D007P8QH386ADSAYDK4XNBP4.htm,2018年4月12日。

公告；对不符合退出条件的，责成相关地方核查处理。

第四节　贫困退出机制的运行保障

一　动力机制

动力机制是驱动扶贫对象（贫困人口、贫困村、贫困县等）积极争取早日脱贫、主动和自愿申请退出贫困行列的基本机制。长期以来，扶贫实践中存在着争戴贫困帽、戴上就摘不下来的不良现象，严重影响脱贫退出。为此，中央《关于建立贫困退出机制的意见》明确提出"正向激励"原则，脱贫摘帽后一定时期内国家原有扶贫政策保持不变、支持力度不减且地方可对早摘帽的贫困县给予奖励。这种"摘帽不摘政策""早摘帽早受益"的激励机制有助于扶贫对象打消顾虑、增强其脱贫摘帽的动力，进而有力保障贫困退出机制的良性运行。

在中央《关于建立贫困退出机制的意见》出台之前，贵州、河北、湖北、新疆等地就已探索建立脱贫摘帽激励机制。2011年，贵州出台《关于对国家扶贫开发工作重点县加快脱贫攻坚步伐进行奖励的意见》，对成功"减贫摘帽"的贫困县，实行"摘帽不摘政策"并额外给予奖励、扶持。"摘帽不摘政策"是指原有扶持政策保持不变，并且安排到县的财政扶贫资金总量原则上以其前3年常规总量为基数，按10%的增幅逐年递增。额外奖励包括"摘帽奖励"和"减贫奖励"：对实现"摘帽"的国家扶贫开发工作重点县，从其"摘帽"当年起至2018年，每年给予1000万元扶贫项目资金奖励。属于省定经济强县的国家扶贫开发工作重点县的，"摘帽"当年一次性奖励1000万元扶贫项目资金。同上年比，年度减贫人口比例分别达50%、40%和30%的，当年度一次性对应奖励项目资金500万元、400万元和300万元。① 2014年，河北出台《关于鼓励扶贫开发工作重点县加快脱贫出列步伐的意见》，对提前出列的重点县，在全省通报表扬并给予奖励，同时，保持国家和省现有扶持政策不变、支持力度不减。其中，对40个省定重点县和片区（国家燕山—太行山集中连片特困地区）外的国定重点县，2014年出列的一次性奖励800万元，2015年出列的奖励700万元，2016年出列的奖励600万元，2017年出列的奖励500万元。从2018年开始，对片区县进行评价，2018年出列的，一次性奖励800万元；2019年出列的，奖励700万元。② 2015年，湖北出台《关于建立精准扶贫激励机制的实施意见》，明确农村贫困人口、贫困村、贫困县提前脱贫，一直到2020年，扶持政策不变，投入力度不减，对口帮扶单位不撤。对贫困县2016年脱贫的，给予3000万元财政转移支付资金的脱贫成效奖励；2017年脱贫的，给予2000万元同类奖励；2018年脱贫的，给予1000万元同类奖励。此外，提前脱贫的贫困县，党政领导班子和领导干部主要负责人要嘉奖，并作为提拔、重用的依据；对按期或提前脱贫的贫困村，各县对乡、村两级干部给予奖励。③ 2016年1月22日，新疆维吾尔自治区扶贫办举行新闻发布会宣布：新疆建立贫困县摘帽奖励制度，越早摘帽拿奖金越多。按照2016年3000万元、2017年2000万元、2018年1000万元、2019年500万元的标准，由自治区财政资金给予奖励。④

中央《关于建立贫困退出机制的意见》出台后，湖南、云南、陕西等地也就脱贫摘帽激励机制在其《实施意见》或《实施方案》

---

① 黄俊毅：《贵州贫困县为何竞相"摘帽"》，《经济日报》2015年1月9日第12版。
② 王长兴、李杰：《河北建立贫困县退出激励机制》，《中国县域经济报》2014年6月16日第1版。
③ 赵贝：《2019年全省脱贫"一个不能漏"》，《楚天金报》2015年8月27日第2版。
④ 王涛：《新疆建立贫困县摘帽奖励制度　越早摘帽拿奖金越多》，人民网新疆频道，http://xj.people.com.cn/n2/2016/0123/c188521-27607771.html，2016年10月21日。

中加以规定。如《陕西省贫困退出实施意见》规定："在脱贫攻坚期内，中、省财政专项扶贫资金安排对脱贫后的贫困县（区）不减少。按计划脱贫的贫困县（区），一次性奖励本县（区）上年度中省专项扶贫项目资金的10%，最低300万元；提前脱贫退出的贫困县（区），一次性奖励本县（区）上年中省专项扶贫项目资金的30%，最低500万元。"湖南《关于建立贫困退出机制的实施意见（试行）》规定："贫困县退出后，在攻坚期内国家和省原有扶贫政策保持不变。省扶贫开发工作重点县和比照县，原则上在2017年前（含2017年）退出，提前一年奖励1000万元至1500万元；国家扶贫开发工作重点县和集中连片特困地区县，原则上在2019年前（含2019年）退出，提前一年奖励1000万元至1500万元，提前两年奖励1500万元至3000万元。"《云南省贫困退出机制实施方案》规定："按照计划目标如期退出的贫困县，由省级给予一次性奖励，用于巩固脱贫成果。奖励标准分别为：2016年脱贫退出的奖2500万元，2017年脱贫退出的奖2000万元，2018年脱贫退出的奖1500万元，2019年脱贫退出的奖1000万元。"

总体上看，地方对贫困退出的激励主要针对贫困县，核心是攻坚期内原有扶贫政策不变并享受一次性奖励，而奖励的多少则往往与退出的早晚有关。

二 考核机制

当前，考核是党委、政府推动工作的一个重要指挥棒，其基本逻辑在于通过施加压力和给予奖罚以促使各级领导干部积极作为。在这个意义上，考核对脱贫退出工作具有重要的保障和推动作用，贫困退出机制的良性运行离不开考核机制的有效支撑。

从中央和地方的规定看，贫困退出与扶贫开发工作考核之间已经建立起制度性联系。首先，贫困退出被纳入扶贫开发工作考核的范围。2016年2月中办、国办印发的《省级党委和政府扶贫开发工作成效考核办法》第五条规定，对中西部22个省（自治区、直辖市）党委和政府扶贫开发工作成效的考核内容为减贫成效、精准识别、精准帮扶和扶贫资金四个方面。这其中，减贫成效考核内容涉及的"建档立卡贫困人口数量减少、贫困县退出、贫困地区农村居民收入增长情况"以及精准识别考核内容中涉及的建档立卡贫困人口退出精准度，均直接与贫困退出机制相关。① 2016年4月印发的中央《关于建立贫困退出机制的意见》再次明确提出，贫困退出年度任务完成情况纳入中央对省级党委和政府扶贫开发工作成效考核内容。上述两个文件印发之后，地方出台的相关规定也都贯彻了中央的精神和要求，把贫困退出的情况纳入对下一级党委、政府的考核中。其次，贫困退出在扶贫开发工作考核中占有较多指标或权重。从地方的规定看，扶贫开发工作考核中与贫困退出直接相关的指标主要是建档立卡贫困人口数量减少、贫困村退出、贫困县摘帽、贫困地区农村居民可支配收入增长、退出精准度等，而这些指标在地方扶贫开发工作考核中往往数量占优或权重较大。如《山东省市级党委和政府扶贫开发工作成效考核办法》规定的考核指标有7项，与贫困退出直接相关的占了4项；② 宁夏《贫困县党委、政府扶贫开发工作成效考核实施方案》规定考核综合指标、减贫成效、专项扶贫、行业扶贫、社会扶贫等方面的27项具体指标，其中仅反映减贫成效的3项指标就占到32分；③ 黑龙江《市、贫困县党政领导班子和领导干部脱贫攻坚成效考核办法》中，对贫困县党

---

① 《中办国办印发〈省级党委和政府扶贫开发工作成效考核办法〉》，《人民日报》2016年2月17日第1版。
② 《省委办公厅、省政府办公厅印发〈山东省市级党委和政府扶贫开发工作成效考核办法〉》，《大众日报》2016年4月28日第3版。
③ 《贫困县党委、政府扶贫开发工作成效考核实施方案》，宁夏扶贫网，http://www.nxfp.gov.cn/xxgk/gkxx/13553.htm，2016年10月21日。

政领导班子和领导干部脱贫攻坚成效考核减贫成效、扶贫开发主体责任落实、基本生产生活条件和公共服务改善情况、投入和管理等方面的19项具体指标,其中反映减贫成效的3项指标占到45分;①《云南省州市党委和政府扶贫开发工作成效考核实施办法》中,具体考核指标共有9项,与贫困退出直接相关的指标有5项,高达60分(反映减贫成效的4项指标占50分、贫困人口退出准确率占10分)。②

三 监管机制

监督管理的基本目的,就是要促进严格执行退出标准和程序,确保退出结果公开、公正、真实可信,有效防止虚假脱贫。从中央和地方的规定看,对贫困退出的监督管理主要是:以责任制为基础,通过巡查、检查、考核等方式掌握责任落实情况并给予相应奖惩,从而保障和推动贫困退出机制良性运行。

首先是责任制。责任清晰、各负其责,是有效监管的基本前提。一直以来,我国扶贫开发工作实行中央统筹、省负总责、市县落实的分级负责制,中央2016年10月出台的《脱贫攻坚责任制实施办法》对此作了进一步明确。③ 分级负责制具体落实到贫困退出工作中,主要的内容和要求是:国务院扶贫开发领导小组制定统一的退出标准和程序,负责督促指导、抽查核查、评估考核、备案登记等工作;省级根据国家规定制定本地统一的贫困退出标准和程序,制定脱贫规划、年度计划和退出办法,抓好组织实施和监督检查;市级做好上下衔接、域内协调、督促检查工作,把精力集中在

---

① 《市、贫困县党政领导班子和领导干部脱贫攻坚成效考核办法》,黑龙江省扶贫办网站,http://fupin.hljagri.gov.cn/zcfg/201606/t20160608_679607.htm,2016年10月21日。
② 《云南省州市党委和政府扶贫开发工作成效考核实施办法》,昆明市扶贫办网站,http://fpb.km.gov.cn/c/2016-07-10/1519617.shtml,2016年10月21日。
③ 《中办国办印发〈脱贫攻坚责任制实施办法〉》,《人民日报》2016年10月18日第1版。

贫困退出工作上；县级承担主体责任，做好汇总数据，甄别情况，具体落实，确保贫困退出工作有序推进。此外，有的地方还结合贫困退出程序，进一步细化明确贫困退出相关各方的责任。如《河北省贫困退出机制实施细则（试行）》提出构建贫困人口退出五方确认、贫困村退出六方确认、贫困县退出五方确认的"565"责任体系，即贫困人口退出由帮扶责任人、村党支部书记、村委会主任、驻村工作组组长、贫困户户主五方在退出验收表上签字确认，贫困村退出由村党支部书记、村委会主任、驻村工作组组长、乡（镇）党委书记、乡（镇）长、验收组组长六方在退出验收表上签字确认，贫困县退出由县长、县委书记、市长、市委书记、验收组组长五方在验收表上签字确认。

其次是奖惩制。作为监管的基本手段，奖惩的实施有赖于对责任落实情况的掌握。因此，奖惩总是和巡查检查、考核等结合起来规定的。如《云南省贫困退出机制实施方案》规定"省及州（市）扶贫开发领导小组要组织开展扶贫督查巡查工作，对贫困退出工作中发生重大失误、造成严重后果的，对存在弄虚作假、违规操作等问题的，要依纪依法追究相关部门和人员责任"。更多更常见的是将奖惩和考核结合起来规定，中央以及大多地方原则规定考核结果作为对党委、政府及相关部门主要负责人、领导班子、领导干部综合考核评价、选拔任用、各类评先选优、表彰奖励的重要依据。也有地方作出比较细致的规定，如黑龙江的《市、贫困县党政领导班子和领导干部脱贫攻坚成效考核办法》就具体规定"市、贫困县党政主要领导考核评价结果分为优秀、称职、基本称职、不称职四个等次……对考核结果连续两年为优秀等次的市、贫困县党政主要领导，在评先评优、表彰奖励和提拔使用时优先考虑；对考核结果为基本称职等次的，视情况由省扶贫开发领导小组有关领导约谈提醒,督促整改"。① 同时,对考核过程中发现的特定情形,如未完成年度减贫计划任务、违反贫困退出规定弄虚作假、贫困人口退出准确率较低等,中央以及大多地方规定:对党委、政府主要负责人进行约谈、提出限期整改要求,情节严重、造成不良影响的,实行责任追究。②

---

① 《市、贫困县党政领导班子和领导干部脱贫攻坚成效考核办法》,黑龙江省扶贫办网站,http://fupin.hljagri.gov.cn/zcfg/201606/t20160608_ 679607.htm, 2016年10月21日。
② 《中办国办印发〈脱贫攻坚责任制实施办法〉》,《人民日报》2016年10月18日第1版。

参考文献

《马克思恩格斯全集》（第 3、4、42 卷），人民出版社 1956 年版。

《毛泽东选集》（第 5 卷），人民出版社 1977 年版。

《邓小平文选》（第 3 卷），人民出版社 1993 年版。

《习近平谈治国理政》（第二卷），外文出版社 2017 年版。

康晓光：《中国贫困与反贫困理论》，广西人民出版社 1995 年版。

关信平：《中国城市贫困问题研究》，湖南人民出版社 1999 年版。

《中国扶贫开发报告（2016）》，社会科学文献出版社 2016 年版。

陈银娥：《社会福利》，中国人民大学出版社 2004 年版。

丁建定：《社会福利思想》，华中科技大学出版社 2005 年版。

童星：《社会转型与社会保障》，中国劳动社会保障出版社 2007 年版。

吕学静：《社会保障国际比较》，首都经济贸易大学出版社 2007 年版。

世界银行：《1998 年世界发展报告》，中国财政经济出版社 1980 年版。

世界银行：《2003 年人类发展报告》，中国财政经济出版社 2003 年版。

世界银行：《2000/2001 年世界发展报告》，中国财政经济出版社

2001年版。

世界银行:《2006年世界发展报告》,中国财政经济出版社2006年版。

朱霞梅:《反贫困的理论与实践研究》,博士学位论文,复旦大学,2000年。

李炳炎:《共同富裕经济学》,经济科学出版社2006年版。

徐春:《人的发展论》,中国人民公安大学出版社2007年版。

王卓:《中国贫困人口研究》,四川科学技术出版社2004年版。

李超民:《埃及社会保障制度》,上海人民出版社2011年版。

张磊:《中国扶贫开发政策演变(1949—2005年)》,中国财政经济出版社2007年版。

文秋良:《新时期中国农村反贫困问题研究》,博士学位论文,华中农业大学,2006年。

国家行政学院编写组:《中国精准脱贫攻坚十讲》,人民出版社2016年版。

吴碧英等:《城镇贫困成因、现状与救助》,中国劳动社会保障出版社2004年版。

汪三贵等:《城乡一体化中反贫困问题研究》,中国农业出版社2016年版。

曹洪民:《中国农村开发式扶贫模式研究》,博士学位论文,中国农业大学,2003年。

丁文锋:《经济现代化模式研究》,经济科学出版社2005年版。

朱玲等:《以工代赈与缓解贫困》,上海人民出版社1994年版。

孟春:《中国财政扶贫研究》,经济科学出版社2000年版。

中国改革发展研究院反贫困研究课题组:《中国反贫困治理结构》,中国经济出版社1998年版。

龚晓宽:《中国农村扶贫模式创新研究》,博士学位论文,四川大学，2006 年。

中国（海南）改革发展研究院"反贫困研究"课题组：《中国反贫困治理结构》，中国经济出版社 1998 年版。

国家统计局农调队：《中国农村贫困监测报告》，中国统计出版社 2000 年版。

张岩松：《发展与中国农村反贫困》，中国财政经济出版社 2004 年版。

王雨林：《中国农村贫困与反贫困问题研究》，浙江大学出版社 2008 年版。

许源源：《中国农村扶贫瞄准问题研究》，博士学位论文，中山大学，2006 年。

向德平、程玲等：《连片开发模式与少数民族社区发展》，民族出版社 2013 年版。

左常升：《中国扶贫开发政策演变》，社会科学文献出版社 2016 年版。

国家民委政策研究室：《国家民委民族政策文件选编（1979—1984）》，中央民族学院出版社 1988 年版。

Ravallion：《贫困监测与评估》，中国农业出版社 2008 年版。

张磊、黄承伟等编：《贫困监测预评估区域研讨会论文集》，中国农业出版社 2009 年版。

教育部学校规划建设发展中心：《高校定点扶贫典型案例集（2012—2015 年）》，云南人民出版社 2017 年版。

杨临宏：《滇西发展研究（第一辑）》，云南大学出版社 2014 年版。

杨临宏：《滇西发展研究（第二辑）》，云南大学出版社 2014 年版。

杨临宏：《滇西发展研究（第三辑）》，云南大学出版社 2014 年版。

杨临宏：《扶贫问题研究 2016》，云南大学出版社 2017 年版。

杨临宏：《扶贫工作研究参考文献集萃》，云南大学出版社 2017

年版。

亚当·斯密:《国富论》,商务印书馆2007年版。

朗特里:《贫困与进步:对约克镇的第二次社会调查》,朗曼出版公司1941年版。

鲁德斯:《政策研究百科全书》,中国科学文献出版社1989年版。

劳埃德·雷诺兹:《微观经济学》,商务印书馆1993年版。

阿比吉特·班纳吉等:《贫穷的本质》,中信出版社2013年版。

托尼·爱德雷:《社会保障与反贫困的关系》,经济出版社1988年版。

西奥多·舒尔茨:《穷人经济学——诺贝尔经济学奖获奖者演说文集》,上海人民出版社1998年版。

马尔萨斯:《人口原理》,朱涣等译,商务印书馆1992年版。

庇古、金摘译:《福利经济学》,华夏出版社2007年版。

冈纳·缪尔达尔:《世界贫困的挑战——世界反贫困大纲》,北京经济学院出版社1991年版。

普里威·赫尔:《发展与减贫经济学——超越华盛顿共识的战略》,刘攀译,西南财经大学出版社2006年版。

阿马蒂亚·森:《以自由看待发展》,任于真译,中国人民大学出版社2002年版。

阿马蒂亚·森:《贫困与饥荒——论权利与剥夺》,商务印书馆2004年版。

Arthur C. Pigou. The Economics of Welfare, Fourth Edition. Macmillan&Co. London, 1932.

P. Towened. Poverty in UK: A Survey of Household Resources and Standards and Living Penguim. 1973: 31

Adams, R. H. and John Page. Holding the Line: Poverty Reduction in the Middle East and NorthAfrica, 1970 - 2000. Washington: Poverty

ReductionGroup, The Word Bank, 2001.

UNDP. Human Development Report and UNDP (2011). Human Development Report, 2010.

Louis Emmerij. F1 desarrollo economicoy social en los umbrales del siglo XXI, p. 5. BID Washington, D. C, 1998.

后 记

《扶贫学论纲》是云南大学杨临宏教授主持的云南大学服务云南行动计划"精准扶贫下的云南扶贫对策及中国扶贫问题研究"课题的研究成果。在写作过程中,参加写作的各位作者克服了种种困难,深入调查,收集相关资料,认真研究扶贫学相关内容,把扶贫的理论基础、历史沿革、贫困识别与测度、扶贫模式、精准扶贫、贫困效果评估及退出机制进行了认真地分析研究。

本书的作者共有八位,具体分工如下:

杨临宏:课题主持人,负责书稿的整体策划、写作组织、统稿全文。

第一章:琚婷婷撰写。

第二章:张翠霞撰写。

第三章:蒋莹撰写。

第四章:陈忠言撰写。

第五章:胡兴东撰写。

第六章:董云云撰写。

第七章:陈忠言撰写。

第八章:胡仕林撰写。

由于扶贫学系统性的研究较少,加之作者的认知能力有限,所以，本书难免存在疏漏和错误，还请读者不吝赐教，以便我们在修订时予以改正。

杨临宏

2019 年 5 月 29 日于云南大学